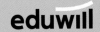

90개월 베스트셀러 1위!*
Why 월간 에듀윌 시사상식

우수콘텐츠잡지
2021

업계 유일!
2년 연속 우수콘텐츠잡지 선정!*

Cover Story, 분야별 최신상식, 취업상식 실전TEST, 논술·찬반 등 취업에 필요한 모든 상식 콘텐츠 수록!

업계 최다!
월간 이슈&상식 부문 90개월 베스트셀러 1위!

수많은 취준생의 선택을 받은 취업상식 월간지 압도적 베스트셀러 1위!

업계 10년 이상의 역사!
『에듀윌 시사상식』 창간 10주년 돌파!

2011년 창간 이후 10년 넘게 발행되며 오랜 시간 취준생의 상식을 책임진 검증된 취업상식 월간지!

하루아침에 완성되지 않는 상식, 에듀윌 시사상식 정기구독이 답!

정기구독 신청 시 10% 할인

매월 자동 결제
정가 ~~10,000원~~ 9,000원

6개월 한 번에 결제
정가 ~~60,000원~~ 54,000원

12개월 한 번에 결제
정가 ~~120,000원~~ 108,000원

· 정기구독 시 매달 배송비가 무료입니다.
· 구독 중 정가가 올라도 추가 부담 없이 이용하실 수 있습니다.
· '매월 자동 결제'는 매달 20일 카카오페이로 자동 결제되며, 6개월/12개월/
　무기한 기간 설정이 가능합니다.

정기구독 신청 방법

인터넷
에듀윌 도서몰(book.eduwill.net) 접속 ▶
시사상식 정기구독 신청 ▶
매월 자동 결제 or 6개월/12개월 한 번에 결제

전 화
02-397-0178
(평일 09:30~18:00 / 토·일·공휴일 휴무)

입금계좌
국민은행 873201-04-208883 (예금주 : 에듀윌)

정기구독 신청·혜택
바로가기

에듀윌 시사상식과
#소통해요

#소통하는 방법

방법 1

QR코드 스캔 접속

방법 2

http://eduwill.kr/62dF

인터넷 주소 입력으로 접속

더 읽고 싶은 콘텐츠가 있으신가요?
더 풀고 싶은 문제가 있으신가요?
의견을 주시면 콘텐츠로 만들어 드립니다!

☑ 에듀윌 시사상식은 독자 여러분의 의견을 적극 반영하고자
   합니다.

☑ 읽고 싶은 인터뷰, 칼럼 주제, 풀고 싶은 상식 문제 등 어떤
   의견이든 남겨 주세요.

☑ 보내 주신 의견을 바탕으로 특집 콘텐츠 등이 기획될 예정
   입니다.

설문조사 참여 시
#스타벅스 아메리카노를 드립니다!

추첨 방법   매월 가장 적극적으로 의견을 주신 1분을 추첨하여 개별 연락

경품   스타벅스 아메리카노 Tall

취업에 강한

에듀윌
시사상식

JUN. 2022

06

CONTENTS

2022. 06. 통권 제132호

발행일 | 2022년 5월 25일(매월 발행)
편저 | 에듀윌 상식연구소
내용문의 | 02) 2650-3912
구독문의 | 02) 397-0178
팩스 | 02) 855-0008
ISBN | 979-11-360-1466-5
ISSN | 2713-4121

PART 02

분야별 최신상식

PART 03

취업상식 실전TEST

PART 04

상식을 넘은 상식

PART

01

Cover Story

이 달 의 가 장 중 요 한 이 슈

1.

닻 올린 윤석열 정부

용산 대통령 시대 개막...
문 전 대통령 양산 귀향

윤석열 정부가 출범했다.

윤석열 대통령은 5월 10일 취임식에서

"국민이 진정한 주인인 나라로 재건하겠다"고 말했다.

윤 대통령은 취임사에서 자유를 강조했다.

윤석열 정부 출범과 함께 용산 대통령 시대도 본격 개막했다.

윤 대통령의 '1호 결재'는 국회로 보낼 한덕수 국무총리 후보자

임명동의안이었다. 그러나 더불어민주당이 총리 후보 인준 부결을

벼르고 있어 총리가 없는 '반쪽 내각' 출범이 불가피할 전망이다.

윤 대통령의 약속대로 청와대는 대통령 취임과 맞춰 5월 10일 개방됐다.

문재인 전 대통령은 5월 10일 윤 대통령 취임식 참석 후

서울을 떠나 경남 양산시 평산마을로 내려갔다.

윤석열 대통령 취임…
"국민이 진정한 주인인 나라로 재건"

▲ 윤석열 대통령이 5월 10일 서울 여의도 국회에서 열린 제20대 대통령 취임식에서 취임사를 하고 있다.

윤석열 정부가 출범했다. 윤석열 대통령은 **5월 10일 0시를 기해 국군통수권을 이양**받으며 대통령으로서의 첫 직무를 수행했다. 이날 윤 대통령은 김성한 국가안보실장과 이종섭 국방부 장관 후보자 등이 참석한 가운데 서울 용산에 새로 꾸려진 대통령실 청사 내 국가위기관리센터에서 국군통수권을 이양받았다.

윤 대통령은 임기 첫날 오전 9시 50분께 서울 서초동 자택에서 부인 김건희 여사와 함께 첫 출근길에 나섰고 곧바로 동작동 현충원을 찾아 참배했다. 대통령 취임식은 오전 11시 서울 여의도 국회의사당에서 진행됐다. 국내외 귀빈과 국회 및 정부 관계자, 각계 대표, 초청받은 일반 국민 등 4만1000명이 참석했다.

윤 대통령은 취임사에서 "이 나라를 자유민주주의와 시장경제 체제를 기반으로 국민이 진정한 주인인 나라로 재건하고, 국제사회에서 책임과 역할을 다하는 나라로 만들어야 하는 시대적 소명을 갖고 이 자리에 섰다"고 말했다.

팬데믹 위기, 교역 질서 변화와 공급망의 재편, 기후 변화, 식량과 에너지 위기, 분쟁의 평화적 해결의 후퇴 등 전 세계적 현안을 거론하면서 "이 문제들을 해결해야 하는 정치는 이른바 민주주의의 위기로 인해 제 기능을 하지 못하고 있다"고 지적했다.

그 원인으로는 '반(反)지성주의'를 지목했다. 윤 대통령은 "국가 내부의 지나친 집단적 갈등에 의해 진실이 왜곡되고, **각자가 보고 듣고 싶은 사실만을 선택하거나 다수의 힘으로 상대의 의견을 억압하는 반지성주의가 민주주의를 위기에 빠뜨리고 있다**"고 진단했다.

그러면서 자유의 가치를 부각했다. 윤 대통령은 "이 어려움을 해결해 나가기 위해 보편적 가치를 공유하는 것이 매우 중요하다. 그것은 바로 자유"라며 "자유의 가치를 제대로, 정확하게 인식하고 재발견해야 한다"고 말했다.

경제성장의 해법으로는 과학과 혁신을 강조했고 대북 정책과 관련해선 "북한이 핵 개발을 중단하고 실질적인 비핵화로 전환한다면 국제사회와 협력해 북한 경제와 주민 삶의 질을 획기적으로 개선할 수 있는 담대한 계획을 준비하겠다"고 말했다.

이날 취임사에서 윤 대통령은 **'자유'를 35번 언급했지만 '통합'이나 '소통'이란 표현은 한 번도 사용하지 않았다.** 윤 대통령은 이튿날 출근길에서 "취임사에 통합이 빠졌다"는 지적에 대해 "(통합은) 너무 당연한 것"이라며 "우리 정치 과정 자체가 국민 통합의 과정이며 나는 통합을 어떤 가치를 지향하면서 할 것이냐를 이야기한 것"이라고 말했다.

구분	권한
국가 원수	▲긴급 처분·명령권 ▲계엄 선포권 ▲국민투표 부의권
행정부 수반	▲행정에 관한 최고 결정권 및 지휘권 ▲법률 집행권 ▲국가 대표 및 외교에 관한 권한 ▲정부 구성권 ▲공무원 임면권 ▲국군 통수권 ▲재정에 관한 권한 ▲영전 수여권
입법권	▲국회 임시회의 집회 요구권 ▲국회 출석 발언권 ▲헌법 개정에 관한 권한 ▲법률안 제출권과 거부권 및 공포권 ▲명령 제정권
사법권	▲위헌 정당 해산 제소권 ▲사면·감형·복권에 관한 권한

용산 대통령 시대 본격 개막...
'반쪽 내각'으로 출범

▲ 서울 용산 대통령실 청사

윤석열 정부 출범과 함께 용산 대통령 시대도 본격 개막했다. 윤 대통령은 5월 10일 취임식을 마치고 용산 집무실(구 국방부 청사)에서 첫 결재를 했다. **윤 대통령의 '1호 결재'는 국회로 보낼 한덕수 국무총리 후보자 임명동의안**이었다.

윤 대통령은 추경호 경제부총리 겸 기획재정부 장관을 비롯해 장관 7명도 임명했다. 그러나 거대 야당이 된 더불어민주당이 한덕수 국무총리 후보자 인준 부결을 벼르고 있어 총리가 없는 '반쪽 내각' 출범이 불가피할 전망이다.

장관 후보자는 국회에서 청문 보고서 채택이 안 돼도 대통령이 임명을 강행할 수 있지만 **총리 인준에는 재적의원 과반수 출석, 출석의원 과반수 찬성이 필요**하다. 국민의힘은 "민주당이 윤 대통령의 최측근으로 분류되는 한동훈 법무부 장관 후보자의 낙마를 압박하기 위해 한 총리 후보자의 인준과 연계하려 한다"고 비판했다.

민주당은 한덕수 총리 후보자, 한동훈 장관 후보자 등 입각 후보자들에 대한 각종 의혹을 제기하며 부적격 판정을 내렸다. 윤 대통령은 '**추경호 총리 권한대행**' 체제로 당분간 국정을 운영할 **구상**이다. 윤 대통령은 5월 16일 한 총리 후보자 인준을 거듭 요청했다.

5월 11일 윤 대통령은 서초동 자택에서 용산 집무실로 직접 출근했다. 7km 거리를 차량으로 이동하는 데 약 8분이 소요됐다. 경찰이 사전 준비한 대로 교통 통제를 최소화하면서 동선을 관리했고 큰 교통 정체는 없었다. 윤 대통령은 용산구 **한남동 외교부 장관 관저를 대통령 관저로 리모델링**하는 공사가 끝날 때까지 한 달간 출퇴근한다.

그러나 외교장관 관저도 임시 관저가 될 가능성이 크다. 윤 대통령 측은 용산 집무실 경내에 새 관저를 신축하는 방안을 검토 중이다. 임기 중에 옛 미군기지 부지를 환수 받으면 용산 집무실과 가까운 위치에 관저를 신축해 대통령이 걸어서 출퇴근할 수 있도록 할 계획이다.

윤 대통령은 이날 용산 대통령실 첫 수석비서관 회의를 주재하면서 "경제가 굉장히 어렵다. 제일

문제가 물가"라며 **"물가 상승 원인과 억제 대책을 고민**해야 한다. 에너지 가격 등 다 올라서 스태그플레이션으로 산업 경쟁력에 빨간불이 들어오고 있는 상황"이라고 했다.

> ➕ **국회 인사청문회 후 국회 임명동의까지 받아야 하는 직책**
>
> ▲대법원장 ▲헌법재판소장 ▲국무총리 ▲감사원장 ▲대법관 13명 ▲국회에서 선출하는 헌법재판소 재판관 3명 ▲국회에서 선출하는 중앙선거관리위원회 위원 3명

청와대 74년 만에 국민 품으로

▲ 청와대 개방 이틀째인 5월 11일 관람객들이 청와대 경내를 관람하기 위해 오가고 있다.

대통령 집무실이 용산으로 옮겨가면서 윤 대통령의 약속대로 청와대는 대통령 취임과 맞춰 5월 10일 개방됐다. 오전 11시 청와대 문이 활짝 열리면서 청와대를 국민에게 돌려 드린다는 '우리의 약속'을 주제로 축하 공연과 퍼레이드가 펼쳐졌다. 이날 하루 2만6000명의 시민이 청와대를 찾았다. 5월 11일부터는 두 시간 단위로 6500명씩 예약을 받아 하루 3만9000명이 청와대에 입장할 수 있다.

74년간 권력의 정점이었던 청와대는 영욕의 세월을 뒤로 퇴장했다. **일제강점기 시절인 1939년 조선총독부가 이곳에 건물을 짓고 총독 관사로 이용하기 시작**했으며 1948년 정부 수립과 함께 이승만 전 대통령이 경무대라는 이름을 짓고 대통령 집무실 및 관저가 됐다.

1960년 4·19 혁명 분위기 속에 윤보선 전 대통령이 경무대가 지닌 부정적 인식을 고려해 푸른 기와집을 뜻하는 청와대 명칭을 사용하기 시작했고 현재 본관은 1991년 신축돼 오늘날 모습을 갖추었다.

청와대는 거대한 규모와 철저한 경호로 위압감을 풍기고 시민들과의 접점이 부족해 **매번 정권마다 '구중궁궐**(九重宮闕 : 문이 겹겹이 달려 접근하기 어려운 궁궐)' **논란**에 휩싸여야만 했다. 윤석열 정부가 이 논란에서 벗어나기 위해 집무실과 관저를 옮김에 따라 청와대는 시민들이 여가를 즐기는 공원이 될 전망이다. 그동안 경호와 보안 문제로 잠겨 있었던 청와대 뒤편 대통문이 개방되면서 한양도성 성곽까지 연결되는 북악산 등산로도 새롭게 열리게 된다.

▌**문화재청이 추천하는 북악산 등산로 유적 8곳** (자료 : 문화재청)

구분	설명
법흥사 터	신라 진평왕 때 건립한 절터
북악산 서쪽 암자	이름을 알 수 없는 작은 사찰의 암자터
서울 한양도성	서울 주위를 에워싸고 있는 둘레 18km의 조선시대 도성. 1963년 사적 지정
숙정문	조선 도성 4대문 중 정북향에 위치한 문
북악산 정상 바위	선사시대 소망을 기원하며 바위 표면을 갈아낸 홈이 있는 2개의 바위

부아암	백악산 정상에서 삼청동 방향 8부 능선에 돌출해 포개진 바위
말바위	청와대 뒤 북악산 동쪽 끝에 위치한 말머리 형상의 바위
촛대바위	일제가 박은 쇠말뚝을 광복 후 제거하고 우리 민족 발전을 기원하는 촛대를 세운 바위

문 전 대통령 "이제 해방, 자유인"... 양산 평산마을로 귀향

▲ 문재인 전 대통령 내외가 5월 10일 오후 경남 양산시 하북면 평산마을 사저 앞에서 손 인사하고 있다.

문재인 전 대통령은 5년 임기 마지막 날인 5월 9일 청와대를 떠났다. 문 대통령은 앞서 퇴임사에서 "위대한 국민께 감사하다"며 윤석열 정부를 향해 **"갈등의 골을 메우며 국민 통합의 길로 나아갈 때, 대한민국은 진정한 성공의 길로 더욱 힘차게 전진할 것"**이라고 당부했다.

문 전 대통령은 5월 10일 윤 대통령 취임식 참석 후 서울을 떠나 경남 양산시 ■**평산마을**로 내려갔다. 부인 김정숙 여사와 서울역에서 특별열차를 타기 위해 문 전 대통령이 서울역 광장에 도착하자 지지자 1000여 명이 일제히 환호했다.

문 대통령은 지지자들을 향해 "저는 해방됐다"며 "뉴스 안 보는 것만 해도 어디인가"라고 했다. 이어 "자유인이 됐다. 오늘 원래 우리가 있었던 시골로 돌아간다. 섭섭해하지 말아 달라"고도 했다.

문 전 대통령은 "반려동물들을 돌보고, 농사를 짓고, 가까운 성당도 다니고, 길 건너 이웃인 통도사에 자주 가 성파 종정 스님께서 주시는 차도 얻어 마시고, 마을 주민들과 막걸리도 한잔하고, 책도 보고 음악도 듣겠다"며 "몸은 얽매일지 모르지만 마음만은, 정신만은 훨훨 자유롭게 날겠다"며 기대감도 내비쳤다.

문 전 대통령 내외가 평산마을에 도착하자 2400여 명의 환영 인파가 파란색 풍선을 흔들며 맞이했다. 문 전 대통령은 "집에 돌아와 보니 이제야 무사히 다 끝냈구나 하는 안도감이 든다"며 "저는 이제 완전히 해방됐다. 자유인이다"라고 다시 강조했다.

문 전 대통령은 잊히고 싶다고 밝혔지만 당분간 바쁜 일정을 소화할 것으로 보인다. 문 전 대통령은 5월 21일 한미 정상회담을 위해 방한하는 조바이든 미국 대통령과 한미 동맹 및 동북아 대화를 나누기로 했지만 무산됐다. 5월 23일에는 **경남 김해시 봉하마을에 예정된 노무현 전 대통령 13기 추도식**에도 참석할 것으로 보인다. 문 전 대통령이 남북 관계를 위해 대북 특사 등 외교적 역할을 할 수 있다는 관측도 있다.

■ 평산마을

평산마을은 경남 양산시 하북면 지산리의 자연마을 3곳(지산마을·서리마을) 중 하나로 영축산 자락에 있다. 영축산은 경남 밀양과 양산, 울산에 걸쳐 높이 1000m 이상 고산 지역(영남 알프스)를 이루는 산봉우리 중 하나다. 평산마을 왼쪽에는 우리나라 유네스코 세계문화유산으로 등재된 천년고찰 통도사가 있다. ▲양산 통도사는 ▲합천 해인사 ▲순천 송광사와 함께 우리나라 3대 사찰로 꼽힌다.

2.

스태그플레이션 공포의 엄습

미 연준 빅스텝 단행…
신흥국 연쇄 디폴트 위기

전 세계에서 경기 침체와 물가 상승이 함께 오는 스태그플레이션 공포가 커지고 있다. 코로나19 위기 극복을 위한 무차별 돈 풀기가 기록적인 물가 상승으로 돌아왔고 러시아의 우크라이나 침공으로 공급망이 붕괴했다. 미국·유럽·중국 3대 경제 블록이 모두 휘청이고 있다. 40년 만에 최악의 인플레이션에 직면한 미국은 금리를 0.50%p 인상하는 빅스텝을 단행했다. 스리랑카가 일시적 디폴트를 선언한 가운데 저소득 국가가 도미노식 디폴트를 겪을 것으로 우려된다.

3대 경제블록 모두 휘청...
스태그플레이션 점점 현실로

국제통화기금(IMF)과 세계은행(WB) 등 주요 금융기관과 경제 전문가들이 전 세계의 스태그플레이션 가능성을 경고하면서 우려가 커지고 있다. **스태그플레이션**(stagflation)**은 경기 침체를 의미하는 스태그네이션**(stagnation)**과 물가 상승을 말하는 인플레이션**(inflation)**의 합성어로서 경기 침체에도 오히려 물가가 오르는 현상**이다.

일반적인 경제 상황에서는 경기 침체기에 물가가 하락하고 경제 활황기에는 물가가 오르는 게 정상이지만 스태그플레이션은 경기 침체에 물가까지 올라 고통이 배가된다. 경제학자들은 물가 상승 원인이 되는 원자재 공급 쇼크나 통화량 조절 실패 등을 스태그플레이션을 일으키는 원인으로 본다.

스태그플레이션은 1970년대 오일 쇼크에서 처음 나타났는데 전문가들은 현재 상황이 그때와 비슷하다고 진단한다. 영국 파이낸셜타임스(FT)는 지난 4월 "우크라이나 사태는 코로나19 여파로부터 빠져나오고 있는 세계 경제의 회복세를 둔화시킬 수 있다"며 **"성장 둔화와 인플레이션이라는 두 가지 위험이 올해 세계 경제를 강타할 것"**이라고 예상했다.

각국은 코로나19 위기 극복을 위해 무차별로 돈을 뿌려댔다. 국제통화기금(IMF)은 2020년 한 해 세계 각국 정부·기업·가계·부채 총액의 GDP 대비 비율이 256%에 달했는데 이는 1·2차 세계대전 이후 본 적이 없는 수준이라고 설명했다.

무차별 돈 풀기는 기록적인 물가 상승으로 돌아왔다. 2008년 글로벌 금융위기 이후 코로나19까지 경기 부양을 위해 계속 금리를 낮추고 돈을 풀었던 **미국은 이제 인플레이션을 잡기 위해 고강도 긴축에 돌입하면서 글로벌 경제에 부담**을 주고 있다. 여기에 러시아의 우크라이나 침공으로 원자재 공급망이 붕괴하며 유럽이 직격탄을 맞았다.

중국에서는 오미크론 변이 확산에 따른 제로 코로나 정책으로 상하이 등 주요 도시가 잇따라 봉쇄되면서 소비자 지출과 투자·생산이 위협받고 있다. 다른 나라도 '세계의 공장'인 중국으로부터 물건을 수입하는 데 차질을 빚으면서 세계 공급 대란을 가중했다. **미국·유럽·중국 등 세계 경제 3대 블록이 모두 휘청거리고 있는 것이다.**

스태그플레이션 징후는 이미 나타났다. 지난 1분기 미국 국내총생산(GDP) 성장률은 시장 예상치를 크게 밑도는 −1.4%를 기록했다. 지난해 4분기 성장률 6.9%에서 급락하며 6분기 만의 역성장을 기록했다. 이처럼 성장률이 떨어졌는데도 지난 3월 **■소비자 물가지수(CPI)**는 전년 동월 대비 8.5%나 상승하며 1981년 12월(8.9%) 이후 40년 만에 최대치를 기록했다.

에너지 가격이 1년 전보다 무려 평균 32% 뛰면서 각종 원자재와 부품 등의 운송, 제조비용까지 끌어 올렸다. 변동성이 큰 **에너지와 식품을 제외**

한 근원 물가 상승률도 6.5%에 달해 1982년 8월 (7.1%) 이후 가장 높은 수준이었다. 글로벌 투자은행(IB) 골드만삭스는 2년 내 미국의 경기 침체 가능성을 35%로 예상했다.

소비자 물가지수(CPI)는 일반 소비자가 소비생활을 영위하기 위해 구입하는 재화나 서비스의 가격을 지수화한 것이다. 미국 CPI는 미 고용통계국에서 매월 발표하며 미국 전체 및 세부 지역별로 소비재 및 서비스 시장에서 도시 소비자가 지불하는 가격의 시간 경과에 따른 평균 변화를 측정한 것이다. CPI가 상승하면 가계의 실질임금은 감소한다는 의미다. 이는 인플레이션의 변동을 측정하는 중요한 지수이다.

美 연준, 최악 인플레에 금리 0.5%p 인상 '빅스텝' 단행

40년 만에 최악의 인플레이션에 직면한 미국은 가파른 금리 인상을 단행했다. 미 연방준비제도(Fed·연준)는 5월 4일(현지시간) 이틀간 연방공개시장위원회(FOMC) 정례회의를 마친 뒤 성명을 발표하고 현재 0.25~0.50%인 기준금리를 0.50%p 인상한다고 밝혔다. 이에 따라 미국 기준금리는 0.75~1.0% 수준으로 상승했다.

0.50%p 인상은 앨런 그린스펀 의장 재임 당시인 지난 2000년 5월 이후 22년 만의 최대 인상 폭이다. 제롬 파월 연준 의장은 별도 회견에서 "향후 두어 번의 회의에서 50bp(0.50%p, 1bp=0.01%p)의 금리 인상을 검토해야 한다는 광범위한 인식이 위원회에 퍼져있다"며 향후에도 ■빅스텝 행보를 이어갈 방침을 예고했다.

연준의 이번 조치는 일부 지표가 약화 기미를 보이고 있음에도 일자리 등 전반적인 경제 기저가 튼튼하다는 전제하에 최악의 물가 상승을 막기 위한 고강도 의지를 반영한 것으로 풀이된다.

미국을 중심으로 세계 각국은 코로나19 사태 이후 유지했던 저금리 시대에 속속 마침표를 찍고 본격적인 긴축 행보에 나섰다. 5월 5일 영국 중앙은행인 영란은행(BOE)은 이날 기준금리를 0.75%에서 1%로 0.25%p 인상했다. 지난해 12월부터 네 차례에 걸쳐 금리를 인상해온 결과, 영국의 기준금리는 13년 만에 가장 높은 수준이 됐다.

브라질 중앙은행도 기준금리를 11.75%에서 12.75%로 1.0%p 인상했다. 지난해 3월 2%에서 2.75%로 금리를 올린 이후 10차례 연속 인상이다. 인도 정부도 2018년 8월 이후 처음으로 기준금리를 4.0%에서 4.4%로 0.4%p 올렸다. 앞서 유럽중앙은행(ECB)은 올 3분기부터 양적 완화 정책 종료를 예고하기도 했다.

주요국들의 이런 움직임에 한국은행의 긴축 속도가 빨라질 것이란 관측이 제기된다. 한국은행은 지난 4월 기준금리를 1.50%로 올렸지만 시장은 한은이 연내 최소 세 차례 금리를 더 올릴 수 있다고 보고 있다. 미국 기준금리가 0.75~1.0%로 우리나라 1.50%와 큰 차이가 없는 가운데 연준이 계속 빅스텝 기준금리 인상을 단행하면 한미 간 금리 역전 현상이 나타날 수 있다.

우리나라 역시 4월 소비자 물가 상승률이 5%에 근접했고 올해 성장률 전망치는 2%대로 떨어져 스태그플레이션의 공포에서 벗어나지 못한다. 이러한 악조건 가운데 한미 간 금리 역전 현상을 막기 위해 추가 금리 인상이 불가피하게 이뤄진다면 가계 소비와 기업 투자를 위축시키고 1900조원에 이르는 가계부채 부담을 높일 것으로 우려된다.

■ 빅스텝 (big step)
빅스텝은 사전적으로 '큰 발전'을 뜻하지만 경제 분야에서는 미국 중앙은행인 연방준비제도(Fed·연준)가 기준금리를 0.50% 인상하는 것을 의미한다. 0.50%가 빅스텝의 기준이 되는 까닭은 미국이 보통 기준금리를 조정할 때는 1987년부터 2006년까지 연준 의장을 지낸 앨런 그린스펀의 베이비스텝(baby step) 원칙을 따랐기 때문이다. 베이비스텝은 금리 변동에 따른 시장의 충격을 방지하고자 기준금리를 올리거나 내릴 때 한 번에 0.25%p씩 점진적 변동 폭으로 움직이는 것이다. 이를 따라 각국 중앙은행도 기준금리 조정 폭을 0.25%p로 고정했다. 따라서 통상적인 기준금리 조정 폭의 2배인 0.50%p는 빅스텝이 되는 것이다.

신흥국 도미노 디폴트 위기

코로나19로 폭증한 국가부채, 세계적인 물가 상승과 스태그플레이션 공포, 미국의 긴축 기조에 따른 글로벌 자금의 유출 등이 맞물리며 개발도상국 경제를 초토화하고 있다.

스리랑카는 지난 4월 초 510억달러(약 65조원)에 달하는 대외 부채에 대해 일시적 디폴트(채무 불이행)를 선언했다. 코로나19로 주력 산업인 관광 부문이 붕괴하고 대외 부채가 급증한 가운데 재정

정책까지 실패하면서 외환 보유고가 바닥나 생필품도 구하기 어려운 상황이다.

잠비아·에콰도르·레바논 등이 국제통화기금(IMF)에 구제 요청을 신청한 상태이고 파키스탄·튀니지·이라크·이집트·가나·페루·에티오피아 등은 **■하이퍼인플레이션**을 겪고 있다. 스리랑카에 이어 줄줄이 디폴트를 선언하는 나라들이 나올 수 있다. 최근 IMF는 저소득 국가 73개 중 과반이 넘는 41개국이 심각한 외화 부채 위험에 노출돼 있고 이중 적어도 12개국은 연내 디폴트를 선언할 것이라고 예상했다.

여기에 전 세계 곡물 수출의 3분의 1 이상을 차지하는 러시아와 우크라이나의 곡물 공급 중단으로 전 세계에서 심각한 식량 부족까지 우려된다. 유엔은 지난 4월 보고서를 통해 개도국이 전쟁의 영향력에 피해를 볼 위험이 커졌다고 경고하면서 "식량, 에너지, 금융의 위기라는 퍼펙트 스톰(세계 경제의 동시다발적 위기)이 전 세계 수십억 인구를 위협하고 있다"고 진단했다."

■ 하이퍼인플레이션 (hyperinflation)
하이퍼인플레이션(초인플레이션)은 물가가 상상을 초월할 정도로 과도하게 올라 화폐의 액면가치가 사실상 상실된 상태를 말한다. 보통 월 평균 물가 상승률이 50%를 초과할 때 하이퍼인플레이션이라고 한다. 하이퍼인플레이션은 정부가 경제 위기를 극복하기 위해 돈을 너무 많이 찍어내다가 나타나는 경우가 많다.
역사상 최악의 하이퍼인플레이션으로 1946년 헝가리 사례가 꼽힌다. 2차 세계대전 말기 헝가리 친나치 정부의 약탈적 세수 정책과 반나치 정부의 군사 자금 발행이 하이퍼인플레이션을 초래했다. 1944년 초 헝가리 지폐에서 가장 큰 단위는 1000펭괴였는데 1946년에는 0이 20개 붙은 1해(垓)펭괴 지폐가 나왔다. 1946년 7월 한 달간 인플레이션율은 1.3×10^{16}%이었다.

분야별 최신상식

정치 행정

검수완박 관련 법안 본회의 통과...
70년 만에 형사사법제도 격변

➕ 역대 필리버스터 기록

2016년 야당이었던 더불어민주당이 테러방지법을 저지하기 위해 39명의 의원이 총 192시간 30분간 필리버스터를 이어갔다. 2020년에는 윤희숙 국민의힘 의원이 고위공직자범죄수사처법 개정안에 반대하며 12시간 47분 발언해 역대 최장 필리버스터 기록을 세웠다.

민주, 양대 법안 강행 처리

더불어민주당이 이른바 검수완박(검찰 수사권 완전 박탈) 법안의 강행 처리를 마무리했다. 국회는 4월 30일 본회의를 열어 검찰의 수사 대상 범죄를 기존 6대 범죄에서 부패·경제 범죄로 축소하는 내용의 검찰청법 개정안을 의결했다. 법안은 찬성 172명, 반대 3명, 기권 2명으로 가결됐다. 국민의힘은 **필리버스터**(filibuster : 의회 내 합법적 의사 진행 방해)를 통해 저지하려고 했지만 의석수에서 역부족이었다.

5월 3일 민주당은 검찰청법과 함께 검수완박 양대 법안으로서 검찰의 보완 수사 범위를 제한하는 내용을 골자로 하는 형사소송법 개정안을 단독 의결했다. 찬성 164명, 반대 3명, 기권 7명으로 가결됐다. 국민의힘 의원들이 항의하며 퇴장한 뒤에 민주당은 중대범죄수사청법 논의를 위한 국회 사법개혁특별위원회 구성 결의안도 통과시켰다. 민주당은 검찰 대신 **주요 범죄 수사를 맡을 한국형 FBI**(미국 연방수사국)인 **중대범죄수사청**을 1년 6개월 내 출범시키기로 했다.

문 대통령, 거부권 행사 없이 속전속결 공포

문재인 대통령은 5월 3일 검수완박 관련 법안을 **대통령 거부권 행사 없이 의결**했다. 여야 간 극한 대립을 초래한 데다 반대 여론도 만만치 않았으나 국회 문턱을 넘은 지 5시간 만에 국무회의를 통해 공포했다.

문 대통령은 이날 임기 중 마지막 국무회의를 주재하고 검수완박 관련 법안인 검찰청법 개정안과 형사소송법 개정안 공포안을 심의해 의결했다. 개의부터 법안의 최종 처리까지 약 30분이 걸렸다. 두 법안은 공포 4개월 후인 9월 초 시행될 예정이다.

문 대통령은 법안 심의에 앞서 "검찰의 정치적 중립성과 공정성, 선택적 정의에 대한 우려가 해소되지 않았고 국민의 신뢰를 얻기에 충분하지 않다는 평가가 있다"며 "(검수완박 법안은) 권력기관이 본연의 역할에 충실하도록 하면서 국민의 기본권을 보장하기 위한 것"이라 말했다.

검수완박 관련 법안 공포로 문재인 정부 들어 추진해온 **검찰개혁 입법은 마침표**를 찍었다 하지만 국회 입법 과정에서 국민의힘이 필리버스터를 진행하는 등 마찰이 심한데다 **월성 원전 사건과 울산시장 선거 개입, 대장동 특혜 개발 의혹 등 덮기가 아니냐**는 반대 여론이 만만찮은 가운데 강행됐다는 오점을 남겼다.

▎ 검수완박법(검찰청법·형소법 개정안) 핵심 내용

구분	내용
검사의 수사 개시 범죄 범위 제한	검사의 직접 수사 개시 범위를 6대 범죄에서 2대 범죄(부패·경제 범죄)로 축소, 선거범죄는 2022년 12월 31일까지 한시적으로 수사 개시
검사의 기소 범위 제한	검사가 직접 수사 개시한 범죄에 대해 공소 제기 불가
일부 송치사건의 보완수사 범위 제한	검사가 사법경찰관에 시정 조치 요구 후 이행되지 않는다고 판단해 송치 요구한 사건 등으로 보완수사 범위 제한
이의신청인 범위에서 고발인 제외	종전 형소법에서는 사법경찰관이 사건을 검찰에 송치하지 않을 경우 사건관계인들이 이의를 신청해 검찰에 송치하도록 할 수 있었으나 이와 같은 이의신청을 할 수 있는 사건관계인 범위에 고발인이 제외됨
기타	수사기관의 별건 수사 금지, 별건 수사를 통해 확보한 증거 등을 통한 자백이나 진술 강요도 금지

POINT 세 줄 요약

❶ 민주당이 검수완박 양대 법안인 검찰청법과 형소법 개정안의 강행 처리를 마무리했다.

❷ 문재인 대통령은 검수완박 관련 법안을 대통령 거부권 행사 없이 의결했다.

❸ 문재인 정부의 검착개혁 입법은 마침표를 찍었으나 반대 여론이 만만찮다.

한덕수 인사청문회...
민주, 전관예우·론스타 맹폭

▲ 한덕수 국무총리 후보자

여야가 한덕수 국무총리 후보자에 대한 국회 인사청문회에서 후보자를 둘러싼 의혹을 놓고 격돌했다. 한 후보자에 대한 청문회는 애초 4월 25~26일 열릴 예정이었지만 더불어민주당과 정의당이 한 후보자의 자료 제출 부실을 문제 삼아 청문회를 보이콧하며 5월 2일 진행됐다.

민주당과 정의당은 후보자가 공직과 대형 **로펌**(law firm : 다수 변호사들이 회사 형태로 만들어 운영하는 법률 사무소)**인 김앤장**을 오가며 전관예우를 받은 것 아니냐는 의혹부터 론스타와의 연관성, 배우자의 그림 고가 판매 의혹 등을 지적했다.

김의겸 민주당 의원은 한 후보자에 대해 "공직에 있다가 김앤장에 갔고 다시 공직에 있다가 또 김앤장으로 갔다. 그리고 다시 공직을 맡으려고 여기에 왔다"며 "역대급 회전문 인사"라고 질타했다. 김미애 국민의힘 의원은 "전관예우로 고액을 받긴 했지만 불법은 전혀 없다"고 두둔했다. 한 후보자는 김앤장에서 연간 약 5억원, 4년 4개월간 총 20억원을 받았다.

한 후보자가 김앤장 고문이었던 2002년 김앤장은 외환은행을 헐값에 인수한 론스타를 대리했다. 이해식 민주당 의원은 한 후보자가 정부와 론스타의 **￭투자자·국가 간 소송(ISD)** 당시 론스타에 유리한 진술을 했다는 의혹을 제기했다. 한 후보자는 "론스타와 관련 없는 얘기를 론스타가 자의적으로 가져와 썼다"고 해명했다.

한 후보자의 배우자인 최 모 씨가 재벌가에 자신의 그림 4점을 3900만원을 받고 판매한 것을 두고 신동근 민주당 의원이 그림을 산 기업이나 사람에게 특혜 준 적이 없었냐고 질문하자 한 후보는 "단 한 번도 없었다"고 답했다.

￭ 투자자·국가 간 소송 (ISD, Investor-State Dispute)

투자자·국가 간 소송(ISD)은 어떤 국적의 투자자가 다른 국가에서 투자했다가 법적 분쟁이 생겼을 때 그 국가가 관할하는 재판에서 불이익을 당할 수 있으므로 중립적인 국제기구의 중재로서 분쟁을 해결하도록 한 제도이다. 투자자는 외국을 상대로 소송을 걸 수 있으며 일반적인 투자분야뿐만 아니라 공공 정책도 ISD의 소송 대상이 될 수 있다. ISD의 중재소 역할을 담당하고 있는 대표적 기관은 국제부흥개발은행(IBRD, International Bank for Reconstruction and Development) 산하에 있는 국제투자분쟁해결기구(ICSID, International Centre for Settlement of Investment Disputes)이다.

➕ 론스타 먹튀 사건

론스타는 부실기업을 사들여 가치를 높인 뒤 비싸게 되팔아 이익을 내는 미국계 사모펀드이다. 론스타는 IMF(국제통화기금) 금융위기의 상흔이 가시지 않았던 2003년, 1조4000억원을 투자해 자산 70조원 규모의 외환은행을 삼키고 3년 만에 4조5000억원 매각차익을 거뒀다. 론스타가 국내 은행 매입 자격을 갖추지 못했다는 지적이 끊이지 않았지만 론스타는 되레 한국 정부 탓에 손해를 봤다며 5조6000억원 규모의 투자자·국가 간 소송(ISD)까지 제기했다. 이 소송은 10년이 지났지만 여전히 최종 판정이 내려지지 않았다.

손석희 만난 문재인 대통령...
특별 대담 시청률 4%대

▲ 문재인 대통령이 청와대 상춘재에서 손석희 전 JTBC 사장과 대담했다. (자료 : 청와대)

문재인 대통령이 퇴임을 앞두고 손석희 전 JTBC 사장과 특별 대담을 진행했다. 문 대통령과 손 전 사장의 만남은 2017년 대선 후보 토론회 이후 5년여 만이었다. 4월 27일 시청률 조사회사 닐슨코리아에 따르면 4월 26일 오후 8시 50분부터 10시 7분까지 방송된 '대담– 문재인의 5년' 2회 시청률은 전날 방송된 1회(4.493%)보다 소폭 하락한 4.315%로 집계됐다.

이날 방송에서 문 대통령은 퇴임 후 계획과 대통령으로 살아온 날들에 대한 소회, 한반도 평화와 안보, 한일 관계 등 다양한 주제에 대한 의견을 밝혔다. 또, 대통령 집무실 이전과 여성가족부 폐지 등 윤석열 대통령 당선인이 내세운 현안들에 대해서도 소견을 밝혔다.

문 대통령과 손 전 앵커의 대담은 지난 4월 14~15일 이틀에 걸쳐 청와대 본관과 여민관 집무실, 상춘재 등에서 촬영됐다. 문 대통령은 대담에서 윤석열 대통령 당선인의 대통령 집무실 국방부

청사 이전 계획에 대해 "별로 마땅치 않다"고 평가했다. 윤 당선인 측 배현진 대변인은 "전직 대통령이 잘 도왔다는 모습을 보여주는 게 국가 지도자의 품격"이라고 지적하며 **신구 권력 간 신경전이 계속**됐다.

'유 퀴즈' 형평성 논란

한편, tvN 예능 '■**유 퀴즈 온 더 블럭**'(이하 유퀴즈)은 윤석열 대통령 당선인의 출연 후 논란에 휩싸였다. 문재인 대통령과 김부겸 총리, 이재명 상임고문이 '유퀴즈'에 출연을 타진했으나 거절을 당했다는 사실이 차례로 알려지면서 형평성 논란이 번진 것이다.

민주언론시민연합(민언련)은 윤석열 대통령 당선인의 유퀴즈 출연을 비판하면서 "방송을 정치선전 도구화해 당사자의 정치적 공과를 희석시킨다"고 비판했다.

4월 26일 민언련은 "**검사 출신 강호성 CJ ENM 대표이사와 윤 당선자의 친분에서** (방송이) **비롯됐을 것**"이라는 시청자들의 의심은 검사 인맥을 매개로 한 권력과 언론미디어 유착으로 새 정부에서 노골화될 수 있다"고 주장했다.

■ 유 퀴즈 온 더 블럭

'유 퀴즈 온 더 블럭'은 2018년 8월 29일부터 tvN에서 방송 중인 텔레비전 프로그램이다. '큰 자기(유재석)와 아기 자기(조세호)의 사람 여행'을 표방하며 사람들의 일상 속으로 직접 찾아가 소박한 담소를 나누고 깜짝 퀴즈를 푸는 길거리 토크 & 퀴즈 프로그램이다. 2020년 3월 11일에 시즌3부터 코로나19로 부득이하게 촬영 장소를 서울특별시 마포구 상암동에 있는 CJ ENM 스튜디오 안으로 옮겨서 진행하게 되었다. 이에 따라 길에서 우연히 만난 인연으로 진행하던 토크쇼가 다양한 직업군의 사람들을 인터뷰하는 형식으로 바뀌었다.

국내 첫 특별지자체
'부울경 특별연합' 공식 출범

▲ 부울경 메가시티 (자료 : 경남도청)

국내 첫 특별지역자치단체인 **부울경특별연합**(부울경 메가시티)이 출범한다. 정부는 4월 19일 전국 최초의 **특별지방자치단체**로 '부산울산경남특별연합'이 설치돼 부울경 특별지방자치단체 지원을 위한 협약식을 개최한다고 밝혔다.

그동안 부산·울산·경남(부울경)은 3개 시·도 간 협의를 통해 규약을 마련했다. 시·도의회의 의결을 거쳐 4월 18일 행정안전부의 규약 승인을 받아 공식적인 설치 절차를 완료했다. 부울경 특별연합은 2023년 1월1일부터 본격적인 사무처리 업무를 시작할 예정이다.

'부울경 초광역권발전계획'은 수도권 일극 체제를 극복하기 위한 선도 모델로 부울경의 산업·인재·공간 분야별 전략, 30개의 1단계 선도사업과 40개의 중·장기 추진사업 등 총 70개의 핵심사업을 담고 있다. 정부는 작년 11월부터 국무조정실과 관계부처, 부울경이 참여하는 '범정부 초광역 지원협의회'를 통해 '부울경 초광역권발전계획' 마련을 위한 산업·인재·공간 분야 컨설팅과 주요 추진사업에 대한 검토를 진행했다.

부울경 메가시티는 2021년 10월 14일 정부가 관계부처 합동으로 '초광역협력 지원전략'을 발표한 이후 가장 먼저 설치한 특별지자체다. 지역주도 균형발전 전략인 초광역협력의 선도모델이라는 의의가 있다고 정부는 설명했다.

특별지자체는 기존의 행정협의회나 지방자치단체조합과 달리 개별 자치단체의 이해관계를 넘어서는 독립적인 의사결정을 할 수 있다. 시·도 경계를 넘어서는 초광역 교통망을 조성하고 각각의 산업기반을 공동으로 활용해 권역 전체의 산업역량을 확보할 수 있다. 지역인재 정착을 위한 협력체계를 구축하는 등 특별지자체를 통해 지역경쟁력을 강화하는 계기를 마련할 수 있을 것으로 기대하고 있다.

2021년 2월 25일 부울경은 '동남권 메가시티 구축 전략 보고'를 통해 광역자치단체 간 초광역협력 추진을 공식화하고 그해 7월 특별지자체 설치 준비를 위한 '부울경 특별지자체 합동추진단'을 구성했다. 이후 합동추진단을 중심으로 특별지자체가 수행할 공동사무를 발굴하고 시·도와 시·도의회 협의를 거쳐 규약안을 마련했다. 행안부가 승인한 '부산울산경남특별연합 규약(안)'은 '지방자치법'에 따라 특별지자체 설치와 운영에 필요한 사항을 담고 있다.

■ 부울경특별연합
부울경특별연합은 부산과 울산, 경남이 함께하는 전국 최초의 특별지방자치단체다. 수도권 집중과 지역소멸 문제 극복을 위해 진주·창원·부산·울산 등 부울경의 4개 거점도시를 중심으로 해, 주변 중소도시와 인근 농산어촌을 생활권·경제권 단위로 연계 발전시켜 '부울경 메가시티'를 조성하는 것을 목표로 한다. 메가시티란 '행정구역은 구분돼 있으나 생활·경제권이 연결돼 있는 인구 1000만 명 이상의 거대도시'를 말한다.

■ 특별지방자치단체 (特別地方自治團體)

특별지방자치단체는 2개 이상의 자치단체가 특정 목적을 위해 광역적으로 사무를 처리할 필요가 있는 경우에 공동으로 설치하는 특수한 형태의 지방자치단체로서 광역과 광역, 광역과 기초, 기초와 기초자치단체 간 구성이 가능하다. 별도 단체장과 지방의회를 구성할 수 있어 개별 지자체의 이해관계를 넘어서는 독립적인 의사 결정이 가능하다는 특징이 있다.

박지현 "조국·정경심, 사과해야", 조국 "몇 백 번이고 사과"

▲ 박지현 민주당 비상대책위원장

박지현 더불어민주당 공동 비상대책위원장이 4월 25일 "(윤석열 내각의) 비리 후보자를 정리하려면 비슷한 문제를 일으킨 우리의 잘못을 고백하고 성찰해야 한다"면서 조국 전 법무장관과 부인 정경심 교수의 사과를 촉구했다. 조 전 장관은 곧바로 "또 사과하라고 하신다면 몇 백 번이고 사과하겠다"는 입장을 밝혔다.

박 비대위원장은 이날 국회에서 열린 비대위 회의에서 윤석열 정부의 '내로남불' 내각을 비판하면서도 조국 사태에 대한 자성을 촉구했다. 박 비대위원장은 "대법원이 동양대 표창장과 6개 인턴 확인서를 허위라고 판결한 만큼 조국 전 장관과 정경심 교수는 사과해야 한다"고 말했다. 이어 "우리가 떳떳하게 국민의힘을 지적하려면 묵인할 수 없다. 검찰의 표적 과잉 수사와 법원의 지나친 형량이 입시 비리를 무마할 수는 없다"고 강조했다.

조 전 장관은 박 비대위원장의 발언이 나온 지 40분 만에 페이스북에 입장을 올렸다. 조 전 장관은 "대법원 판결의 사실 및 법리 판단에 심각한 이견을 갖고 있지만 고통스러운 마음으로 판결을 존중하고 수용한다"고 했다. 또한 "제 가족과 달리 교수 부모가 제공한 인턴·체험활동의 기회를 갖지 못한 분들께 송구하다"며 "이후에도 또 사과하라고 하신다면 몇 백 번이고 사과하겠다"고 밝혔다.

그러자 박 비대위원장은 이날 오후 페이스북에 "조 전 장관의 사과 말씀에 감사드린다"며 "소외감과 절망감에 빠진 청년세대를 대신해 누군가는 말을 해야 했다는 점을 이해해 달라"고 화답했다. 또한 전국 대학 교수 자녀의 공저자 논문, 교수 부모가 제공한 인턴·체험활동에 대해 전수조사하자고 제안했다.

교육부 '교수 부모 찬스' 사례 적발

한편, **교수들이 미성년자 자녀나 동료 교수 자녀 등을 논문 공저자로 부당하게 끼워넣은 사례가 96건 적발**됐다. 이들 중 논문을 활용해 대학에 입학한 5명은 입학 취소 ■**처분**을 받았다. 특히 고려대는 조국 전 법무부 장관의 딸 조민 씨를 포함해 2명이 입학 취소됐다.

4월 25일 교육부는 이런 내용을 담은 미성년 공저자 연구물 실태 조사 결과를 발표했다. 교육부는 5년에 걸친 조사 끝에 2007년부터 2018년 사이 발행된 1033건의 미성년 공저자 연구물 중 96건(교원 69명, 미성년자 82명)의 부당 저자 등재를 확인했다.

교육부에 따르면 부당하게 논문에 이름을 올린 미성년자 82명 중 국내 대학 진학자는 46명으로 이 중 10명이 연구물을 대입에 활용한 것으로 나타났다. 10명 중 5명은 입학 취소 처분을 받았고, 5명은 학적 유지 처분을 받았다.

■ 처분 (處分)

처분이라 함은 행정청이 행하는 구체적 사실에 관한 법집행으로서 공권력의 행사 또는 그 거부와 그밖에 이에 준하는 행정작용을 말한다(행정심판법 제2조, 행정소송법 제2조). 행정기관의 작용이 공권력 행사나 거부처분은 아니면서도 개인의 권익에 구체적으로 영향을 미치는 행정작용도 행정처분에 속한다. 영업면허, 공기업의 특허, 조세의 부과와 같은 것이 그 예이다.

'송영길 망치 습격' 유튜버, 구치소서 극단적 선택

더불어민주당 송영길 전 대표에게 망치로 상해를 입혀 구속기소 된 유튜버가 4월 24일 서울 남부구치소에서 극단적 선택을 해 숨졌다. 교정 당국에 따르면 이날 오전 3시쯤 동료 재소자가 유튜버 표 모 씨(70)가 숨져 있는 것을 발견해 구치소에 알렸다.

서울남부지검은 정확한 사망 원인을 확인하기 위

▲ 지난 대선 당시 유세장에서 피습당한 송영길 민주당 대표 (동작 사람 박찬호 유튜브 캡처)

해 부검 영장을 청구했다. 표 씨는 3월 7일 오후 서울 서대문구에서 민주당 이재명 전 대선후보 지지유세 중이던 송 전 대표의 옆머리를 망치로 내리쳐 상해를 입힌 혐의(특수상해, 공직선거법상 선거운동 방해)로 체포됐다. 그는 4월 27일에 첫 재판을 앞두고 있었다.

법조계 안팎에서는 **교정시설의 재소자 관리에 구멍이 뚫렸다는 지적**이 나왔다. 앞서 서울구치소에서는 대장동 사건 핵심 관계자인 유동규 전 성남도시개발공사 기획본부장이 극단적 선택을 시도했다. 법무부의 2021년 교정통계연보에 따르면 재소자의 '자살' 건수는 2020년 11건으로 2018년 7건, 2019년 8건보다 많았다. '자살 미수'의 경우 2018년 62건, 2019년 70건에서 2020년 115건으로 50% 이상 증가했다.

➕ 외로운 늑대 (lone wolf)

외로운 늑대란 특정 테러 조직이나 이념이 아니라 정부나 사회에 대한 개인적인 반감을 이유로 테러를 자행하는 자생적 테러리스트를 일컫는다. 외로운 늑대에 의한 테러는 테러 시점이나 방식에 대한 정보를 수집하기 어려워 예방이 거의 불가능하다는 점에서 전문 테러 조직에 의한 테러보다 큰 위협으로 받아들여지고 있다.

이정재·최민정 만난 윤석열 당선인 "여러분께 많은 것 배워야"

▲ '경청식탁' 행사 (자료 : 대통령직인수위원회)

윤석열 대통령 당선인이 4월 27일 배우 이정재와 쇼트트랙 국가대표 최민정 선수 등 문화·예술·체육계 인사들과 만났다. 윤 당선자는 이날 서울 중구 ▪**동대문디자인플라자**에서 대통령직인수위원회(인수위) 국민통합위원회가 마련한 '경청식탁' 행사에서 문화·예술·체육계 인사들과 오찬을 하며 격려와 함께 감사 인사를 전했다.

이 자리에는 **배우 이정재, 국악인 송소희, 피아니스트 손열음, 이영표 축구협회 부회장, 쇼트트랙 국가대표 최민정 선수, 양궁 국가대표 김제덕 선수** 등 12명이 참석했다.

윤 당선인은 "대한민국의 최고 스타들이신 여러분께서 귀한 시간을 내줘서 영광"이라며 "여러분들에게 많은 것을 듣고 배워야 할 것 같다. 어떻게 해서 이런 자리까지 올라오셨는지, 피나게 노력하셨을 것 같은데 하루에 몇 시간씩 연습했는지 물어보려고 한다"고 말했다. 윤 당선자는 특히 최민정 선수를 향해 "동계 올림픽 때 부당한 판정 때문에 되게 국민이 분노했는데 최민정 선

수가 금메달을 따면서 사람들의 스트레스도 풀렸다"며 박수 한번 치자고 제안했다.

김한길 인수위 국민통합위원장은 이번 경청식탁 행사가 "스포츠와 예술로 국민을 단합시키고 자긍심을 높여준 여러분께 격려와 감사의 마음을 전하기 위해 마련됐다"고 설명했다.

윤 당선인의 경청식탁 행사는 이번이 세 번째다. 윤 당선인은 4월 13일 국가 원로들과 오찬을 했고, 4월 19일에는 강원도 산불 피해자와 광주 아파트 붕괴사고 유가족, 과로사 택배노동자의 배우자, 평택화재 순직소방관 자녀, 전동휠체어 사용 중증 장애인 등과 만났다.

▪ **동대문디자인플라자 (DDP, Dongdaemun Design Plaza)**
동대문디자인플라자(DDP)는 서울특별시 중구에 있는 복합문화공간으로 2007년 12월 철거된 옛 동대문운동장 자리에 조성됐다. 2009년에 착공하여 2014년 3월에 개관했다. 설계는 이라크 태생의 세계적인 여성 건축가 자하 하디드가 맡았다. 건축물 외부와 내부에 직선이나 벽이 없이 액체의 흐름을 연상시키는 공간적 유연성이 특징으로 우주공간처럼 느껴지는 대규모 공간감을 구현하였다.

5월 2일부터 '실외마스크 해제'

5월 2일부터 야외에서 대부분의 마스크 착용 의무가 해제됐다. 5월 2일 중앙재난안전대책본부(중대본)는 이날부터 일부 특수한 경우를 제외하고 야외에서 마스크를 벗을 수 있다고 밝혔다. 다만 실내에서는 마스크를 써야 한다.

지난 2020년 10월 정부가 마스크 착용 의무를 도

입하면서 실외에서 사람 간 2m 거리두기가 지켜지지 않는 경우 반드시 마스크를 쓰도록 했었다. 이후 의무 도입 566일 만인 이날 실외 관련 규제가 대부분 해제됐다. 다만 **50일 이상이 모이는 집회나 관람객 수가 50명이 넘는 공연·스포츠 경기 등에서는 실외 행사여도 마스크를 착용**하도록 했다.

또한 ▲발열·기침 등 코로나19 의심 증상자 ▲고령층이나 면역저하자, 만성 호흡기 질환자·미접종자 등 코로나19 고위험군 ▲50인 미만의 스포츠 등 경기·관람장, 놀이공원·워터파크 등 유원시설, 체육시설 등 50인 이상 좌석을 보유한 실외 다중이용시설 ▲다수가 모인 상황에서 타인과 최소 1m 거리를 15분 이상 지속해서 유지하기 어렵거나 함성·합창 등 비말 생성이 많은 경우에는 실외에서도 마스크를 착용하기를 권고했다.

한편, 주한미군사령부도 영내 마스크 착용 의무화 조치를 해제했다. 실외 마스크 의무화 조치는 미국, 영국, 일본 등 해외 주요 국가에서 대부분 해제됐으며 미국은 현재 대중교통에서만 마스크를 쓰도록 요구하고 있다.

주한미군사령부는 4월 26일 페이스북을 통해 "한국의 코로나19 관련 수치들이 미 국방부 기준

상 '보통' 수준으로 나타남에 따라 마스크 착용 의무는 주한미군시설과 사령부, 부대 등에서 더 이상 요구되지 않는다"고 밝혔다.

■ 주요 국가별 마스크 등급

국가	등급	설명
한국	KF99	0.4㎛ 크기의 입자를 99% 차단, 보건용
	KF94	0.4㎛ 크기의 입자를 94% 차단, 황사+미세먼지용 보건용
	KF80	0.6㎛ 크기의 입자를 80% 차단, 황사+미세먼지용 보건용
미국	N	유분 에어로졸 차단력 없음
	R	유분 에어로졸 차단력 약간 있음
	P	유분 에어로졸 차단력 있음
	100	0.3㎛ 미세먼지 99.97% 이상 차단
	99	0.3㎛ 미세먼지 99% 이상 차단
	95	0.3㎛ 미세먼지 95% 이상 차단
유럽	FFP 3	0.6㎛ 미세먼지 99% 이상 차단
	FFP 2	0.6㎛ 미세먼지 94% 이상 차단
	FFP 1	0.6㎛ 미세먼지 80% 이상 차단

윤석열 당선인 새 관저
외교장관 공관 확정

윤석열 대통령 당선인의 **새 대통령 ▪관저로 한남동 외교장관 공관**이 확정됐다. 다만 부인 김건희 여사가 외교장관 공관을 둘러본 뒤 관저로 결정했다는 일부 보도로 논란이 일었다.

배현진 당선인 대변인은 4월 24일 서울 종로구 통의동 대통령직인수위원회 기자회견장에서 "보안, 경호 비용, 보안과 경호 비용, 공기 등 여러

▲ 새로운 대통령 관저가 될 외교장관 공관

가지를 감안해 새로운 곳을 (외교장관) 공관으로 사용하기로 사실상 결정한 상황"이라고 밝혔다.

배 대변인은 김 여사가 외교장관 공관을 둘러본 뒤 해당 장소가 새 관저로 사실상 확정됐다는 보도에 대해서는 "실무진에서 먼저 외교부 공관으로 관저를 결정한 후 (김 여사가) 방문한 것이지 먼저 가서 낙점해서 공관 변경하는 데 고려했다는 점은 오보"라고 해명했다.

배 대변인은 '윤 당선인과 김 여사가 외교장관 공관을 둘러본 것과 관련, 사전 조율 없이 갑자기 찾아와 문제가 있었던 것 아니냐'는 취지의 질문과 '외교장관 공관이 외교의 장으로 활용되는데 갑자기 대통령 관저로 사용하게 되면 외교공관 대안이 없다'는 질문에 "집무실과 공관 이전과 관련해선 TF(청와대 이전 태스크포스)에서 실무진들이 굉장히 오랫동안 많은 대안을 놓고 고민했다"고 반박했다.

앞서 윤 당선인 측은 새 관저로 한남동 육군참모총장 공관을 유력하게 검토했다가 너무 노후해 리모델링에 오랜 시간이 걸린다는 점 등을 고려해 외교장관 공관으로 방향을 틀었다.

장제원 당선인 비서실장은 통의동 인수위 사무실 앞에서 기자들과 만나 '외교장관 공관이 관저로 확정되기 전 김 여사가 방문했느냐'는 질문에 "외교장관 공관을 관저로 하기로 많은 참모들이 얘기를 한 것"이라면서 김 여사의 방문이 관저 확정에 관련이 없다고 선을 그었다.

윤 당선인은 취임 이후에도 외교장관 공관 리모델링 문제 등의 이유로 약 한 달간 서초동 자택에서 반포대교를 건너는 동선으로 출퇴근할 전망이다.

■ 관저 (官邸)

관저는 정부에서 장관급 이상의 고관(高官)들이 살도록 마련한 집인데, 주로 총리 및 공화국의 국가 원수, 해외 주재 대사가 공무상 거처하는 집을 가리킨다. 영어로는 Official residence로 번역되나 관저와 동일한 개념은 아니다. Official residence가 군주와 고위 공직자의 구분 없이 '공식 거처'를 나타낸다면, 관저는 '고위 공직자(官)의 거처(邸)'를 뜻하기 때문이다. 따라서 한자 문화권에서 군주의 거처는 궁전으로 표현한다.

MB·김경수·이재용...
文 대통령, 임기 마지막 사면 안했다

문재인 대통령이 임기 말 마지막 ■**사면** 카드를 사용하지 않았다. 문 대통령은 최근까지 이명박 전 대통령, 김경수 전 경남지사, 이재용 삼성 부회장 등의 사면 가능성을 두고 고심을 거듭했으나 결국에는 누구도 사면을 하지 않는 쪽으로 결론을 내렸다.

이 같은 결정에는 **임기 말 사면에 대한 부정적 여론이 강하다는 점이 결정적인 이유**가 됐다고 정치

▲ 문재인 대통령 (자료 : 청와대)

권 관계자들이 전했다. 그동안 문 대통령은 이 전 대통령과 김 전 지사, 이 부회장 등에 대한 사면 가능성을 검토해왔지만, 최근의 여론 악화가 부정적인 쪽의 의견을 더 강하게 했다는 것이다.

여기에 이 전 대통령 사면에 김 전 지사를 '동시 사면' 하는 것을 두고 국민의힘을 중심으로 '끼워 넣기 사면'이라는 비판이 거세게 제기된 것 역시 문 대통령에게 적잖은 압박으로 다가왔을 것이라고 복수의 관계자들이 설명했다.

최근 각종 여론조사에서 사면에 대한 여론은 부정적으로 조사됐다. 한국사회여론연구소(KSOI)가 TBS 의뢰로 4월 29일부터 이틀간 전국 만 18세 이상 1012명을 대상으로 사면 찬반 의견을 물은 조사에서 이 전 대통령 사면에 대한 찬성 응답은 40.4%, 반대는 51.7%로 집계됐다. 사면 검토 대상으로 거론되는 김경수 전 경남지사의 경우 사면 찬성 28.8%, 반대 56.9%로 반대 의견이 거의 2배에 달했다.

정경심 전 동양대 교수 사면에는 찬성 30.5%, 반대 57.2%를 나타냈다. 이재용 삼성전자 부회장의 사면에는 찬성 68.8%, 반대 23.5%로 찬성 의견이 3배에 육박했지만, 문 대통령은 특정인만

사면하기 어렵다는 판단 아래 일괄적으로 사면을 하지 않기로 결심한 것으로 풀이된다.

■ 사면 (赦免)

사면은 국가 원수가 형사소송이나 그 밖의 형사 법규에 의하지 아니하고 형의 선고의 효과 또는 공소권을 소멸시키거나, 형의 집행을 면제시키는 것을 말한다. 사면에는 특별사면과 일반사면 두 종류가 있는데 특별사면은 이미 형의 선고를 받은 특정인에 대하여 형의 집행을 면제하여 주는 것을 말한다. 일반사면은 범죄의 종류를 지정하여 이에 해당하는 모든 범죄인에 대해서 형의 선고의 효과를 전부 소멸시키거나 선고를 받지 아니한 자에 대한 공소권을 소멸시키는 것이다.

靑 본관에 걸린 문재인 초상화, 80년생 무명 작가가 그렸다

▲ 청와대 본관에 걸린 문재인 대통령 초상화 (자료 : 청와대)

퇴임을 앞둔 문재인 대통령이 5월 3일 청와대에서 마지막 국무회의를 주재한 가운데 문 대통령의 초상화가 처음으로 공개됐다. 청와대는 **1980년생 창원 출신 김형주라는 청년 작가가 문 대통령에게 보내온 초상화 선물이 문 대통령의 공식 초상화로 선정됐다고 밝혔다.**

문 대통령은 마지막 국무회의를 주재하기에 앞서 청와대 본관 세종전실에 걸린 자신의 초상화를 보며 국무위원들과 환담을 나눴다. 문 대통령은 "중앙 무대에는 거의 알려지지 않은 김형주라는

청년 작가가 어려운 시기에 임기 마지막까지 수고가 많으시다고, 말하자면 자기가 응원하는 마음으로 성의껏 그려서 보낸다고 이런 선물을 나한테 보내왔다"고 국무위원들에게 설명했다.

그러면서 문 대통령은 "(보지 않고) 그냥 받아 두었는데, 나중에 초상화 (그려야) 하는 시기가 와서 새삼 새롭게 할 것 없이 이 초상화가 어떤가 의견을 들어보니 청와대 내부에서는 다들 작품이 좋다고 평가가 됐다"며 "전문가들도 대체로 그런 의견이라 굳이 옛날 같은 방식(유명 초상화 작가를 섭외해서 그리는 것) 없이 이왕에 선물로 받은 초상화를 하기로 했다"고 했다.

이어 문 대통령은 "공식 초상화인 만큼 관련 대가에게 제작을 의뢰하지 않은 아쉬움이 있을 수 있으나 지방의 청년 작가가 성의 다한 작품을 채택하는 것도 의미 있는 일"이라 설명했다.

▲ 장제원 대통령 당선인 비서실장이 대통령실 인선 발표를 하고 있다. (자료 : 대통령직인수위원회)

비서관이 임명됐다. 경호처장엔 김용현 전 국방부 합동참모본부 작전본부장이 임명됐다.

장제원 당선인 비서실장은 이날 통의동 인수위 기자회견장에서 이러한 내용의 대통령실 인선 결과를 발표했다. 회견에는 앞서 인선이 발표된 **김대기 대통령 비서실장** 내정자가 함께했다. 경제수석에는 최상목 전 기획재정부 차관, 사회수석 안상훈 서울대 교수, 정무수석 이진복 전 의원, 홍보수석에 최영범 전 SBS 보도본부장, 시민사회수석에 강승규 전 의원이 각각 임명됐다. 대변인에는 언론인 출신인 강인선 당선인 외신 대변인이 임명됐다.

윤 당선인은 '**2실**(비서실·국가안보실) **5수석**(경제·사회·정무·홍보·시민사회)'**을 주축**으로 하는 대통령실 핵심 인선을 마무리함에 따라 후속 비서관 인선 등에도 속도를 낼 예정이다.

국가안보실·청와대 체제 개편
국가안보실은 '1실장·2차장·6비서관·1센터장' 체제로 운영된다. 김성한 실장을 필두로 1차장 산하에 안보전략·외교·통일·경제안보 비서관이 설치되고, 2차장 산하엔 국방·사이버안보비서관과

➕ 대한민국 역대 대통령
이승만(초대~3대)→윤보선(4대)→박정희(5~9대)→최규하(10대)→전두환(11~12대)→노태우(13대)→김영삼(14대)→김대중(15대)→노무현(16대)→이명박(17대)→박근혜(18대)→문재인(19대)→윤석열(20대)

대통령실 '2실 5수석' 인선 발표

윤석열 대통령 당선인은 5월 1일 초대 대통령실 국가안보실장에 김성한 전 외교부 차관을 임명했다. 국가안보실 1차장엔 김태효 전 청와대 대외전략기획관, 2차장엔 신인호 전 청와대 위기관리

위기관리센터장이 있게 된다. 기존 청와대 국가 안보실에선 1차장이 국방, 2차장이 외교를 담당했으나, 새 대통령실에선 1차장이 외교, 2차장이 국방 업무를 맡는다.

기존 문재인 정부 청와대의 '3실 8수석' 체제와 비교하면 새 대통령실에선 **정책실장과 민정·일자리·인사수석이 폐지**됐다. 장 비서실장은 "행정부가 창의적이고 혁신적인 정책을 집행하고 수립하도록 대통령실은 조율하는 역할을 충실히 할 것"이라고 말했다.

민정수석실 폐지에 따라 공직자 검증 업무는 경찰·법무부 등 다원화된 채널을 통해서 하게 된다고 장 비서실장은 설명했다. 대통령실 내부 기강 문제는 공직기강비서관이, 대통령 법률 자문 등은 법률비서관이 담당하게 된다.

▌청와대 조직도 (자료 : 청와대)

하리수 "차별 이루 말할 수 없어" 차별금지법 제정 촉구

트랜스젠더 방송인 하리수 씨, 박경석 전국장애인차별철폐연대(전장연) 상임 공동대표 등 사회 각계인사들이 4월 28일 국회에 ▪**차별금지법**(평등법) 제정을 촉구하는 시국선언을 했다.

차별금지법제정연대는 4월 28일 오전 서울 여의도 국회도서관 강당에서 '차별금지법·평등법 제정을 위한 비상시국회의'와 기자회견을 열었다. 비상시국선언에는 하 씨와 박 대표 외에도 양경수 전국민주노동조합총연맹 위원장, 최영애 전 국가인권위 위원장, 함세웅·문정현 신부 등 사회 각계각층에서 총 813명이 참여했다.

이들은 시국선언문에서 "4월 임시국회는 거대양당의 정쟁으로 종료됐다. 지방선거 전에 차별금지법이 제정될 수 있도록 5월 국회에서 반드시 통과시켜야 한다"고 주장했다. 이어 하 씨는 "최초의 트랜스젠더 연예인이었기 때문에 방송에서 당했던 차별은 이루 말할 수 없다"며 "앞에서는 굉장히 당당했고 유쾌한 삶을 살았지만 뒤에서는 눈물을 흘리는 날도 많았다"고도 했다.

박 대표는 "국회는 구체적으로 하위법령으로 장애인을 차별하는 법 제도를 개선해야 할 막중한 책임을 지속적으로 방기하고 있고, 장애인에 대한 차별을 구조적으로 방치하고 있다"며 **"우리 모두의 존엄성을 쟁취하는 응당한 시작은 바로 차별금지법 제정"**이라고 말했다. 박 대표는 "15년을 외치고 있는 차별금지법 제정은 지금 당장 해야 한다"고 강조했다.

■ **차별금지법 (差別禁止法)**

차별금지법은 합리적 이유 없이 성별·장애·병력·나이·성적 지향 등의 이유로 고용·교육기관의 교육 및 직업훈련 등에서 차별을 받지 않도록 하는 내용이 담긴 법률이다. 해당 법안은 지난 2007년 17대 국회에서 처음 발의됐지만 사회적 합의 등을 이유로 제정되지 못했다.

尹 정부 첫 추경안 규모 '34조원+α' 합의

▲ 윤석열 대통령 (자료 : 제20대 대통령실)

올해 2차 ■**추가경정예산**안이자 윤석열 정부 첫 추경안의 규모는 '34조원+α'가 될 전망이다. 당정은 5월 11일 코로나 영업제한으로 피해를 본 소상공인·자영업자 370만 명을 대상으로 1인당 최소 600만원씩 지급하기로 했다.

권 원내대표는 당정협의를 마친 후 브리핑에서 "이번 2회 추경은 회복과 희망의 민생 추경"이라며 "대선 당시 **윤석열 대통령과 국민의힘**은 정부의 행정명령으로 인한 소상공인, 자영업자에게 **50조원+α의 온전한 손실보상**을 약속했다. 이에 국민의힘은 1회 추경에서 기반영한 17조를 제외한 34조원+α 규모로 2회 추경 편성을 정부에 요청했다"고 밝혔다.

대통령직인수위원회는 4월 28일 소상공인 피해지원금을 차등 지급하겠다고 발표했다가 윤 대통령의 대선 당시 공약인 '50조원 이상 재정자금을 활용한 정당하고 온전한 손실보상'을 파기한 것이 아니냐는 지적을 받은 바 있다. 이에 이번 당정 협의에서는 더욱 적극적인 지원 방침으로 선회한 것으로 관측된다.

당정은 또 손실보상 보정률을 현행 90%에서 100%로 상향하고, 분기별 하한액도 현행 50만원에서 100만원으로 올리기로 했다. 아울러 저소득층·취약계층 225만 가구에 대해 긴급생활지원금을 한시적으로 75만~100만원 지원하기로 했다.

추경호 경제부총리 겸 기획재정부 장관은 모두발언에서 "금번 추경은 온전한 손실보상, 방역 소요 보강, 민생·물가 안정 3가지 방향으로 편성했다"면서 "소상공인 피해에 대한 온전한 손실보상을 위해 손실보전금 등 두터운 지원방안을 마련했다"고 밝혔다.

그는 추경 재원에 대해서는 "모든 재량지출의 집행 실적을 원점에서 재검토했고, 본예산 세출 사업의 지출구조조정을 추진하고 세계잉여금, 한은 잉여금 등 모든 가용 재원을 최대한 발굴하고자 노력했다"고 말했다.

■ **추가경정예산 (追加更正豫算)**

추가경정예산이란 정부가 예산을 성립한 후에 생긴 사유로 인하여 이미 성립한 예산을 변경할 필요가 있을 때 편성하는 예산이다. 본예산에 대비되는 용어이며 보정(補正)예산이라고도 한다. 추가경정예산은 단일예산의 원칙에 대한 예외로, 한 해의 총예산은 본예산과 추가경정예산의 합으로 정해진다. 추가경정예산은 이미 성립된 예산의 변경을 가져온다는 점에서 국회에 제출된 예산안의 변경을 위한 수정예산과는 구별된다.

경제
산업

인수위, 전력 판매 시장 개방...
'전력 민영화' 논란

■ **연료비 연동제** (燃料費連動制)

연료비 연동제는 산업통상자원부와 한국전력공사가 2020년 12월 17일 발표한 전기요금 체계 개편안의 핵심으로, 유가 등락에 따라 전기요금을 조정하는 제도를 말한다. 전기 생산에 사용되는 석유 등의 가격이 하락하면 전기요금도 내려가고, 원재료 값이 상승하면 전기요금도 올라가는 식이다. 문재인 정부는 발전 연료비를 전기요금에 반영하기 위해 연료비 연동제를 도입했지만, 국민 부담 등을 이유로 전기요금 인상을 억제하면서 연료비 연동제는 사실상 유명무실해졌다.

한전 독점 구조 깬다

지난 4월 28일 대통령직인수위원회는 윤석열 정부에서 한국전력의 전력 독점 판매 구조를 점진적으로 개방하겠다고 밝혔다. 인수위는 또 전기요금과 관련해 원가주의 원칙을 강화하겠다고 밝혀 ■**연료비 연동제**를 통한 전기요금 인상을 시사했다.

인수위는 '에너지 정책 정상화를 위한 기본 방향과 5대 중점 과제'를 발표했다. 우선 인수위는 윤석열 정부 출범 이후 전력구매계약(PPA, Power Purchase Agreement)의 허용 범위를 확대하기로 했다. 지난해 도입된 PPA는 기업이나 가정에서 재생에너지 공급사업자와 직접 계약해 전력을 공급받을 수 있도록 한 제도로, PPA가 확대되면 전기 판매 시장에서 한전의 독점 구조가 무너진다.

현재 전력 거래 시장은 한전이 전력 거래소를 통해 발전사로부터 전력을 사들인 뒤 독점 판매하는 구조다. 새 정부는 이런 구조를 바꿔 민간 발전사업자가 기업 등 수요자와 직접 계약을 맺고 직접 공급하는 구조를 만들겠다는 것이다.

인수위는 또 전기요금과 관련해 원가주의 원칙을 강화하기 위해 전기위원회의 독립성과 전문성을 키우고, 조직과 인력도 확대하기로 했다. 정부의 정책 목표에 따라 전기요금에 개입하기보다 에너지 가격 변동에 맞춰 전기료를 정하겠다는 의미다.

사실상 '전력 민영화' 비판

인수위의 발표 후 윤석열 정부가 한전 민영화를 염두에 두고 에너지 정책을 내놓은 것이 아니냐는 분석이 나왔다. 특히 김동연 더불어민주당 경기도지사 후보는 4월 30일 자신의 SNS에 '전력시장 민영화 선언, 심각한 우려를 표합니다'라는 제목의 글을 올려 인수위를 비판하고 나섰다. 김 후보는 "경쟁과 시장원칙에 기반해 현재 한전이 독점한 전력 판매구조를 점진적으로 개방하겠다는 것은 사실상 전력시장을 민영화하겠다는 것"이라고 적었다.

김 후보는 이어 "에너지신산업과 연계한 수요정책 강화는 필요하다. 하지만 전력 판매 시장 개방, 한전의 민영화는 국민의 실생활에 밀접한 영향을 주기 때문에 충분한 논의와 사회적 합의가 필요하다. 인수위가 일방적으로 발표하고 밀어붙일 사안이 아니다"라고 지적했다.

인수위, "전기 민영화 논의한 적 없다"

인수위는 발표한 에너지 정책이 '전기 민영화'라는 비판에 직면하자 "사실과 다르다"고 선을 그었다. 인수위는 4월 29일 "한전의 민영화 여부를 논의한 적 없다"며 "독점적 전력 판매시장에 변화가 필요하다는 것이 민영화를 의미하는 것은 아니다"라고 강조했다.

한편, 윤석열 정부가 추진할 에너지 정책 전환이 문재인 정부가 국내외에 공표한 **2030 국가 온실가스 감축목표** 40%를 하향 변경하는 게 아니냐는 예상이 일각에서 제기되기도 했다. 그러나 인수위는 NDC 40% 목표는 절대준수하겠다는 뜻을 밝혔다.

■ **2030 국가 온실가스 감축목표 (2030 NDC, 2030 Nationally Determined Contribution)**

2030 국가 온실가스 감축목표(2030 NDC)는 2030년까지 국제사회에 감축 이행을 약속하는 구속력 있는 온실가스 감축목표로, 우리 정부는 2030년까지 국가 온실가스를 2018년 대비 40% 감축하는 방안을 2021년 10월 확정했다. 이는 2020년 10월 '2050 탄소중립 선언' 이후 관계부처 합동으로 검토한 결과로, 2021년 10월 27일 국무회의에서 확정됐다.

POINT 세 줄 요약

❶ 대통령직인수위원회는 한국전력의 전력 독점 판매 구조를 점진적으로 개방하겠다고 밝혔다.

❷ 인수위의 발표 후 윤석열 정부가 한전 민영화를 염두에 두고 에너지 정책을 내놓은 것이 아니냐는 분석이 나왔다.

❸ 인수위는 발표한 에너지 정책이 '전기 민영화'라는 비판에 직면하자 "사실과 다르다"고 선을 그었다.

우리은행 본점에서 614억 횡령...
부실 관리 파문

자금 관리가 어느 곳보다 철저해야 할 시중은행에서 600억원대 횡령 사건이 터지면서 충격을 줬다. 제1금융권 지점도 아닌 본점에서 이 정도 규모의 횡령 사건은 극히 이례적이다.

우리은행은 내부 감사를 통해 직원 A 씨가 2012년부터 2018년까지 6년간 세 차례에 걸쳐 614억원을 횡령한 사실을 확인하고 경찰에 고소장을 제출했다고 4월 28일 발표했다. A 씨는 전날 서울남대문경찰서에 찾아가 자수했다. A 씨는 횡령 금액을 파생상품에 투자했다가 다 날렸다고 주장했다.

횡령 금액에는 이란 민간 투자자인 디야니 가문이 2010년 대우일렉트로닉스의 인수합병을 추진하는 과정에서 채권단에 지급한 계약금 578억원의 일부가 포함된 것으로 추정됐다. 이 계약은 투자 확약서 불충분, 매매 대금 관련 이견 등으로 파기됐다.

이후 우리은행은 계약금을 돌려줘야 했지만 미국의 대이란 금융제재로 송금 채널이 막히면서 계약금을 별도 계좌로 옮겨 관리했다. A 씨는 이 계약금 관리를 맡았던 것으로 알려졌다.

A 씨의 범행은 올 초 정부가 미국으로부터 이란 송금을 위한 특별허가서를 받으면서 드러났다. 우리은행 측이 돈을 돌려줄 방법이 생기면서 계좌를 열어봤는데 여기에 돈이 비어 있었던 것이다.

내부 통제·외부 감사 모두 엉망
우리은행 내부 통제 시스템과 회계법인, 시중은행을 감사해야 할 금융감독원까지 부실한 관리가 도마 위에 올랐다. 6년간 직원이 개인 계좌로 수백억원을 빼돌린 사실이 고스란히 방치되기까지 우리은행 내부 통제가 전혀 이뤄지지 않았다.

기업 부정이나 회계 오류에 대한 감사를 맡아온 회계법인도 문제를 피하기 어렵다. A 씨가 횡령을 일삼았던 시기 우리은행 회계감사를 담당했던 지정감사인은 회계법인 딜트로이트안진이었는데 자금 흐름을 면밀히 살폈다면 조기에 잡아낼 수 있었을 것이다.

금융 당국의 감시망도 있으나 마나였다. 작년 말 금감원은 우리금융과 우리은행의 종합검사를 실시했는데 금감원의 감독 체계가 제대로 작동했다면 당시 횡령 사실이 포착됐어야 했다는 지적이 나온다.

➕ 컴플라이언스 (compliance)
컴플라이언스는 회사의 임직원이 법규를 지키도록 사전 또는 상시적으로 통제 감독하는 것이다. 2000년 1월 법률개정을 통해 금융관련 준법감시의 개념이 정립

되었다. 아울러 준법감시인(compliance officer)은 직무 수행 시 법규를 준수하도록 하는 준법감시체계를 마련하고 이를 운영 점검하는 활동을 하는 자를 말한다. 이 직무를 맡은 이는 금융기관의 내부통제 기준 준수여부를 점검하고 위반사항을 감사위원회에 보고할 의무를 지닌다.

SK, 현대차 제치고 재계 2위로 우뚝

SK가 처음으로 현대차를 제치고 자산총액 기준 재계 2위 자리를 차지했다. 공정거래위원회는 4월 27일 2022년 대기업 집단으로 76개를 지정했다고 밝혔다. 공정위는 **자산총액 5조원 이상 공시 대상 기업 집단을 지정해 일감 몰아주기 금지 등 여러 규제를 적용**한다. 이 중 47개 대기업은 자산총액 10조원이 넘는 상호 출자 제한 기업 집단으로 지정됐다. 대기업 집단 수는 작년 71개보다 5개 늘었다.

삼성전자는 자산총액이 483조원을 넘어 압도적인 1위를 차지했다. 눈에 띄는 것은 SK가 1987년 공시 대상 기업 집단 제도 도입 후 처음으로 재계 2위로 올라선 것이다. 현대차와 SK는 2006년부

터 지난해까지 2·3위 자리를 유지했다. 공정위는 반도체 매출 증가(SK 하이닉스)와 석유 영업 환경 개선(SK 이노베이션)을 SK 자산 증가 이유로 꼽았다.

두나무·크래프톤도 대기업 합류

▲두나무 ▲크래프톤 ▲보성 ▲KG ▲일진 ▲오케이금융 ▲신영 ▲농심 8개 회사는 대기업 집단으로 새로 지정됐다. 암호화폐 거래소인 업비트를 운영하는 두나무는 자산총액이 약 10조 8000억원으로 늘어 단숨에 재계 44위로 올라섰다. 두나무의 대기업 지정을 놓고 업비트에 예치된 고객 예치금(약 5조8120억원)을 자산으로 볼 것인지에 대한 갑론을박이 있었지만 결국 대기업 집단으로 지정됐다.

크래프톤은 지난해 코스피 상장에 따른 공모 자금 유입과 매출 증가로 자산 6조원을 넘기며 대기업 집단에 신규 지정됐다. 게임사로서는 넷마블(35위), 넥슨(39위)에 이어 세 번째 지정이다. 다만 이날 기준 크래프톤 주가는 공모가(49만 8000원)의 절반 이하로 떨어진 상태로 ▪**우리사주**에 투자한 직원들의 손실이 확대됐다.

▪ **우리사주**

우리사주는 회사 직원들이 우리사주조합을 통해 자기 회사의 주식(사주·社株)을 취득하고 장기간 보유하도록 하는 제도다. 회사 상장 시 공모주의 20%를 우리사주조합에 배정한다. 직원 측에서는 우리사주를 보유함에 따라 회사가 성장할 경우 재산을 늘릴 수 있고 기업은 여유 자금을 탄력적으로 운용하고 적대적 인수합병(M&A) 등에 효율적으로 대응할 수 있다. 크래프톤 직원들은 2021년 5월 우리사주 청약을 통해 1인당 평균 264주를 받았다. 공모가 기준 264주의 가치는 1억3147만원이었지만 1년 뒤 주가가 7000만원대로 하락해 직원 1인당 5000만원대의 손실을 보고 있다.

13.7조원 투입되는 가덕신공항 '예비타당성조사 면제'

▲ 가덕도 신공항 조감도 (자료 : 부산시)

가덕도 신공항 건설사업의 국가 정책적 추진이 확정됐다. 13조원이 넘는 사업비 등 경제성이 떨어지는 것으로 나타났지만, 정부는 **■예비타당성조사**(예타) 없이 추진할 방침이다. 이대로 확정되면 예타 면제를 받은 사업 중 단일 규모 최대 사업이 될 전망이다.

정부는 4월 26일 국무회의에서 '가덕도 신공항 건설 추진계획'(이하 추진계획)을 의결했다. 추진계획은 2021년 5월 착수한 '가덕도 신공항 사전타당성 검토 연구용역' 결과를 토대로 했다.

이 결과에 따르면 해상공항 설립을 위한 총사업비는 국내외 해양매립 공항의 시공 사례와 현지 여건을 고려해 13조7000억원으로 책정됐다. 공사 예정지역은 육상은 동서로 폭이 좁고, 암석으로 이뤄진 산지 지형이다. 해상 부근은 파도와 연약지반 등이 고려사항이다.

공항 입지와 활주로 배치는 전문가 검토 끝에 육지가 아닌 전부 해상 위에 건설하는 안을 최종 선정했다. 활주로 방향별, 지형별 특성 등의 특성을 대표하는 5개 배치안 중 거주지역 소음피해, 인근 공항과 운영 영향 등을 고려했다.

해상공항은 사업비가 육상~해상에 걸치는 방안 등과 큰 차이가 없고 장래 확장성이 용이하며, 부등침하(不等沈下 : 지반이 부실한 곳에서 불균등하게 구조물의 기초 지반이 가라앉는 것) 우려가 적고 절취된 산지를 배후 부지로 활용할 수 있는 등의 장점이 긍정적으로 평가됐다. 개항 시기는 2035년 이후로 설정했다. 2025년 착공해 9년 8개월여간 기간이 소요될 것이라는 예상이다. 부산시가 제안했던 2029년 12월 개항은 현실적으로 불가능하다는 결론이다.

가덕도신공항은 경제성이 크게 떨어진다는 지적을 받아왔다. **경제성 평가의 잣대인 비용편익분석(B/C)은 0.51~0.58로 나타났다. 이 수치가 1을 넘어야 경제성이 있는 것으로 본다.**

여객 수요는 2065년 국제선 기준 2336만 명, 화물은 28만6000톤으로 추산됐다. 활주로 1개 최대 수용능력(3500만 명) 대비 66% 수준이다. 개항하고 30년 후 가장 활발하게 운영되는 상황에서도 수용 능력의 절반 수준만 가동되는 셈이다. 이는 부산시에서 예측한 기대 여객 수요·화물량에는 크게 못 미치는 수준이다. 당초 부산시는 여객수요 4600만 명, 화물량 63만톤을 가정했다.

반대로 비용은 13조7000억원에서 크게 불어날 우려가 있다. 현재는 가장 경제적인 공법을 전제로 사업비를 산출했다. 만약 해상 구조물(잔교식·부유식) 설치나 인공섬(모래 매립) 조성 등이 필요하면 부지조성 예상 비용이 21조원 이상으로 불어난다.

■ 예비타당성조사 (豫備妥當性調査)

예비타당성조사란 정부의 재정이 대규모로 투입되는 사업의 정책적·경제적 타당성을 사전에 면밀하게 검증·평가하는 제도이다. 예산 낭비 방지 및 재정 운용의 효율성을 제고하기 위해 사전에 조사하는 것이다. 1999년 김대중 정부 때 도입된 제도이며 이전의 부실한 타당성 조사로 무리한 사업들이 다수 추진됐던 사례들이 발생하지 않도록 하기 위한 목적에서 시행됐다. 예비타당성조사 대상은 국가재정법상 총사업비가 500억원 이상이고, 국가의 재정지원 규모가 300억원 이상인 사업이다.

코로나19에 2월 사망자 역대 최다 증가...인구 이동 47년 만 최저

코로나19 여파로 2022년 2월 사망자 수가 역대 가장 많이 늘었다. 출생아 수도 계속 줄면서 인구 감소 속도는 더 빨라졌다. 4월 27일 통계청 '인구동향'에 따르면 올 2월 사망자 수는 2만9189명으로 2021년 같은 달과 비교해 22.7% 증가했다.

사망자 수 증가율은 1983년 통계 작성 이후 최고였다. 동월 대비는 물론 월별 전체로 따져도 최고 기록이다. 2월 사망자 증가 폭(전년 대비 5394명) 역시 동월 대비 가장 컸다. **인구 1000명당 사망자 수를 뜻하는 조사망률**은 2월 7.4명이었다. 전

년 동월 대비 1.4명 증가하며 역시 사상 최고치를 찍었다.

예년과 비슷한 흐름을 보이던 사망자 수가 크게 늘어나기 시작한 건 2021년 11월부터다. 겨울철 코로나19 오미크론 변이 확산으로 환자 수가 급격히 증가하던 때와 맞물린다. 저출산 고령화로 노인 인구 자체가 늘었고, 오미크론 변이까지 급격히 번지면서 사망자 수 규모를 키웠다.

사망자 수는 크게 늘고 출생아 수는 줄면서 인구 감소 속도도 빨라지고 있다. 2월 8535명 인구가 자연 감소(출생아 수-사망자 수)했는데, 동월 기준 가장 많이 줄었다. 인구 자연 감소는 28개월째 이어지고 있다.

2월 혼인 건수는 1만5308건으로 1년 전과 견줘 2.2% 소폭 증가했다. 2021년 4월(1.2%) 이후 10개월 만에 상승세로 돌아섰지만 기저효과가 컸다. 2021년 2월 결혼이 워낙 적었던(1만4972건, 전년 대비 -21.6%) 탓이다. 이 기간 사회적 거리두기가 일부 완화된 영향도 있다. 이혼 건수는 2월 7136건으로 전년 동월 대비 8% 줄었다.

인구 이동은 크게 감소했다. 이날 통계청이 발간한 '국내 인구 이동 통계'를 보면 2022년 3월 국내 이동자 수(거주지 이전)는 58만7000명으로 전년 대비 20.1% 줄었다. 동월 기준으로 1975년(55만4000명) 이후 47년 만에 인구 이동이 가장 적었다. 젊은 층에 비해 이사를 자주 다니지 않는 고령 인구 비중이 커졌고, 치솟은 집값과 대선 이후 부동산 정책 변화 기대 등으로 주택 거래가 감소한 것이 주요 원인으로 꼽혔다.

4월 소비자 물가 4.8% 상승... 금융위기 이후 최고 수준

4월 소비자물가 상승률이 4%대 후반으로 치솟으며, 2008년 금융위기 이후 최고 수준을 보였다. **러시아의 우크라이나 침공 이후 국제 에너지 가격이 급등했고, 글로벌 공급망 차질도 계속되고 있으며, 수요 회복 등이 맞물리며 물가가 가파르게 올랐다.**

지난 5월 3일 통계청이 발표한 4월 소비자물가 동향에 따르면 지난 4월 **■소비자물가지수**는 106.85(2020=100)로 작년 같은 달보다 4.8% 상승했다. 이는 지난 2009년 10월 4.8% 이후 13년 6개월 만에 가장 높은 상승률이다. 소비자물가 상승률은 지난해 10월에 3%대로 올라선 다음, 5개월간 3%대를 유지하다가 올해 3월 4.1%를 기록하며 4%대를 넘어섰는데, 4월에는 4% 후반으로까지 올랐다.

4월 물가를 끌어 올린 것은 기름값과 외식 등 개인서비스였다. 공업제품과 개인서비스의 물가상승률 기여도는 전체 물가상승률의 4.1%p로 나타났다. 품목별로 보면 석유류와 가공식품이 각각 34.4%와 7.2% 올랐다. 이 품목들이 포함된 공업제품 물가상승률은 7.8%로 집계됐다.

석유류 중 휘발유(28.5%), 경유(42.4%), 자동차용 액화석유가스(LPG)(29.3%)가 모두 큰 폭으로 올랐다. 한편, 체감물가를 보여주는 **■생활물가지수**도 5.7% 올랐다. 이는 2008년 8월 6.6% 이후 가장 높은 수준이다.

물가 오름세는 당분간 계속될 것으로 보인다. 정부도 물가 오름세를 꺾을 만한 수단이 없다는 입장을 보였다. 홍남기 경제부총리 겸 기획재정부 장관은 "주요 선진국 물가도 러시아·우크라이나 전쟁 장기화 영향으로 유례 없는 높은 수준을 이어가고 있다"며 "국제통화기금(IMF)이 주요국 물가 전망을 상향 조정하는 등 당분간 물가 상승 압력이 지속될 것으로 예상한다"고 했다. 이어 "서민 생활 물가 안정이 그 어느 현안보다 중요하고 시급한 사안"이라고 강조했다.

■ **소비자물가지수 (消費者物價指數)**

소비자물가지수는 전국 도시의 소비자가 구입한 각종 상품·서비스에 대해 전반적인 가격 변동을 측정하는 것을 말한다. 통계청에서는 매월 서울, 부산, 대구 등 주요 도시를 대상으로 백화점, 대형마트, 전통시장 등 소매점포 및 서비스점포를 조사대상처로 선정하여 지방통계사무소 직원들이 직접 현장 조사하고 있다. 460개 상품 및 서비스 품목의 가격을 조사하여 식료품·비주류음료, 의복·신발, 보건 등 12가지 부문으로 세분한다. 기준연도는 5년마다 한 번씩 개편된다.

■ **생활물가지수 (生活物價指數)**

생활물가지수는 소비자의 체감물가를 파악하기 위해 1998년 4월부터 도입한 지표로, 소비자물가지수의 보조지표. 이른바 '장바구니물가'라고도 불리는 생활물가지수는 일반 소비자들이 일상생활에서 자주 구입하여 가계소비지출 비중이 높은 기본적인 생활필수품을 대상으로 하기 때문에 서민 생활과 밀접한 지표라 할 수 있다.

국제선 항공권 가격 인상...
유류할증료 대폭 뛴 영향

러시아의 우크라이나 침공 등으로 유가 상승 기조가 지속되면서 국제선 항공권에 부과되는 ■**유류할증료**가 오는 5월 역대 최대치가 될 전망이다. 5월 대한한공과 아시아나 항공 국제선 유류할증료는 4월 14단계에서 3단계 상승한 17단계가 적용된다. 지난 **2016년 유류할증료를 비행 거리에**

비례한 9개 구간으로 나누어 할증 금액차등을 두는 거리 비례구간제가 적용된 이후 가장 높은 단계다.

이에 따라 대한항공의 국제선 유류할증료는 편도거리 기준 최소 3만3800원에서 최대 25만6100원이 부과된다. 아시아나 항공의 경우 편도거리 기준 3만5400원에서 19만7900원을 내야 한다.

두 항공사의 국내선 유류 할증료는 모두 편도운임 기준 4월 9900원에서 약 44% 상승한 1만4300원으로 인상된다. 저비용항공사(LCC)도 이와 유사한 수준의 유류할증료를 적용할 것으로 보인다. 유류할증료는 1개월 단위로 사전 고지되며, 탑승일과 관계없이 발권일 기준으로 적용된다.

업계에서는 유류할증료 상승으로 인한 고운임 현상이 당분간 지속될 것으로 보고 있다. 공급이 수요보다 많아져야 항공사들 간 경쟁이 이뤄져 가격이 내려가지만 정부는 올해 말까지 방역 상황 등을 고려해 국제선 운항 규모를 코로나 이전의 50%까지만 회복시키겠다고 한 상태다. 저비용항공사의 한 임원은 "고유가로 유류할증료 부담도 커져 항공 운임이 더 비싸게 느껴질 것"이라고 말했다.

■ **유류할증료 (油類割增料)**

유류할증료는 항공사나 해운사가 글로벌 유가 상승에 따른 손실을 보전하기 위해 운임에 추가로 부과하는 요금이다. 싱가포르 현물시장의 항공유(MOPS)가 갤런(gal)당 150센트, 배럴(bbl)당 63달러를 초과할 경우 단계별로 일정액이 부과된다. 그 이하일 경우에는 유류할증료가 부과되지 않는다. 유류할증료는 전체 항공료에서 대략 10~20% 정도를 차지하는 게 일반적이다.

가입자 20만 명 급감 '쇼크'...
졸지에 가치주 된 넷플릭스

세계 최대 온라인동영상서비스(OTT) 넷플릭스가 11년 만에 처음으로 가입자가 감소했다. 우크라이나 사태, 공유 계정 확산 등이 장벽이 된 것으로 분석된다. 넷플릭스는 4월 19일(현지시간) 이러한 내용의 1분기 실적을 발표했다. 넷플릭스의 1분기 유료 회원은 2억2160만 명으로 2021년 4분기(2억2180만 명)와 비교하면 20만 명 줄었다.

넷플릭스 가입자가 감소세로 돌아선 것은 2011년 이후 처음이다. 넷플릭스는 2분기에는 가입자가 200만 명 급감할 것으로 예상하고 있다. 넷플릭스의 1분기 매출은 월가 전망치(79억3000만달러)를 밑도는 78억7000만달러로 집계됐다. 순이익도 지난해 같은 기간(17억1000만달러)보다 줄어든 16억달러를 기록했고, 영업 이익률은 27.4%에서 25.1%로 떨어졌다.

이를 두고 넷플릭스가 한계에 부딪혔다는 평가가 나온다. 러시아의 우크라이나 침공 사태, 가입자들의 계정 공유 확산, 스트리밍 업계 경쟁 격화 등이 넷플릭스의 발목을 잡았다. **넷플릭스는 러시아가 우크라이나를 침공하자 이에 항의해 현지**

서비스를 중단했고, 러시아에서만 회원 70만 명을 잃었다.

또 유료 회원과 계정을 공유하면서 신규 가입을 하지 않고 넷플릭스 서비스를 이용하는 가구 수가 1억 개에 달하는 점도 원인으로 지목된다. 넷플릭스는 "가입자 성장기에는 계정 공유를 묵인해 왔지만, 11년 만에 처음으로 가입자가 감소하는 등 상황이 변했다"면서 "공유 계정을 상대로 과금에 나설 계획"이라고 밝혔다.

이에 따라 뉴욕 증시에선 **■빅테크** 기업에 대한 공포가 커지고 있다. 아예 빅테크 기업들이 성장에 대한 투자보다 **■캐시카우** 사업을 바탕으로 배당과 같은 주주 환원을 중시하는 가치주와 비슷하게 변해 버리고 있다는 분석도 나온다. 더 이상 높은 성장성이 기대되진 않지만 꾸준한 현금 창출 능력 등에 집중해야 한다는 의미다.

■ 빅테크 (big tech)
빅테크는 구글, 애플 등 플랫폼을 주도하는 대형 정보기술(IT) 기업을 뜻한다. 미국에서는 보통 빅테크로 가장 크고 지배적인 ▲아마존 ▲애플 ▲구글(알파벳) ▲메타(페이스북) ▲마이크로소프트 등 5개 기업을 꼽는다. 이들을 테크 자이언츠tech giants), 빅파이브(big 5)라고도 한다. 우리나라에서는 네이버와 카카오 등 온라인 플랫폼 제공 사업을 핵심으로 하다가 금융시장까지 진출한 업체를 지칭하는 말로 주로 쓰인다.

■ 캐시카우 (cash cow)
캐시카우는 처음 시작할 때 필요한 현금 경비를 훨씬 초과하여 꾸준한 이익 창출을 일으키는 사업부문을 의미한다. 수많은 기업이 캐시카우를 획득하거나 창출하려고 시도하는데 그 이유는 캐시카우가 기업의 이윤을 늘리고 비용은 줄이는 데 기여하기 때문이다. 캐시카우라는 용어는 젖을 내기 위해 농장에서 사용되는 젖소를 의미하는 데어리 카우(dairy cow)의 은유인데, 적은 유지관리로 꾸준한 소득원을 제공하는 것에서 비롯되었다.

오스템임플란트 상장유지 결정

▲ 오스템인플란트 마곡중앙연구소 (자료 : 오스템인플란트)

횡령 사건이 발생해 주식 거래가 정지됐던 오스템임플란트가 110여 일 만에 거래가 재개된다. 한국거래소는 4월 27일 기업심사위원회 심의 결과 오스템임플란트의 상장유지를 결정했으며 4월 28일부터 매매거래가 재개될 예정이라고 공시했다.

오스템임플란트는 1월 3일 **자금관리 직원 이 모 씨를 업무상 횡령 혐의로 고소했다고 공시하면서 상장 적격성 실질 심사 사유가 발생해 주식 거래가 중단**됐다. 횡령 금액은 2215억원이다.

거래소는 3월 29일 오스템임플란트에 대한 기업심사위원회를 열고 거래재개 여부를 심의했으나 결론을 내리지 못하고 추후 심의를 다시 진행하기로 결정했다. 오스템임플란트가 제출한 내부회계관리제도 개선안 등이 주주총회에서 정관 변경 등을 통해 진행되는데, 개선안 시행 결과를 모두 확인하고 결정하겠다는 이유에서다.

오스템임플란트는 3월 31일 주총을 열고 사외이사 과반수 선임, 감사위원회 도입, 윤리경영위원회 설치 등의 안건을 모두 원안대로 의결했다. 또

삼일회계법인의 컨설팅을 거쳐 오스템임플란트가 도입·개선한 시스템에 문제가 없다는 의견서를 거래소에 제출했다.

➕ 오스템임플란트 횡령 사건

오스템임플란트 횡령 사건은 2021년 오스템임플란트의 자금관리 팀장인 이 모 씨가 자본금의 108.18%에 달하는 2215억원을 빼돌린 사건이다. 이 씨는 개인 주식 투자 등에 쓴 혐의를 인정했다. 주식 투자에서 손실을 본 이 씨는 1kg짜리 금괴 851개(680억원 상당)를 매입해 가족 주거지에 숨겼다. 또, 75억원가량의 부동산을 부인과 처제 명의로 사들이기도 한 것이 밝혀졌다.

당정 "시장 대응 위해 쌀 12만6000톤 추가 매입"

더불어민주당과 정부가 4월 27일 사실상 문재인 정부에서의 마지막 당정 협의를 하고 쌀값 하락 시장 상황에 대응하기 위해 쌀 12만6000톤을 추가 매입하기로 했다.

김성환 민주당 정책위의장은 이날 국회에서 "2021년 쌀이 27만 톤 과잉 공급돼 우선 20만 톤

을 격려하기로 했는데, 막상 14만4000톤만 낙찰
돼 여전히 시장 공급과잉이 계속됐다"며 "그 때
문에 산지 쌀값이 많이 하락한 측면이 있어 당초
목표 중 매입하지 못한 나머지 12만6000톤을 추
가 매입하기로 했다"고 말했다.

대부분 수입에 의존하고 있는 다른 곡물 가격
이 가파르게 오르고 있는 것과 반대다. 외국에
선 쌀 가격이 급등세다. 국제곡물이사회 통계를
보면 이날 미국 캘리포니아산 쌀(중립종)은 톤당
1286달러로 1년 전보다 29.9% 비쌌다.

반면 국내에서는 쌀값이 바닥을 모르고 추락하고
있다. 4월 26일 농산물 유통정보(KAMIS) 따르면
도매시장에서 쌀 20kg 상품은 4월 25일 기준 평
균 4만9600원에 거래됐다. 한 달 전보다 4.3%,
1년 전보다 15.5% 내렸다. 2020년 8월 이후 가
장 낮았다.

**쌀값이 추락한 원인은 소비에 비해 생산량이 많이
늘어난 탓**이다. 통계청에 따르면 2021년 쌀 생산
량은 388만2000톤으로 전년 대비 10.7% 증가했
다. 2021년 벼 재배 면적도 2001년 이후 처음으
로 증가(전년 대비 0.8%)했다. 하지만 쌀 수요는
늘어난 생산량을 따라가지 못했다. 통계청 조사
결과 지난해 쌀 소비량은 1인당 56.9kg으로 전년
대비 1.4% 줄었다. 해마다 감소해 최근 5년 사이
8% 가까이 줄었다.

농민단체는 쌀 ▪**시장격리제도**가 오히려 가격 불
안을 가중시켰다고 비판한다. 2021년 수확기 전
후부터 쌀 생산량 급증을 경고했는데도 2022년
들어서야 늑장 격리에 들어갔고, 최저가 입찰 방
식으로 쌀을 매입한 탓에 시장가격 추가 하락까

지 부추겼다는 지적이다.

▪ **시장격리제도 (市場隔離制度)**
시장격리제도는 수확기 생산량이 수요량을 초과할 경우 쌀의
수급조절을 위하여 예상되는 초과 공급량을 매입을 통해 시
장에서 격리하는 제도를 의미한다. 현재는 농협중앙회 경제
지주가 정부의 업무를 대행하고 있다. 공공비축용 외 추가적
인 시장격리용 매입을 정부가 직접 하게 되면 세계무역기구
(WTO) '감축대상보조'에 해당될 수 있기 때문이다. 시장격리
제도는 2019년 쌀 시장가격이 목표가격에 미달하면 차액을
보전하는 변동직불제를 폐지하면서 도입되었다.

"음원투자 플랫폼 뮤직카우 상품은
증권"...조각투자 제도권 편입

▲ 뮤직카우 광고 (뮤직카우 유튜브 캡처)

금융 당국이 4월 20일 음악저작권 ▪**조각투자** 플
랫폼인 뮤직카우의 상품을 증권으로 규정하기로
했다. 금융위원회 산하 증권선물위원회는 이날
정례회의에서 뮤직카우의 '음악 저작권료 참여
청구권'을 자본시장법상 투자계약 증권으로 판단
했다. 이에 따라 뮤직카우는 자본시장법상 규제
대상이 됐고 조각투자는 제도권으로 편입됐다.

**조각투자 플랫폼은 고가 자산을 지분 형태로 쪼갠
뒤 다수의 투자자가 공동 투자하는 방식**이다. 뮤

직카우의 경우 실제 음악 저작권의 소유권을 분할하는 것이 아니라, 저작권 사용료를 받을 권리인 수익권을 토대로 만들어진 '저작권료 참여 청구권'을 거래하도록 한다는 점이 증권성 판단의 이유가 됐다.

금융 당국의 이번 결정으로 그동안 증권 신고서 및 소액 공모 공시 서류를 제출하지 않은 뮤직카우는 자본시장법상 공시 규제 위반에 따른 증권 발행 제한, 과징금·과태료 부과 등 제재 대상에 해당할 수 있다.

하지만 증선위는 투자계약 증권의 첫 적용사례로 위법에 대한 인식이 높지 않았다는 점과 지난 5년간 영업에 따른 투자자들의 사업 지속에 대한 기대감 등을 고려해, 투자자 보호 장치 마련과 사업구조 개편을 조건으로 자본시장법에 따른 제재 절차는 당분간 보류하기로 했다.

뮤직카우는 6개월 이내인 10월 19일까지 현행 사업구조를 변경해 투자자 보호를 강화하고 그 결과를 금융감독원에 보고해야 한다. 금감원이 뮤직카우의 사업구조 개편 및 관계 법령에 따른 합법성을 확인한 뒤 증선위가 이를 승인하면 제재가 면제된다.

▪ 조각투자

조각투자란 특정 투자상품의 가치를 조각처럼 나누어 여러 투자자가 함께 상품에 투자하고 이익을 배분받는 투자 방식을 말한다. 조각투자는 초기 투자 비용이 많이 드는 미술품, 부동산 등 투자 위험성은 낮으면서 비교적 고수익률이 보장되는 거래 시장을 중심으로 도입되고 있다. 소액으로 큰 규모의 자산에 투자할 수 있는 기회를 얻을 수 있지만, 해당 자산에 대한 직접 소유권은 갖지 못한다.

네이버, 전면재택·주3일 이상 출근 '자율 선택'

네이버가 7월부터 도입하는 새 근무제에 '전면재택'을 선택사항으로 남겼다. 네이버 직원들은 '주 3일 이상 사무실 출근'과 '원격근무'를 선택할 수 있다. 네이버는 직원들이 **자유롭게 근무 시간과 장소를 정할 수 있는 새로운 근무제 '커넥티드 워크'**를 오는 7월부터 시행한다고 5월 4일 밝혔다. '커넥티드 워크'는 동료, 사용자, 중소기업(SME, small and medium enterprise), 창작자, 사업 파트너들이 긴밀하게 연결돼 있다는 의미를 담고 있다.

네이버 직원들은 상반기·하반기 한 번씩 개인 사정, 조직 여건, 진행하는 프로젝트 상황 등을 고려해 주 3일 이상 사무실 출근을 기반으로 하는 '타입 O'와 원격근무를 기반으로 하는 '타입 R' 중 하나의 근무 형태를 자율로 선택할 수 있다. '타입 R'을 선택한 직원들도 필요하면 사무실에서 근무할 수 있도록 공용좌석이 배치된다.

네이버는 2014년부터 업무 시간을 직원 개인이 자율적으로 운영할 수 있도록 한 데 이어 이번 제도로 업무 공간 선택에서 직원의 자율성을 대폭 확대해 '자율', '책임', '신뢰'에 기반한 근무 문화를 더욱 강화했다고 설명했다. 이에 앞서 네이버 관계사 라인도 2021년 7월부터 사무실·재택 근무를 조합해 선택할 수 있는 혼합형 근무제를 시행한 바 있다.

▲ 강남 센트럴 아이파크 (자료 : HDC 현대산업개발)

현대산업개발, 광주 화정 아이파크 8개동 전면 철거 후 재시공

HDC현대산업개발이 지난 1월 발생한 광주 서구 화정아이파크 외벽 붕괴 사고와 관련해 해당 201동을 포함한 8개 동 전체를 전면 철거 후 재시공하기로 했다. **시공사의 전면 철거 후 재시공 결정은 전례가 없는 일**이다.

정몽규 HDC회장은 5월 4일 서울 용산 사옥에서 긴급 기자간담회를 열어 사고가 난 201동 외에 나머지 계약자들도 안전에 대한 우려가 많아 입주예정자의 요구에 따라 광주 화정동 아이파크 8개 동 모두를 철거하고 새로 짓는다고 밝혔다. 고객들의 신뢰를 회복하기 위한 가장 빠른 길이라 판단해 결정했다고도 덧붙였다.

화정 아이파크는 1, 2단지로 나뉘어 있으며 당초 총 8개 동 847가구가 올해 11월 30일에 입주할 예정이었다. 그러나 전면 철거 후 재시공이 결정됨에 따라 화성 아이파크 입주가 상당 부분 지연될 것으로 보인다. 회사 측은 철거 방법, 인허가 과정 등을 포함해 철거 후 준공까지 70개월(약 5년 10개월)이 소요될 것으로 예상하고 있다.

철거와 재시공에 따른 건축비와 입주 지연에 따른 주민 보상비까지 추가로 투입될 비용은 3700억원 가량으로 추산됐다. 현대산업개발은 지난해 광주 화정 아이파크 손실로 1700억원의 비용을 회계상에 반영했으며, 올해 추가로 2000억원을 비용 처리할 예정이다.

이번 결정은 지난 1월 11일 사고 발생으로 현장에서 작업 중이던 근로자 6명이 사망하고 1명이 부상당한 지 약 4개월 만에 나온 대책이다. 현장 조사를 벌인 국토교통부 사고조사위원회는 시공·감리 등 총체적인 관리부실로 인해 발생한 인재로 결론 내렸다.

尹 정부 출범 첫날 부동산 개편...
양도세 중과, 1주택기준 완화

윤석열 정부가 출범 후 부동산 관련 세제 개편에 나선다. 윤 대통령의 취임날인 5월 10일부터 다주택자의 ▪양도소득세 중과세율이 1년간 한시 적용 배제돼 다주택자가 규제지역에서 주택을 팔 경우 80%(지방세 포함)가 넘는 세율이 50% 밑으로 대폭 줄어든다.

기획재정부는 5월 9일 '양도소득세 개선을 위한 소득세법 시행령 개정' 보도자료를 내고 이러한 방침을 공개했다. 이는 대통령직인수위원회에서 지난 3월 말부터 발표한 방침으로 새 정부 출범 첫날부터 '1호 정책'으로 현실화한 것이다.

문재인 정부에서 강화된 다른 다주택 규제도 정상화한다. 1세대 1주택자인 실수요자의 세금 부담을 덜기 위해 일시적 2주택자의 경우 1주택자와 같은 수준으로 요건을 완화한다. 현재 조정대상지역에서 이사 등으로 거주지를 옮길 때 1세대 1주택으로 양도세 비과세를 받기 위해서는 신규 주택을 취득한 뒤 1년 이내에 종전 주택을 양도하고 세대원 전원이 신규 주택으로 전입해야 했다.

1년이라는 기한이 너무 촉박해 일부 매도자들이 주택을 급하게 처분하거나 주택을 팔지 못해 비과세를 적용받지 못하는 상황이 생기는 등 문제점이 발견됐다. 5월 10일부터는 종전·신규주택 모두 조정대상지역인 경우 종전주택 양도기한을 1년에서 2년으로 완화하고, 세대원 전원 신규주택 전입요건도 삭제한다.

다주택자가 주택을 양도해 1주택을 보유할 경우 보유기간을 재기산(리셋)하는 규정도 개선한다. 1가구 1주택자가 2년 이상 실거주할 경우 양도세 비과세 특례가 적용되는데, 지금까지는 다주택자가 집을 한 채 남기고 모두 양도해 1주택자가 된 시점부터 보유·거주기간을 재계산해왔다.

이는 법령이 모호한 탓에 도리어 다주택자 절세 방안으로 활용되는 등 논란이 불거진 바 있다. 새 정부는 실제 보유·거주한 기간을 인정하는 것으로 제도를 합리화하고, 2년 보유·거주한 경우 1주택이 된 시점에 즉시 비과세를 적용받아 매도가 가능할 것으로 기대했다.

이번 소득세법 시행령 개정안은 5월 10일부터 시행됐다. 시행령 개정은 국회 동의 없이 행정부가 독자적으로 추진할 수 있다. 입법예고(10~17일)

와 국무회의(24일)를 거쳐 5월 말 공포 예정으로 10일 이후 양도분부터 소급 적용한다.

■ 양도소득세 (讓渡所得稅)

양도소득세는 개인이 토지, 건물 등 부동산이나 주식 등과 파생상품의 양도, 또는 분양권과 같은 부동산에 관한 권리를 양도함으로 인하여 발생하는 이익(소득)을 과세대상으로 하여 부과하는 세금이다. 양도소득세는 부동산 등의 취득일부터 양도일까지 보유 기간 동안 발생된 소득에 대해 일시에 양도 시점에 과세한다. 따라서 부동산 양도로 인해 소득이 발생하지 않았거나 오히려 손해를 본 경우에는 양도소득세가 과세되지 않는다.

추경호 "금투세 2년 유예... 증권거래세 인하해야"

추경호 경제부총리 겸 기획재정부 장관 후보자(5월 1일 임명)가 내년부터 시행되는 금융투자소득세를 2년 유예하겠다고 5월 2일 밝혔다. 현재 시행 중인 대주주 양도소득세도 대폭 완화하겠다는 방침을 제시했다. 추 후보자는 이날 국회 인사청문회에서 "금융투자소득세를 2년 정도 유예하고 동시에 증권거래세도 인하하면서 주식시장에 좋은 자금이 들어가도록 할 필요가 있다"고 말했다.

그는 금융투자소득세 유예를 밝히면서 "금융투자소득세를 유예하면 현행 제도인 대주주 양도세는 존치하게 되는데, 이 경우에도 대폭 수준을 완화해 시장에 긍정적인 영향을 미칠 수 있도록 하겠다"고 강조했다.

현행 제도에 따르면 국내 상장 주식의 경우 종목당 10억원 또는 일정 지분율(1~4%) 이상 지분을 보유한 대주주만 양도세를 납부하게 돼 있다. 이후 오는 2023년부터는 대주주 여부에 상관없이 주식·채권·펀드·파생상품 등 금융투자로 일정 금액(주식 5000만원·기타 250만원)이 넘는 소득을 올린 투자자라면 20%(3억원 초과분은 25%)의 세금을 내야 한다.

이런 상황에서 **윤석열 대통령 당선인은 주식 양도세를 폐지하고, 일정 수준의 증권거래세는 유지하겠다는 공약을 제시했다.** 만약 금융투자소득세 시행을 연기하지 않고 공약을 이행하려면 당장 올해 안에 관련 세법 개정을 마무리해야 하는 상황이다.

"가상자산도 과세 2년 유예해야"

금융투자소득과 마찬가지로 내년부터 시행되는 **가상자산 과세도 유예**하는 쪽으로 가닥이 잡혔다. 추 장관은 "금융투자소득세가 2년 유예되면 같은 틀에서 가상자산 과세도 2년 유예되는 것으로 보는 게 맞다"고 말했다.

이와 관련해 윤석열 대통령은 가상자산 비과세 기준금액을 국내 상장주식과 동일한 5000만원으로 올리고, 가상자산 과세 시점에 대해서도 '선제도 정비·후 과세' 원칙을 유지하겠다고 공약한 바 있다.

다만 가상자산 과세 시점이 몇 차례에 걸쳐 연기되면서 정부가 스스로 조세 수용성을 해쳤다는 지적도 나온다. 당초 정부는 2021년 10월부터 가상자산 과세를 시작하려 했으나 법안 통과 과정에서 과세 시점이 2022년 1월로 3개월 미뤄졌고, 이후 2023년 1월로 또다시 1년 연기됐다.

➕ 특정금융거래정보법 (特定金融去來情報法)

특정금융거래정보법(특금법)은 금융거래를 이용한 자금세탁, 테러자금 조달을 규제하기 위해 금융회사 등에 의심스러운 거래나 고액 현금거래 보고, 고객 확인, 자금세탁방지 관련 내부 업무 절차 정비 등의 의무를 부과하고 있는 법률이다. 2021년 3월 25일로 시행된 개정 특금법과 시행령은 가상자산 사업자(가상화폐 거래소)들에도 자금세탁 방지 의무를 부여하고 반드시 은행으로부터 고객 실명을 확인할 수 있는 입출금계좌를 받아 영업하도록 규정했다.

작년 공공기관 47% 적자

지난해 공공기관 2곳 중 1곳 정도가 적자를 기록한 것으로 나타났다. 5월 10일 공공기관 경영정보 공개 시스템인 알리오에 따르면 지난해 영업이익 관련 실적이 있는 362개 공공기관 중 47.0%인 170개는 영업손실을 기록했다.

한국전력공사가 고유가 영향으로 5조8000억원대 영업손실을 기록해 적자 규모가 가장 컸다. 한국전력공사는 2020년에는 저유가 덕에 4조863억원의 흑자를 보였으나 지난해에는 고유가 여파로 적자로 돌아섰다. 적자 규모는 2008년 금융위기 때의 2조7981억원을 훨씬 웃도는 역대 최대 규모다.

한국전력공사 다음으로는 인천국제공항공사(9300억원), 한국철도공사(8881억원), 한국마사회(4179억원), 한국공항공사(2740억원), 한국관광공사(1688억원), 그랜드코리아레저(1458억원) 등의 순으로 적자 규모가 컸다. 이들 공공기관은 코로나19 사태로 해외여행이 어려워지고 여가·레저 활동이 위축되며 직격탄을 맞은 곳들이다.

이에 반해 **한국토지주택공사(LH)는 5조6486억원의 영업이익을 기록해 공공기관 중 흑자 규모**가 가장 컸다. 한국토지주택공사의 영업이익은 2018년 2조6000억원대에서 2019년 2조8000억원가량으로 커진 데 이어 2020년에는 4조3000억원대를 보였다가 지난해 6조원 선에 다가섰다.

한국토지주택공사 다음으로는 한국해양진흥공사(4조9582억원), 중소기업은행(3조2313억원), 국민건강보험공단(2조1883억원), 예금보험공사(2조124억원), 한국산업은행(1조8442억원) 등의 순으로 영업이익 규모가 컸다.

➕ 민영화 (民營化)

민영화란 국가 및 공공단체가 공기업의 법적 소유권을 주식매각 등의 방법을 통해 민간부문으로 이전하는 것을 말한다. 보통 정부가 운영하는 공기업이나 공공기관의 효율성을 높이기 위해 민영화를 진행한다. 공기업은 정부의 지원 아래 정부사업을 대행하므로 수익 구조가 안정적인 데다. 특정적인 분야에서 독점적인 지위를 누릴 수 있는 특성이 있다. 이러한 안정적 구조에서는 효율성이 떨어지는 부작용이 나올 수 있어 민영화를 통해 시장 경쟁으로 효율성 증진을 꾀하려는 것이다. 국내에서 민영화가 된 대표적 기업으로는 포스코(구 포항제철), KT(한국전기통신공사), KT&G(담배인삼공사) 등이 있다.

청와대 74년 만에 열렸다...
시민 문화공간으로

윤 대통령 취임식에서 실시간 중계

한국 현대사에서 최고 권력자들이 74년간 사실상 전유했던 공간인 청와대의 커다란 철문이 5월 10일 오전 11시 37분 활짝 열렸다. **손에 매화꽃을 든 국민대표 74명**을 필두로 사전 신청을 거쳐 당첨된 사람들이 '청와대 정문 개방'이라는 구호와 함께 일제히 안으로 들어갔다. 청와대 개방 현장은 윤 대통령 취임식이 열린 국회에 설치된 스크린으로 실시간 중계됐다.

시민 품에 안긴 청와대는 문화 공간으로 완전히 변모했다. 정문 앞에서 대기하고 있던 사람들이 정문을 통해 들어가는 데에만 8분이 걸렸다. 이날 하루에만 사전 신청을 거쳐 당첨된 2만6000명이 청와대 권역에 입장해 경내를 자유롭게 둘러봤다.

관람객은 기존 청와대 관람 동선에 있던 본관, 영빈관, 녹지원 외에도 관저, 침류각 등을 볼 수 있다. '청와대 불상', '미남불' 등으로 불린 보물 '경주 방형대좌 석조여래좌상'과 오운정도 관람할 수 있다. 다만 건물의 내부는 공개되지 않는다. 권역 전체를 여유롭게 관람하는 데는 1시간 30분에서 2시간 정도 소요된다.

➕ 국민대표 74명·
매화 의미

청와대 정문 개방 당시 손에 매화꽃을 든 국민대표 74명을 필두로 청와대 안으로 들어갔다. 국민대표는 인간문화재와 서울시 문화해설사, 인근 학교 관계자, 외국인으로 구성됐다. 1948년 대한민국 정부 수립 이후 최고 권력자들이 청와대에 머문 기간이 74년이라는 점을 고려해 대표 74명을 선정했으며, 매화는 윤석열 대통령이 봄이 가기 전 청와대를 국민에게 돌려드리겠다고 했던 약속의 실천을 뜻한다.

5~8월은 오전 7시부터 오후 5시까지 입산할 수 있다. 또 청와대 개방 행사 기간인 5월 22일까지는 춘추관으로 다닐 수 없고, 금융연수원 인근 출입구만 이용할 수 있다.

청와대 관광지화로 일대 상권 부흥 기대감

한편, 청와대 전면 개방으로 관광지가 형성되자 인근 상권들도 관광 활성화에 대한 기대감을 내비쳤다. 청와대 개방에 따라 인파가 몰리면서 관광 수요가 더욱 늘어날 것으로 전망되기 때문이다. 상권 부흥의 기대감은 인근 상권 공실률 하락으로 고스란히 나타났다.

백악산, 54년 만에 완전 개방

청와대 권역이 시민 품으로 돌아오면서 조선시대 한양의 주산인 명승 **백악산**(북악산)**도 이른바 '김신조 사건' 이후 54년 만에 완전히 개방**됐다. 1968년 1월 남파 무장공작원들이 청와대 습격을 시도한 김신조 사건으로 한양도성을 이루는 네 산 중 도심에서 보이는 북쪽 백악산과 서쪽 인왕산은 한동안 일반인이 오를 수 없었다. 인왕산은 김영삼 정부 때인 1993년 대부분 개방됐고, 백악산은 노무현 정부가 개방을 시작했다.

문재인 정부는 한양도성 순성길을 따라 일부 구역만 통행할 수 있었던 백악산의 나머지 지역을 순차적으로 개방했다. 백악산 성곽과 북악스카이웨이 사이 북측 구간을 2020년 11월 공개한 데 이어 퇴임을 한 달 남짓 앞둔 지난 4월 6일 남측 구간 산행을 허가했다.

백악산이 개방된다고 해도 군사시설 보호구역이어서 드론 비행과 촬영은 금지되고, 흡연과 음주도 할 수 없다. 개방 시간은 계절에 따라 다르며,

➕ 청와대 역사

청와대는 역사적으로 고려시대 남경의 이궁이 있었다고 전하며, 조선시대에는 경복궁 후원으로 사용됐다. 1860년대 경복궁을 중건한 고종은 청와대 권역을 창덕궁 후원과 유사한 기능을 갖춘 곳으로 조성하고자 했다. 일제는 경복궁 후원 건물들을 허물고 총독 관저를 지었으며, 대한민국 정부 수립 이후에도 최고 권력자들이 이곳을 관저 부지로 활용했다. 이승만 초대 대통령 때는 '경무대'라고 했으나, 윤보선 전 대통령이 입주하면서 '청와대'로 개칭됐다. 정치적·역사적 상징성 덕분에 청와대 주소는 일제강점기부터 '광화문 1번지', '세종로 1번지', '청와대로 1번지' 등으로 정해졌다.

POINT 세 줄 요약

❶ 청와대가 5월 10일 74년 만에 정문을 개방했다.

❷ 조선시대 한양의 주산인 명승 백악산(북악산)도 이른바 '김신조 사건' 이후 54년 만에 완전히 개방됐다.

❸ 청와대 전면 개방으로 관광지가 형성되자 인근 상권들도 관광 활성화에 대한 기대감을 내비쳤다.

'정인이 사건' 양모 징역 35년·양부 5년 확정

생후 16개월 된 입양아 정인 양을 학대해 사망에 이르게 한 혐의로 기소된 양모에게 징역 35년형이 확정됐다. 대법원 3부는 지난 4월 28일 살인 등 혐의로 기소된 양모 장 모 씨의 상고심에서 징역 35년을 선고한 원심을 확정했다. 아동복지법 위반(아동유기·방임) 등 혐의를 받은 양부 안 씨는 징역 5년 형이 확정됐다.

양모 장 씨는 2020년 6~10월 입양한 딸 정인 양을 상습적으로 폭행·학대하고 10월 13일 복부에 손 또는 발로 강한 충격을 가해 숨지게 한 혐의로 구속기소됐다. 당시 검찰은 **주된 범죄사실을 의미하는 주위적 공소사실로 살인 혐의를, 예비적 공소사실로 아동학대치사 혐의를 각각 적용해 기소**했다. 검찰의 이 같은 기소는 살인의 고의성이 인정되면 장 씨를 살인죄로 처벌하되, 인정되지 않을 경우 아동학대치사죄로 처벌해달라는 의미다.

장 씨는 재판 과정에서 살인의 고의성을 부인했지만, 1·2심 법원은 장 씨에게 미필적으로나마 살인의 고의가 있었다고 봐 살인죄를 유죄로 인정했다. 다만, 1심 재판부는 "상상조차 할 수 없는 만행으로 피해자를 사망하게 했다"며 장 씨에게 무기징역을 선고했으나, 2심 재판부는 "피고인을 영구적으로 사회로부터 격리하는 형을 선고하는 것이 정당화될 만한 객관적 사실이 존재한다고 보기 어렵다"며 형량을 35년으로 낮췄으며, 대법원이 이 형량을 그대로 확정했다.

정인 양을 방치하는 등 학대하고 부인 장 씨의 학대를 알고도 묵인한 혐의 등으로 장 씨와 함께 기소된 양부 안 씨는 1·2심 모두 징역 5년 형을 선고받았으며, 대법원이 이 형량을 그대로 확정했다.

한편, 대법원에서 선고가 나오자 법정 안에서는 소란이 벌어졌다. 일부 방청객은 양모의 형량을 낮춘 2심을 확정한 대법원 재판부를 향해 "판결을 다시 하라", "이따위 판결을 하느냐"고 소리를 지르기도 했다.

➕ 정인이법

정인이법은 양부모의 학대로 입양 271일 만에 사망한 정인 양 사건이 계기가 되어 마련된 법으로, 아동을 학대하고 살해한 경우 사형이나 무기징역 또는 7년 이상의 징역에 처하도록 하는 내용을 골자로 한다. 정인이법의 정식 명칭은 '아동학대범죄처벌 특례법 개정안'이며, 2021년 2월 26일 국회를 통과했다. 정인이법은 무기징역 또는 5년 이상 징역에 처하도록 한 아동학대치사죄보다 처벌을 강화한 것으로, 아동학대로 인한 사망 사건이 계속해서 발생하면서 처벌을 강화해야 한다는 지적에 따라 마련된 것이다. 한편, 정인이법처럼 법안과 관련한 특정 인물 혹은 법안을 발의한 사람의 이름 등을 붙인 법안을 네이밍 법안이라고 한다. 네이밍 법안은 길고 복잡한 법안의 정식 명칭보다 기억하기 쉽고, 법안의 홍보 효과도 뛰어나 자주 쓰인다.

기출TIP 2021년 아이뉴스24 필기시험에서 정인이법 도입 배경과 취지를 쓰라는 문제가 출제됐다.

2023년부터 반려동물 굶겨 죽이면 동물학대로 처벌

2023년부터 반려동물에게 먹이를 주지 않아 죽게 하면 동물학대로 처벌받는다. 2024년부터는 맹견을 사육할 때 시·도지사로부터 맹견 사육 허가를 받아야 한다. 농림축산식품부는 이 같은 내용을 담은 '동물보호법 전부개정법률'이 4월 26일 공포된다고 4월 25일 밝혔다. 개정 법률은 공포 후 1년이 지난 2023년 4월 27일부터 시행된다.

다만 일부 제도는 준비기간을 고려해 공포 후 2년이 지난 2024년 4월 27일부터 시행된다. 이에 따라 내년 4월 27일부터는 **반려동물에게 최소한의 사육 공간이나 먹이를 제공하지 않는 등 사육·관리 의무를 위반해 반려동물을 죽게 하는 행위가 법상 동물학대** 행위에 포함된다. 위반 시 3년 이하의 징역이나 3000만원 이하의 벌금형에 처하게 된다.

민간 동물보호시설 신고제도 도입된다. 유실·유기 동물이나 피학대 동물을 임시로 보호하기 위해 일정 규모 이상의 시설을 운영하려면 관할 지자체에 신고하고 관련 시설·운영 기준을 지켜야 한다. 소유자가 사육을 포기한 동물을 지자체에

서 인수할 수도 있게 된다. 다만 무분별한 인수 신청을 막기 위해 사육 포기 사유가 '장기 입원', '군 복무' 등으로 엄격하게 제한된다.

2024년 4월 27일부터는 맹견사육허가제가 도입된다. ▲도사견 ▲아메리칸 핏불테리어 ▲아메리칸 스태퍼드셔 테리어 ▲스태퍼드셔 불테리어 ▲로트와일러 등 5종과 그 잡종을 **사육하려면 시·도지사로부터 허가**를 받아야 한다. 이때 기질평가를 통해 해당 맹견의 공격성을 판단한 결과에 기반해 사육허가 여부가 결정된다. 종전에 맹견을 사육하고 있는 사람은 제도 시행일 이후 6개월 이내에 허가를 받으면 된다.

▮ 반려동물 관련 신조어

구분	내용
펫팸족	애완동물을 자신의 가족처럼 생각하는 사람
뷰니멀족	동물을 직접 키우지 않고 온라인상에서 영상과 게임 등을 통해 반려동물 문화를 즐기는 사람
펫미족	반려동물을 가족처럼 대하는 '펫팸족'을 넘어 반려동물을 자신처럼 아끼고 사랑하는 사람
펫티켓	반려견이 사람을 물지 않도록 하는 등 교육하는 것
펫셔리	반려동물에게 럭셔리한 제품과 서비스를 아끼지 않는 트렌드

ILO 핵심 협약 공식 발효

'노동 기본권 보장'을 골자로 하는 국제노동기구(ILO) 핵심협약이 4월 20일 발효됐다. 지난해 2월 국회를 통과한 ILO 핵심협약 3개 비준동의안이 1년 뒤인 이날부터 발효돼 국내법과 동등한

효력을 갖게 된다.

ILO 핵심협약은 ILO가 채택한 190개 협약 중 가장 기본적인 노동권에 관한 8개 협약을 말한다. 이 중 우리나라는 그간 4개 협약을 비준하지 않았다가 지난해 2월 국회에서 ▲결사의 자유에 관한 제87호 ▲단결권에 관한 제98호 ▲강제노동금지(군 복무는 예외)에 관한 제29호 등 3개 비준안을 의결했다.

ILO 핵심협약 비준은 국내 노동법을 국제 수준으로 상향하는 것이 핵심으로, 정부는 비준안 제출에 앞서 2020년 12월 ILO 핵심협약과 국내법이 상충하지 않도록 노조법 등 국내법을 개정했다.

노사 양측 불만 폭발

ILO 핵심협약이 국내법과 같은 효력을 갖게 되면서 노사는 서로 다른 방향에서 우려와 불만을 표하고 있다. **노동계의 경우 국내법적 효력 발생에도 노조법이 여전히 핵심협약 기준에 미치지 못하고 있다는 주장**이다. 이에 노동계는 핵심협약 발효 전까지 노조법을 전면 개정해야 한다고 정부에 요구해왔으나, 정부는 국내법이 핵심협약에 충분히 부합한다고 강조해왔다.

반면 **경영계는 핵심협약 발효 이후 노조의 권한이**

지나치게 강화돼 노사 관계의 불균형이 더욱 심화될 것으로 우려한다. 예컨대 노동계가 노조법상 근로자 정의를 확대 해석해 특고의 근로자성, 하청 근로자에 대한 원청의 사용자성 등이 인정돼야 한다고 주장할 수 있다는 얘기다. 이에 경영계는 핵심협약 발효에 따른 부작용 최소화를 위해 노조법 추가 개정 요구를 지양하고, 노사 간 힘의 균형을 위한 보완 입법을 추진해야 한다는 입장이다.

▍한국의 ILO 협약 비준 현황

분야	협약	연도	비준 연도
결사의 자유	제87호 결사의 자유와 단결권의 보장 협약	1948	2021.4.
	제98호 단결권과 단체교섭권 협약	1949	2021.4.
강제노동 금지	제29호 강제노동 협약	1930	2021.4.
	제105호 강제노동철폐 협약	1957	×
차별금지	제100호 동등보수 협약	1951	1997.12.
	제111호 차별(고용과 직업) 협약	1958	1998.12.
아동노동 금지	제138호 최저연령 협약	1973	1999.1.
	제182호 가혹한 형태의 아동노동 협약	1999	2001.3.

전장연, 출근길 탑승 시위 대신 '오체투지' 투쟁

전국장애인차별철폐연대가 5월 3일 출근길 지하철에 기어서 탑승하는 방식으로 시위를 재개했다. 전장연은 기획재정부가 각 부처의 2023년도 예산 총액을 결정하는 5월 중순까지 이런 방식의

▲ 지하철 시위 중인 전국장애인차별철폐연대 (전국장애인차별철폐연대 트위터 캡처)

시위를 이어가기로 했다.

전장연은 이날 오전 8시 서울 지하철 3호선 경복궁역 승강장에서 삭발식을 진행했다. 이어 9시쯤부터 박경석 전장연 상임공동대표와 이형숙 서울시장애인자립생활센터협의회장이 휠체어에서 내려 기어서 지하철 열차에 탑승하는 시위를 벌였다. 전장연은 "기어서 지하철 타는 시간이 잠깐 지체되더라도 장애인이 갈 수 있는 공간과 잠깐의 시간은 허락해주실 것을 호소드린다"고 호소했다.

전장연은 3월 29일 대통령직인수위원회(인수위)에 예산 요구안을 전달한 후 '**장애인의 날**'인 4월 20일까지 인수위의 답변을 촉구한다며 시위를 잠정 중단한 바 있다. 이후 **인수위가 만족할 만한 답변을 내놓지 않았다며 4월 21일부터 지하철 탑승 시위를 재개**해 시민들이 불편을 겪었다.

추경호 후보자는 전날 인사청문회에서 "국회에서 법제가 마련된 만큼 (특별운송사업비를) '보조금 지원 대상 제외'에서 삭제해 관련 시행령 개정을 추진하겠다"고 했다. 하지만 '장애인 교육 예산' 국비 지원에 대해서는 "평생교육지원 예산이

지방으로 이양될 때에는 당시에 나름의 이유가 있었으니 관련 교육지원법도 진행되고 있는 만큼 논의사항을 지켜보면서 고민하겠다"고 했다.

전장연은 5월 6일부터는 4호선 혜화역에서 출발해 삼각지역으로 이동하는 것으로 동선을 변경하기로 했다. 대통령 취임식이 열리는 5월 10일 오전에는 5호선 광화문역에서 여의도역으로 이동하는 시위를 벌였다. 전장연은 "기재부와 국회는 2023년 장애인권리예산과 장애인권리 4대 법안 제·개정을 지금 결정해야 할 때"라며 "더 이상 '검토'라는 것으로 기다리지 않겠다. 행동을 멈추지 않을 것"이라고 밝혔다.

■ **장애인의 날**

장애인의 날은 장애인에 대한 국민의 이해를 깊게 하고 장애인의 재활 의욕을 높이기 위해 제정된 대한민국의 법정 기념일로, 날짜는 매년 4월 20일이다. 다만 4월 20일이 토요일이나 일요일일 경우, 기념식은 4월 18일에 개최된다. 기념식 공식 행사에서는 장애인인권헌장낭독, 장애인복지 유공자에 대한 훈·포장과 표창이 수여되며, 1997년 제정된 '올해의 장애인상' 시상을 통해 사회에 적극적으로 참여하는 장애인을 발굴, 시상하고 4월 20일부터 1주일 동안을 장애인 주간으로 정해 각 지방자치단체 및 장애인 단체별로 체육대회를 비롯한 다채로운 기념행사를 펼친다.

미제 '개구리 소년' 사건 부친 김현도 씨 별세

대구 성서 초등학생 살인 암매장 사건(일명 **■개구리 소년 사건**) 피해아동의 부친 중 한 명인 김현도 씨가 뇌경색으로 4월 22일 별세했다. 향년 79세. 김 씨는 **개구리 소년 5명**(▲우철원 ▲조호

연 ▲김영규 ▲박찬인 ▲김종식) 중 김영규 군(당시 11세)의 아버지이다.

고인은 1991년 3월 친구들과 도롱뇽알을 줍기 위해 집을 나선 김 군이 실종된 후 2002년 9월 대구 달서구 와룡산에서 유골로 발견될 때까지 전국을 돌며 아들을 찾아 나섰다.

경북대학교 법의학팀은 개구리 소년 유골이 발견된 뒤 소년들이 둔기에 맞거나 흉기에 찔려 숨졌다는 결론을 냈다. 이에 김 씨는 다른 유족들과 사건 해결을 위해 수사기관과 국회를 방문하거나 언론 인터뷰를 하는 등 백방으로 뛰었다.

사건은 **2006년 3월 25일 ▪공소시효 만료로 끝내 영구미제**로 남았다. 2019년 9월 화성 부녀자 연쇄살인 사건의 진범이 밝혀진 이후 당시 민갑룡 전 경찰청장의 지시로 재수사에 들어가 대구경찰청 미제사건수사팀이 현재까지도 재수사를 진행 중에 있으나 뚜렷한 단서를 찾지 못하고 있다.

김 씨에 앞서 개구리 소년 부친 중에서는 김종식 군(당시 9세)의 아버지 김철규 씨가 2001년 암으로 사망했다. 개구리 소년들을 위한 추모비는 2021년 3월 와룡산 선원공원에 마련됐다.

▪ 개구리 소년 사건

개구리 소년 사건은 1991년 대구에 거주하는 초등학생 5명이 도롱뇽알을 주우러 갔다가 실종된 사건이다. 경찰은 국내 단일 실종사건으로는 최대 규모인 연인원 35만 명의 수색인력을 풀었지만 범인이나 실종 경위를 끝내 밝혀내지 못했다. 실종 이후 11년 6개월 만인 2002년 9월 대구 와룡산 중턱에서 유골이 발견됐다. 당시 경찰은 아이들이 길을 잃고 헤매다 저체온증으로 사망했다고 주장했으나, 부검을 맡았던 법의학팀은 명백한 타살이라고 결론 내렸다. 이 사건은 2006년 공소시효가 만료됐다.

▪ 공소시효 (公訴時效)

공소시효란 어떤 범죄에 대하여 일정 기간이 지나면 공소의 제기를 허용하지 않는 제도로, 수사기관이 법원에 재판을 청구하지 않는 불기소처분의 한 유형이다. 2013년 6월 19일부터 13세 미만의 사람 및 신체적인 또는 정신적인 장애가 있는 사람을 대상으로 한 강간죄, 강제추행죄, 준강간 및 준강제추행죄, 강간 등 상해·치상죄, 강간 등 살인·치사죄 등의 범죄를 저지른 경우에는 공소시효가 적용되지 않게 됐다. 이어 2015년 7월 24일에는 살인죄의 공소시효를 폐지하는 내용이 담긴 형사소송법 개정안(태완이법)이 통과됐다. 법안은 법정 최고형이 사형에 해당하는 살인죄의 공소시효를 폐지하고 아직 공소시효가 만료되지 않은 범죄에 대해서도 이를 적용토록 했다.

➕ 대한민국 3대 미제 사건

▲화성 연쇄 살인사건(1986~1991·2019년 해결) ▲이형호 유괴 살해 사건(1991) ▲개구리 소년 사건(1991)

코로나 감염병 등급
2급으로 하향 조정

4월 24일 중앙재난안전대책본부(이하 중대본)에 따르면, 코로나19 **▪감염병** 등급이 2급으로 하향 조정되는 4월 25일부터 이행기가 끝나는 4주 뒤

에는 코로나19 확진 시 격리 의무와 의료기관 환자 즉시 신고 의무가 없어진다. 확진자라도 개인 방역 수칙을 준수하면서 일반 의료기관을 이용할 수 있게 되는 것이다. 또 의무적으로 격리하지 않기 때문에 생활비·유급휴가비·치료비 등 정부 지원은 원칙적으로 종료된다.

코로나19 관련 매뉴얼이 바뀜에 따라 정부는 의료 현장 혼란을 막기 위해 4월 25일부터 4주간을 사실상의 계도기간으로 두고 이 기간이 지난 뒤에 이 같은 조치를 적용할 방침이다. 따라서 **5월 23일부터는 확진자 격리 의무 등이 사라지고 모든 병원에서 진단과 검사를 받을 수 있게 되는 등 2급 감염병에 준하는 방역·의료체계로의 전환**이 이뤄질 예정이다.

실내 취식 허용·면회 가능

특히 4월 25일부터 실내 다중이용시설 내 음식물 섭취 또한 허용되면서 시민 기대도 높아지고 있다. 중대본에 따르면 4월 25일부터 영화관, 실내 스포츠 관람장은 물론 대중교통에서도 음식물 섭취가 허용된다.

대형마트와 백화점 등 유통시설에서도 시식·시음이 허용된다. 하지만 이 경우 코로나19 감염 방지를 위해 시식·시음 행사는 지정된 취식 특별관리구역에서 해야 하며, 행사 시설끼리는 3m 이상, 취식 중 사람 간은 1m 이상 유지해야 한다.

요양병원 접촉 면회도 5월 22일까지 한시적으로 허용된다. 코로나19에 걸렸던 입원환자·입소자나 면회객은 2차 접종을 완료했다면 면회가 가능하다. 미확진자의 경우 입원·입소자는 4차 접종, 면회객은 3차 접종까지 마쳐야 한다. 다만 17세

이하 면회객은 2차까지 맞았다면 접촉 면회가 가능하다. 또 자가격리에서 해제된 지 3일이 경과하고, 90일이 지나지 않은 사람은 접종력과 무관하게 접촉 면회를 할 수 있다.

◼ 감염병 (感染病)

감염병이란 '감염병의 예방 및 관리에 관한 법률' 제2조에서 규정하고 있는 감염병을 말한다. 전염병이 아닌 감염병이라는 표현을 쓰는 것은 일본 뇌염, 비브리오패혈증, 쯔쯔가무시증처럼 국가관리가 필요하지만 사람에서 사람으로 전염은 되지 않는 질병을 모두 포괄한다는 의미가 있다.
법정 감염병은 크게 4가지로 분류된다. ▲제1급 감염병은 생물테러감염병 또는 치명률이 높거나 집단 발생 우려가 커서 발생 또는 유행 즉시 신고하고 음압격리가 필요한 감염병이다. ▲제2급 감염병은 전파 가능성을 고려하여 발생 또는 유행 시 24시간 이내에 신고하고 격리가 필요한 감염병이다. ▲제3급 감염병은 발생 또는 유행 시 24시간 이내에 신고하고 발생을 계속 감시할 필요가 있는 감염병이다. 제4급 감염병은 제1급~제3급 감염병 외에 유행 여부를 조사하기 위해 표본감시 활동이 필요한 감염병이다.

5월부터 모든 학교 전면 정상 등교

5월 2일부터 모든 학교가 정상 등교를 실시하는 가운데, 학교 실외 체육수업을 할 때 마스크를 쓰지 않아도 된다. 교육부 발표 '포스트 오미크론 대응 학교 일상회복 추진방안'에 따라 **5월 2일부**

터 전국 유·초·중·고교는 정상 등교를 원칙으로 교과·비교과 교육활동을 전면 재개한다.

학급·학년 단위 소규모 체험활동 등 대내외 행사 운영이 가능하고 수학여행, 수련회 등 숙박형 프로그램 운영도 교육청과 학교가 결정해 시행하게 된다. 다만, 강당 등 실내 체육수업 때는 현행 방침대로 마스크를 착용해야 한다.

이행단계가 끝나고 안착단계가 시작되는 5월 23일부터는 체험학습과 수학여행 때도 마스크를 쓰지 않아도 된다. 다만 학교장은 학교 구성원의 의견을 반영해 체험학습과 수학여행 시 감염 위험이 높다고 판단하면 실외에서도 마스크 착용을 하도록 결정할 수 있다.

5월 2일부터 모든 학교가 정상등교를 실시하게 되면서 교육부는 '교육회복 종합방안'의 세부 과제들도 내실 있게 운영하도록 지원할 방침이다. 학습결손 해소를 최우선 목표로, 원하는 학생에 한해 교과보충과 대학생 튜터링을 본격 추진하고 현장에도 적극 안내한다는 설명이다.

유은혜 사회부총리 겸 교육부장관은 서울 금화초등학교를 방문해 체육대회를 참관하고 현장 의견을 들을 예정이다. 유 부총리는 "정상등교를 통해 학생들은 배움의 권리뿐만 아니라 친구들과 소통할 수 있는 정서적 교감의 기회를 되찾을 수 있을 것으로 기대한다"고 말했다.

➕ 교육 당국 일상 회복 추진 방안
4월은 ▲준비단계로서 학교가 5월 이후에 학사운영 계획 등을 준비하도록 지원한다. ▲5월 1일부터는 이행

단계 기간으로 해당 기간에는 교과, 비교과 활동을 전면 재개하고 방과후학교와 돌봄교실을 정상 운영하도록 하는 계획이다. ▲안착단계는 5월 23일 이후다. 5월 23일 직후에 안착 단계에서 가장 중요한 것은 확진자의 의무적인 격리가 권고로 바뀔 경우를 대비하는 것이다.

법원 "유승준, 장병들에 큰 박탈감...비자 발급 거부 적법"

▲ 스티브 유 (유승준 유튜브 캡처)

가수 유승준(45·미국명 스티브 승준 유) 씨가 한국 입국 비자를 발급해달라며 두 번째로 낸 소송에서 패소했다. 서울행정법원 행정 5부는 4월 28일 유 씨가 주 로스앤젤레스(LA) 총영사를 상대로 낸 여권·사증(비자) 발급 거부처분 취소 소송을 원고 패소로 판결했다.

재판부는 유 씨가 과거 재외동포 비자 발급을 거부당한 데 불복해 제기한 행정소송에서 승소 판결을 확정받았지만, 당시 확정판결 이후에 재차 비자 발급을 거부한 정부의 처분은 위법하지 않다고 판단했다. **앞서 판결은 절차적 흠을 지적한**

것에 지나지 않으므로 LA총영사관이 여권·사증 발급을 거부한 것은 법적인 문제가 없다는 것이다.

재판부는 유 씨에게 비자를 발급하지 않은 LA 총영사관의 결정이 적법하다고 인정했다. 재판부는 "원고의 행위는 국가기관을 기망(欺罔 : 남을 속여 넘김)해 편법으로 국외로 출국한 뒤 시민권 취득 절차를 받은 것"이라며 "그 목적이나 시기의 부당성, 행위 태양이나 방법에 비춰 대한민국의 질서유지 내지 공공복리 등 공익을 해할 우려가 있는 행위"라고 지적했다.

이어 "원고는 4급 보충역 판정을 받고 공익근무요원 소집통지를 받은 상황에서 국적을 이탈했다"며 "원고의 존재가 영토 최전방 또는 험지에서 말단의 역할로 소집돼 목숨을 걸고 **많은 고통과 위험을 감수한 대한민국 장병들과 가족들에게 큰 상실감과 박탈감**을 안겨주고 있음은 두말할 나위 없다"고 강조했다.

병역 의무를 회피하려 미국 시민권을 취득했다가 2002년 한국 입국이 제한된 유 씨는 재외동포 비자를 받아 입국하려 했으나 비자 발급을 거부당하자 이에 행정소송을 내 2020년 승소 판결을 확정받은 바 있다.

➕ 3심제와 예외

3심제(三審制)란 한 사건에 대해 3번 심판을 받을 수 있는 심급제도다. 3심제는 법원에서 잘못된 판결을 했을 시 바로 잡을 수 있는 기회를 제공하며, 다시 재판받을 기회를 부여해 국민의 권리와 자유를 보장하는 취지로 운영된다. 3심제의 예외로서 비상계엄하의 군사재판은 단심으로 할 수 있다. 그러나 이 때도 사형을 선고하는 경우에는 3심제가 적용된다. 대통령 및 국회의원의

당선 효력을 다투는 선고소송도 재판 결과가 나올 때까지 국정 운영에 불안을 주는 등 여러 가지 문제를 초래할 수 있어 대법원을 1심으로 단심재판을 하고 있다. 특허심판원의 심결 또는 결정에 대한 불복은 특허법원과 대법원으로 이어지는 2심제로 운영되고 있다.

▌3심제 용어

구분	내용
항고	법원의 결정이나 명령에 대해 이의를 제기
항소	1심의 판결에 불복하여 2심 재판을 청구
상고	2심의 판결에 불복하여 3심 재판을 청구
상소	재판이 확정되기 전에 상급 법원에서 재판받을 수 있도록 하는 것. 항고, 항소, 상고 모두 포함하는 단어

제주 4·3 사건 피해자 국가보상금 지급 기준 마련

▲ 제주도

정부가 제주 4·3 사건으로 장해를 입은 피해자에게 **보상금을 지급**하기로 했다. 보상금은 장해 등급에 따라 최소 5000만원에서 9000만원이다. 지난 4월 29일 행정안전부는 김부겸 국무총리 주재로 '제 29차 제주 4·3사건 진상규명 및 희생자

명예회복위원회'를 개최하고 보상금 지급 기준을 의결했다. 이번 회의는 **제주 4·3 특별법** 시행령이 시행된 이후 처음 개최된 전체회의다.

위원회는 후유장애 희생자에게 5000만~9000만원의 보상금을 지급하기로 했다. 14개인 장해등급을 3개로 구분해 ▲1구간(장해등급 제1~3급) 9000만원 ▲2구간(장해등급 제4~8급) ▲3구간(장해등급 제9급 이하) 5000만원으로 보상금을 정했다.

보상금 신청 기간은 올해 6월부터 2025년 5월까지다. 보상금 지급 신청순서는 생존 희생자를 최우선으로 하되 다른 희생자들은 위원회의 희생자 결정일 순으로 순차적으로 신청할 수 있게 할 방침이다.

김 국무총리는 "보상 조치는 제주 4·3 사건에 대한 국가의 잘못을 명백히 인정하고 책임을 진다는 약속의 실천"이라며 "그동안 더디게 진행되어 온 한국전쟁 이후 여러 민간인 희생사건에 대한 보상 논의에도 진전이 있기를 바란다"고 전했다.

한편, **제주 4·3 사건은 1948년 4월 3일부터 1954년 9월 21일까지 제주도에서 일어난 대학살극**이다. 제국주의 일본 패망 이후 남북한의 이념 갈등을 발단으로 남로당 무장대가 봉기하며 미군정·국군·경찰과 충돌했고 극우파 민간 무장단체들의 폭력 사태를 이승만 정권과 미국 정부가 묵인하면서 민간 학살이 발생했다.

■ 제주 4·3 특별법

제주 4·3 특별법은 제주 4·3 사건의 진상 규명과 이 사건으로 희생된 이들과 그 유족들의 명예를 회복시켜 인권 신장과

민주 발전, 국민 화합에 이바지함을 목적으로 제정된 법이다. 정식 명칭은 '제주 4·3사건 진상 규명 및 희생자 명예회복에 관한 특별법'이다. 지난 2021년 2월 26일에 제주 4·3 특별법 전부 개정안이 국회 본회의를 통과했다. ▲희생자·유가족에 대한 위자료 지급 ▲불법 재판 수형인에 대한 특별재심 추진 ▲추가 진상조사 등 희생자·유가족의 명예 회복을 골자로 하는 이 법으로, 제주 4·3 사건 피해자들은 보상받을 길이 열렸다.

➕ **제주 4·3 사건을 다룬 문학 작품**

제주 4·3 사건을 다룬 문학 작품으로는 대표적으로 현기영 작가의 『순이 삼촌』이 있다. 현기영 작가는 어린 시절 제주 4·3 사건을 직접 겪은 작가로, 제주 4·3을 다루는 작품을 많이 남겼다. 현기영 작가는 지난 2019년에는 제3회 제주 4·3 평화상을 받기도 했다.
최근에는 부커상을 받은 바 있는 한강 작가가 지난 2021년 9월에 제주 4·3 사건을 다룬 장편소설 『작별하지 않는다』를 냈다.

서울 종묘~퇴계로에 녹지생태도심 조성...높이·용적률 완화

▲ 녹지생태도심 예상도 (자료 : 서울시)

서울시가 종묘와 퇴계로 일대를 재정비해 도심 속 녹지 비율 4배 이상 끌어올리기로 했다. 고층

빌딩과 숲이 공존하는 녹지생태도심을 만들 계획이다. 오세훈 서울시장은 4월 21일 서울 종로구 세운상가에서 '녹지생태도심 재창조 전략'을 발표하며 "고밀·복합 개발과 녹지 공간 확보를 동시에 추진하겠다"고 밝혔다.

서울시에 따르면 현재 서울 도심에서 공원·녹지 비율은 전체 면적의 3.7%에 불과하다. 미국 뉴욕 맨해튼(26.8%)이나 영국 센트럴 런던(14.6%)에 비해 현저히 낮은 수준이다.

서울시가 발표한 녹지생태도심은 건축물 높이를 올리는 대신 **건폐율**(대지 면적에 대한 건물 바닥 면적 비율)을 줄여 도심을 녹지로 연결하는 게 핵심이다. 서울시는 서울도심 기본계획상 90m로 제한된 건축물 높이를 재조정하고 현재 600~800% 이하인 도심 안팎 **용적률**[대지 면적에 대한 건축물의 연면적(延面積 : 하나의 건축물의 바닥 면적의 합계) 비율]을 완화하기로 했다.

녹지 형태는 마포구의 ■**연트럴파크**형이 꼽힌다. 기존 공원과 개별 건축물의 녹지와 공터 등을 연결해 선형 공원을 만드는 식이다. 이를 위해 서울시는 건물마다 제각각인 차량 진출입로를 한곳으로 모아 녹지와 차도를 분리하기로 했다.

서울시는 이러한 구상을 종묘~퇴계로 일대에 먼저 적용할 지역으로 꼽았다. 동서로 1~8가까지 남북으로 율곡로에서 퇴계로까지를 신규 정비 구역으로 지정해 연트럴파크(3만4200m²)의 4배 수준인 14만m² 규모의 공원·녹지를 만든다는 방안이다.

■ **연트럴파크**
연트럴파크는 서울 마포구 홍대입구역 주변 연남동을 남북으로 가로지르는 선형 공원인 경의선숲길공원을 미국의 뉴욕 맨해튼구에 있는 거대한 공원인 센트럴파크에 빗대 이르는 말이다. 오랫동안 운행이 중단돼 방치됐던 경의선 철로를 시민들을 위한 공간으로 새롭게 변모시킨 곳으로서 2016년 완공되고 주변에 이색적인 카페와 음식점 등이 생겨나면서 서울의 새로운 명소가 되었다.

> ➕ **대한민국의 국립공원**
> ▲가야산 국립공원 ▲경주 국립공원 ▲계룡산 국립공원 ▲내장산 국립공원 ▲다도해상 국립공원 ▲덕유산 국립공원 ▲무등산 국립공원 ▲변산반도 국립공원 ▲북한산 국립공원 ▲설악산 국립공원 ▲소백산 국립공원 ▲속리산 국립공원 ▲오대산 국립공원 ▲월악산 국립공원 ▲월출산 국립공원 ▲주왕산 국립공원 ▲지리산 국립공원 ▲치악산 국립공원 ▲태백산 국립공원 ▲태안해안 국립공원 ▲한라산 국립공원 ▲한려해상 국립공원

기출복원문제 2018년 포항MBC
다음 중 국립공원이 아닌 곳은?
① 월출산　　　　　　② 변산반도
③ 태안해안　　　　　④ 두륜산
정답 ④ (전남 두륜산은 도립공원)

인권위, '~린이' 신조어에 "아동 비하·차별 우려"

국가인권위원회가 주식 초보자를 뜻하는 '주린이', 골프 초보자 '골린이', 요리 초보자 '요린이' 등 특정 분야 입문자를 어린이에 빗댄 표현이 아동 비하에 해당된다고 판단했다. 다만 피해자가 특정되거나 구체적인 피해가 발생했다고 보기 어

렵다며 이번 건을 인권위 산하 아동권리위원회 조사 대상에는 포함시키지 않았다.

5월 3일 인권위는 공공기관의 공문서, 방송, 인터넷 등에서 '~린이'라는 아동 비하 표현이 사용되지 않도록 문화체육관광부 장관과 방송통신심의위원회 위원장에게 적극적인 홍보와 교육, 점검 등 적절한 방안을 마련하라는 의견을 표명했다고 밝혔다.

인권위는 아동은 권리의 주체이자 특별한 보호와 존중을 받아야 하는 독립적인 인격체라며 '~린이'라는 표현을 사용하는 것은 아동이 미숙하고 불완전하다는 인식에 기반한 것이라고 지적했다. 또한 이런 표현이 방송, 인터넷 등을 통해 무분별하게 확대·재생산됨으로써 아동에 대한 왜곡된 인식과 평가가 뿌리내릴 수 있고, 이는 아동에게 유해한 환경이 된다고 봤다.

청소년인권단체들은 유튜브 등에서 쓰이는 '잼민이'라는 표현 역시 아동을 비하하는 의미가 담겨 있다고 말한다. '잼민이'는 온라인상에서 어설픈 언행이나 행동으로 주변에 불편함을 주는 이들을 얕잡아 부르는 말로 쓰이는데, 현재는 어린이를 통칭하는 표현으로 확장됐다. 과거 어린이·청소년을 '초딩', '급식' 등으로 낮잡아 부르던 것과 비슷하다.

▌ 어린이 청소년 차별 표현 (자료 : 청소년인권운동연대 지음)

구분	차별 표현인 이유
잼민이	어린이는 미성숙하고 하찮은 존재나 민폐를 끼치는 불편한 존재라는 어감
사춘기/중2병	청소년을 이상하고 병적인 존재로 판단

아이(물건을 칭할 때)	예를 들어 유튜버가 아끼는 신발을 소개하며 '이 아이는~'이라고 하는 것은 어린이를 소유할 수 있는 존재, 귀엽게만 취급되는 존재로 여기는 것임
등골 브레이커	청소년은 사치를 부리고 유행에 민감해 불합리한 소비를 한다는 인식
급식(충)	가치중립적 사실 진술이 아니라 비하의 의미를 담은 평가적인 말

교통 사망 사고 23% 고령 운전자가 유발...조건부 면허제 검토

4월 19일 한국교통공단은 2020년 65세 이상 고령 운전자의 과실로 3만11072건의 교통사고가 발생해 전체 교통사고 20만9654건 가운데 14.8%를 차지했다고 발표했다. 사망 사고로 범위를 좁히면 문제가 더 심각했다. 같은 해 고령 운전자가 유발한 교통사고로 사망한 사람은 720명으로 전체 교통사고 사망자 3081명 중 23.4%에 이르렀다.

2020년 전체 운전면허 소지자 중 65세 이상은 11.1%를 차지하고 있는데 사망 사고를 유발하는 비율은 훨씬 높았다. 교통공단의 실험에 따르면 60세 이상 고령 운전자는 시속 60km에서 도로 시설물이나 표지 내용 등 주변 사물을 인지하는 능력이 50대 이하보다 떨어졌다.

정부는 고령 운전자 사고를 줄이기 위해 2025년부터 조건부 운전면허 제도 도입을 검토하고 있다. 조건부 운전면허 제도는 비상 차량 제동장치를 부착한 차량만 운전할 수 있게 하거나 야간 시력이 부족한 운전자에게 주간 운전만 허용, 고속 운전이 어려운 경우 고속도로 운전 금지 등의 조건을 붙여 운전면허를 발급하는 것으로서 미국, 독일, 뉴질랜드 등 주요 선진국에서 이미 시행 중이다.

교통안전공단은 65세 이상 화물차·버스·택시기사를 대상으로 인지능력, 주의력, 공간 판단력 등 운전에 필요한 기능을 주기적으로 확인하는 자격 유지검사도 시행하고 있다. 65세 이상 70세 미만은 3년, 70세 이상은 1년 주기로 검사를 받아야 한다.

▌운전면허의 종류와 종류별 운전 가능 차량

구분	운전 가능 차량
제1종 대형면허	승용자동차, 승합자동차, 화물자동차, 건설기계[덤프트럭, 아스팔트살포기, 노상안정기, 콘크리트믹서트럭, 콘크리트펌프, 천공기(트럭 적재식), 콘크리트믹서트레일러, 아스팔트콘크리트재생기, 도로보수트럭, 3톤 미만의 지게차], 특수자동차(대형견인차, 소형견인차 및 구난차는 제외), 원동기장치자전거
제1종 보통면허	승용자동차, 승차정원 15명 이하의 승합자동차, 적재중량 12톤 미만의 화물자동차, 도로를 운행하는 3톤 미만의 지게차, 총 중량 10톤 미만의 특수자동차(구난차 등은 제외), 원동기장치자전거
제1종 소형면허	3륜화물자동차, 3륜승용자동차, 원동기장치자전거
제1종 특수면허	대형견인차(견인형 특수자동차, 제2종 보통면허로 운전할 수 있는 차량), 소형견인차(총중량 3.5톤 이하의 견인형 특수자동차, 제2종 보통면허로 운전할 수 있는 차량), 구난차(구난형 특수자동차, 제2종 보통면허로 운전할 수 있는 차량)
제2종 보통면허	승용자동차, 승차정원 10명 이하의 승합자동차, 적재중량 4톤 이하의 화물자동차, 총 중량 3.5톤 이하의 특수자동차(구난차 등은 제외), 원동기장치자전거
제2종 소형면허	2륜자동차(측차부를 포함), 원동기장치자전거
제2종 원동기장치 자전거면허	원동기장치자전거

일본군 위안부 피해자 김양주 할머니 발인...전국 생존자 11명

일본군 위안부 피해자인 김양주 할머니가 5월 1일 노환으로 별세했다. 향년 98세. 1924년생인 김 할머니는 일제시대 취업을 시켜준다는 꾐에 빠져 중국에서 위안부로 고초를 겪다 해방 후 귀국했다. 김 할머니는 2005년 정부에 일본군 위안부 피해자로 등록됐다. **김 할머니의 별세로 정부에 등록된 일본군 위안부 피해 할머니 240명 중 11명만 생존해 있다.**

고인은 경남 창원에 살면서 서울 종로구 옛 일본대사관에서 열리는 **▪수요집회**에 여러 차례 참석해 일본군 성노예제 문제해결을 위한 활동을 해왔다. 2014년 프란치스코 교황 방한 당시엔 '평화와 화해를 위한 미사'에 참석하기도 했다.

▪ 수요집회 (水曜集會)

수요집회는 일본군 위안부 문제 해결을 요구하는 집회로, 공식 명칭은 '일본군 성노예제 문제 해결을 위한 정기 수요시위'다. 서울 종로구 옛 일본대사관 앞에서 매주 수요일에 열린다. 1992년 1월 시작된 이래 30년간 계속 이어지면서 단일 주제로 개최된 집회로는 세계 최장기간 집회 기록을 갱신했고 이 기록은 매주 갱신되고 있다.

국제
외교

마크롱 프랑스 대통령 연임 성공

■ **마린 르펜 (Marine Le Pen,
1968~)**

마린 르펜은 프랑스의 정치인,
변호사이다. 2011년 1월 16일
부터 극우파 정당인 국민연합
(RN) 총재를 맡고 있다. 마린
르펜은 국민연합을 만든 정치
인 장 마리 르펜의 딸이다. 마
린 르펜 역시 극우 포퓰리즘 성
향을 보였지만 외국인 이민자
나 성소수자의 권익을 어느 정
도 인정했고 유럽연합(EU) 탈
퇴 주장이 공감대를 얻으며 아
버지 장 마리 르펜보다 지지 기
반을 넓혔다.

시라크 이후 20년 만에 연임 성공

에마뉘엘 마크롱(사진) 프랑스 대통령이 ■**마린 르펜 국민연합**(RN) **대표와 프
랑스 대통령 선거에서 5년 만에 다시 맞붙어 승리**했다. 프랑스 국민들이 '친
러시아 극우' 성향의 르펜 대표보다는 그나마 '안전한 중도'인 마크롱 대통
령을 선택했다는 평가가 나온다.

4월 24일(현지시간) 치러진 프랑스 대선 결선 투표에서 마크롱 대통령은
58.6%의 득표율로 르펜 대표(41.4%)를 누르고 재선에 성공했다. **프랑스에
서 연임에 성공한 대통령이 나온 건 자크 시라크 전 대통령 이후 20년 만에
처음**이다. 이로써 마크롱 대통령은 2017년 최연소 대통령으로 당선된 이후
또 한 번 새 역사를 썼다. 프랑스는 2008년 개헌 이후 대통령 5년 중임제를
채택해 대통령이 최장 10년간 1차례 중임이 가능하다.

이번 결선 투표 결과는 '최악 대신 차악을 택한 것'이라는 분석이 나온다.
대선이 치러지기 전부터 각종 여론조사나 대학가에서는 두 후보 모두 마음
에 안 든다며 '덜 나쁜 후보'를 택하겠다는 의견이 다수를 이뤘다.

이러한 여론은 이번 결선 투표율이 72%로 2017년 결선 투표율(74.6%)보다 하락했다는 점에서 확인된다. 1969년 68.9% 이후 53년 만에 가장 낮은 투표율이다. 300만 표 이상의 무효표와 백지표를 합산하면 유권자 3분의 1 이상이 두 후보 모두에게 표를 던지지 않았다.

특히 르펜 대표의 득표율이 5년 전 33.9%에서 7.5%p나 늘었다는 점은 마크롱 대통령 재임기간 동안 그에게 실망한 상당수 유권자들이 르펜 대표에게 표를 던진 것으로 볼 수 있다. 결과적으로 마크롱 대통령이 승리하긴 했지만 '국민 대통합'이라는 막대한 과제를 떠안게 된 셈이다.

"모두를 위한 대통령 될 것"

마크롱 대통령 역시 이를 인지하고 겸허히 받아들이겠다는 뜻을 내비쳤다. 그는 이날 저녁 에펠탑을 둘러싼 샹드마르스 광장에서 지지자들에게 승리 연설을 하며 **"여러분들이 나의 사상을 지지해서가 아니라 극우 사상을 막기 위해 나에게 투표했다는 것을 알고 있다"**고 토로하며 "모두를 위

한 대통령이 될 것"이라고 약속했다.

르펜 대표는 패배를 시인하면서도 득표율이 크게 늘어난 것과 관련해 "득표율 자체로 눈부신 승리를 거뒀다. 희망을 봤다. 수백만 국민들이 변화를 선택했다"며 오는 6월 국민의회(하원) 선거에 대한 기대감을 드러냈다. 6월 선거에서 마크롱 대통령의 집권 여당이 하원 의석 과반을 확보하지 못하면 국정 운영에 차질을 빚을 수 있다.

한편, 마크롱 대통령의 재선 성공에 서방 국가들은 안도의 한숨을 내쉬었다. 독일과 함께 유럽연합(EU)의 양대 중추이자 미국을 중심으로 한 서방 세계의 주축국인 프랑스에서 친러 극우 성향 르펜 후보가 당선됐다면 러시아에 맞선 서방 세계의 정책 근간이 흔들릴 위험이 있었기 때문이다. 실제로 르펜 후보는 우크라이나를 침공한 러시아에 대한 서방의 제재에 반대하며 러시아와 화해하겠다고 밝히기도 했다.

➕ 프랑스 역대 대통령 (제5공화국 이후)

샤를 드 골(재임 기간 : 1959~1969) → 조르주 퐁피두 (1969~1974) → 발레리 지스카르데스탱(1974~1981) → 프랑수아 미테랑(1981~1995) → 자크 시라크 (1995~2007) → 니콜라 사르코지(2007~2012) → 프랑수아 올랑드(2012~2017) → 에마뉘엘 마크롱 (2017~2027)

POINT   세 줄 요약

❶ 마크롱 프랑스 대통령이 연임에 성공했다.

❷ 프랑스 국민들이 극우 성향 르펜 후보라는 최악을 피해 차악을 택했다는 분석이 나온다.

❸ 마크롱 대통령은 "모두를 위한 대통령이 되겠다"며 통합을 강조했다.

미, 낙태권 폐지 판결 초안에 갈등 점화

미국 연방대법원이 낙태권을 보장한 판결을 뒤집기로 했다는 보도가 나오며 미국 사회가 발칵 뒤집혔다. 미국에서 낙태권 관련 이슈는 진보·보수 진영 간 갈등이 극심한 이슈지만, 대법원의 판결문 초안이 유출된 것도 전례 없는 일이라 유출 배경에 대한 철저한 진상 조사를 요구하는 목소리가 잇따른다. 낙태권 이슈는 오는 11월 치러질 예정인 미국의 **중간선거**를 앞두고 정치 쟁점화하는 양상도 보이고 있다.

지난 5월 2일(현지시간) 정치전문매체 폴리티코는 새뮤얼 얼리토 대법관이 작성해 **대법원 내 회람한 다수 의견서 초안을 입수했다면서 대법원이 여성의 낙태할 권리를 보장한 '로 대(對) 웨이드' 판례를 뒤집기로 했다고 보도**했다. 이는 대법원의 판결 예상 시점보다 약 2개월 앞서 보도된 것이며, 또 낙태권 보장을 무효로 한다는 큰 결정을 예고한 것으로 화제가 됐다. 미국은 지난 1973년 판결로 낙태권 보장을 확립한 바 있다.

초안 형태라고 해도 판결문이 사전에 유출된 것은 현대 사법 사상 처음 있는 일이기 때문에 대법원도 당혹감을 감추지 못했다. 존 로버츠 대법원장은 "이번 일은 법원과 직원에 대한 모욕이자 신뢰를 손상하는 극악무도한 일"이라며 유출에 대한 철저한 조사를 지시했다. 다만, 로버츠 대법원장은 유출된 초안이 진본임을 확인하면서도 초안이 대법관의 최종 입장을 대표하는 것은 아니라고 선을 그었다.

바이든, 이례적으로 사법부 비판
조 바이든 미국 대통령은 유출된 초안을 두고 행정부 수반으로는 이례적으로 사법부를 비판하고 나섰다. 바이든 대통령은 성명을 통해 "여성의 선택할 권리는 기본적인 권리"라며 "'로 대 웨이드' 판결은 이 땅에서 50년간 유지됐으며, 우리 법의 공정성과 안정성을 위해 판결이 뒤집혀서는 안 된다"고 주장했다.

바이든 대통령은 그러면서도 "만약 대법원이 '로 대 웨이드' 판결을 뒤집는다면, 여성의 선택권을 보호하는 일은 우리 국가 모든 급의 선출직 공무원에게 달릴 것"이라며 "오는 11월 중간선거에서 공무원을 선출하는 것은 유권자의 몫"이라고 강조했다.

낙태권에 대한 논쟁은 민주당과 공화당이 오랜 기간 대립해 온 정치적 쟁점이다. 보수 성향을 가진 공화당 다수 의원은 낙태권 폐지에 찬성하고 있으며, 진보 성향을 가진 민주당 의원들은 낙태권을 옹호하며 이를 보장하기 위한 입법에 나서고 있다. **오는 11월 미국의 중간선거에서 낙태권 이슈는 유권자가 민주당과 공화당을 선택하는 중요 기준이 될 것으로 예상**된다.

■ **중간선거 (off-year election)**

중간선거는 미국에서 대통령의 임기 중에 실시되는 상·하 양원의원 및 공직자 선거를 말한다. 4년 임기의 미국 대통령의 집권 2년 차에 실시되기 때문에 대통령의 국정 운영 전반에 대한 중간 평가라는 성격을 보이며, 차기 대통령선거를 예측하는 자료로 활용되기도 한다. 중간선거에서는 여당의 의석수가 줄어드는 것이 일반적이다. 역사적으로 미국의 중간선거를 보면 민주당·공화당 양당의 구분 없이 대통령 소속의 정당이 승리한 사례는 매우 드물었다.

기출TIP 2019년 충북MBC 필기시험에서 미국의 중간선거에 대해 묻는 문제가 출제됐다.

러시아, 몰도바로 전선 확대 가능성

▲ 몰도바 국기

우크라이나와 국경을 맞대고 있는 몰도바가 러시아의 다음 침공 표적이 될지 모른다는 예측이 나오면서 몰도바가 불안에 시달리고 있다. 영국 시사주간지 이코노미스트는 ■**마이아 산두** 몰도바 대통령이 러시아의 침공 우려에 대해 5월 3일(현지시간) "1991년 독립 이후 가장 위험한 순간"이라고 말했다고 전했다. 이코노미스트와의 인터뷰에서 산두 대통령은 자국 북동부의 친러시아 분리주의 반군 지역인 트란스니스트리아의 안보 위기와 관련해 이같이 밝혔다.

지난 4월 러시아군 중부군관구 부사령관인 루스탐 민네카예프 준장이 러시아가 우크라이나 동부와 남부를 완전히 장악하는 것은 트란스니스트리아를 연결하는 데 도움이 될 것이라고 언급한 이후 러시아가 몰도바를 침공할 것이라는 우려가 높아지고 있다.

산두 대통령은 이와 관련해 "우리는 우크라이나에서 일어난 일을 알고 있기에 그의 발언은 매우 우려스러운 내용"이라고 말했다. 산두 대통령은 이어 "전쟁의 여파가 끼치지 않도록 최선을 다하고 있지만, 중립국을 유지하는 것만으로는 100% 보호를 보장받지 못할 것"이라고 우려했다.

중립국인 몰도바는 나토(NATO·북대서양조약기구) 가입을 추진한 이력이 없다. 몰도바는 러시아가 우크라이나를 침공하는 것을 보고 유럽연합(EU) 가입을 신속하게 신청했지만, 실제 가입까지는 넘어야 할 산이 많으며, 가입이 이루어지더라도 수년 이상이 걸릴 것으로 전망된다. 이에 대해 산두 대통령은 'EU 가입에 시간이 필요하다는 것은 잘 알고 있다'고 말하면서도 "EU가 민주주의 국가인 우리에게 안전과 도움을 제공해줄 수 있을 것"이라고 기대했다.

한편, 1인당 국내총생산(GDP)이 3300달러(약 415만원) 수준인 유럽의 최빈국 몰도바는 국방력이 전혀 없는 수준이다. 몰도바에는 전투기와 헬리콥터가 한 대도 없으며, 탱크는 박물관 전시물이 전부인 것으로 알려져 있다.

■ **마이아 산두 (Maia Sandu, 1972~)**

마이아 산두는 지난 2020년 12월 24일부터 임기를 시작한 몰도바의 제6대 대통령이다. 산두 몰도바 대통령은 1972년생 여성으로서, 젊은 나이에 몰도바를 이끌게 됐다. 산두 대통령은 대통령에 당선되기 전 몰도바의 정치인이자 경제학자로, 제13대 총리를 역임하기도 했다. 2020년 대통령 선거에서는 현역이자 제5대 몰도바 대통령이었던 이고르 도돈 대통령을 꺾고 당선에 성공했다.

스웨덴·핀란드
나토 동시가입 신청

군사적 비동맹주의 정책에 따라 중립적 입장을 지키며 ■**나토**(NATO·북대서양조약기구)에 가입하지 않은 채 나토와 협력 관계만 유지해온 스웨덴과 핀란드가 5월 17일(현지시간) 나토가입을 위한 공식 신청서에 서명했다. '우크라이나의 나토 가입' 추진을 막겠다며 시작한 러시아의 침공이 되레 중립 노선을 지켜 온 이웃 국가들의 나토 가입을 촉진시켰다.

스웨덴 정부는 최근 두 국가가 한날 동시에 나토 가입을 신청하자고 제의했고, 핀란드 정부도 동의했다고 전했다. 양국 총리는 4월 초 공동 기자회견을 열고 "러시아의 우크라이나 침공으로 유럽의 안보 지형이 변하고 있다"며 나토 가입을 고심 중이라고 밝힌 바 있다.

러시아는 두 국가가 나토에 가입해 '군사적 비동

맹주의'를 저버리면 발트해의 핵무장을 강화하겠다고 으름장을 놨다. 뉴욕타임스(NYT)는 4월 13일 "블라디미르 푸틴 러시아 대통령은 나토를 분열시키기 위해 침공을 단행했지만, 의도와는 달리 우크라이나 민족주의는 강화됐고 대서양 양안과 나토는 더 결속하는 결과를 낳았다"고 분석했다.

두 국가가 나토에 가입하려면 나토 30개 회원국과 이들 나라 의회의 승인이 필요하다. 나토 회원국 대다수는 양국 가입을 환영하고 있다. 다만, 에르도안 터키 대통령은 스웨덴을 '테러 조직의 부회장'이라고 표현하는 등 나토 가입에 부정적인 입장을 보이고 있어, 스웨덴·핀란드의 나토 가입에 최대 변수가 되고 있다.

■ **나토 (NATO, North Atlantic Treaty Organization)**
나토는 미국과 유럽 국가 간 국제 군사 기구로 1949년 4월 4일 체결된 북대서양조약에 의해 창설되었다. 이 기구는 회원국이 어떤 비가입국의 공격에 대응하여 상호 방어하는 집단 군사 동맹 체계로 운영되고 있다. 나토 유럽 연합군 최고사령부는 벨기에의 브뤼셀에 본부를 두고 있으며 최고사령관 또한 이곳에서 거주하고 있다. 나토 회원국의 군사 지출비는 세계 전체 군사 지출비의 70%를 차지한다.

기출TIP 2021년 KBS 필기시험에서 NATO를 묻는 문제가 출제됐다.

홍콩 행정장관에
'친중파' 존 리 당선

'친중파'로 알려진 존 리 전 홍콩 정무부총리가 홍콩의 새 행정장관에 당선됐다. 리 전 정무부총리는 이날 선거인단 중 1428명이 참여한 투표에서 1416표(99.2%)를 얻었다. **그는 홍콩 반환 25주**

▲ 홍콩특별행정구 국기

년, 중국공산당 창당 101주년, 홍콩보안법 시행 2주년이 겹친 올해 7월 1일 5년 임기의 행정장관에 오른다.

99.2%의 찬성률은 민주 국가에서 나온 것이라고 하기에는 납득하기 어려운 결과다. 이를 두고 지난해 선거제 개편이 이뤄졌을 때부터 예고된 결과라는 분석이 나온다.

과거 홍콩의 행정장관 선거 때는 친중 인사끼리 경쟁을 벌여 형식상 민주적 모습을 갖추기라도 했지만, 이번에는 그런 구색조차 갖추지 않은 거수기 선거였다는 의미다. 호세프 보렐 유럽연합(EU) 외교·안보 정책 고위 대표는 이번 홍콩 행정장관 선거에 대해 민주적 원칙에 어긋난다고 밝히기도 했다.

경찰 출신 강경파인 리 전 정무부총리가 친중 진영의 단결된 지지 속에 단독 출마해 당선됨에 따라 홍콩에서 더욱 강력한 공안정국이 시작되고 **일국양제**(一國兩制 : '한 국가 두 체제'라는 뜻으로, 중국이 하나의 국가 안에 자본주의와 사회주의 체제를 모두 인정한다는 방식)가 쇠퇴할 수 있다는 우려가 제기된다.

한편, 리 전 정무부총리는 1977년 경찰에 입문했

다. 이후 2017년에 경찰 수장인 보안국장에 임명됐고, 2019년 홍콩 범죄인을 중국으로 송환할 수 있는 '범죄인 인도법' 반대 시위를 강력하게 진압하면서 중국의 눈에 들었다. 그는 또, 2020년에는 홍콩보안법 제정 및 집행을 2021년에는 반중 언론 핑궈일보 폐간 등을 주도하기도 했다.

➕ 우산혁명 (umbrella revolution)

우산혁명은 2014년 홍콩 민주화 시위 당시 홍콩 행정장관 선거의 완전 직선제를 요구하며 2014년 9월부터 12월까지 약 79일간 이어진 민주화 시위를 말한다. 이 시위에는 한때 10만 명 이상이 참여하며 전 세계의 주목을 받았다. 특히 시위대가 당국의 최루탄을 우산으로 막아내는 것을 보고 서방 언론이 이 시위를 '우산혁명'이라고 명명하는 등 찬사를 쏟아냈다.

우산혁명은 행정장관 직선제 개선안은 이끌어내지 못해, 그 목표를 이루지는 못했다. 그러나 1989년 천안문 사건 후 가장 큰 정치적인 운동으로 기록된 것은 물론 정치에 무관심했던 젊은 세대들이 민주화에 눈 뜬 계기가 된 등의 의의가 있다.

➕ 천안문 사건 (天安門事件)

천안문 사건은 1989년 중국 베이징의 천안문 광장에서 민주화를 요구하며 시위를 벌이던 학생·노동자·시민들을 계엄군을 동원하여 강제로 진압한 사건을 말한다. 1989년 4월 당시 급진 개혁주의자인 후야오방 전 당 총서기의 사망을 계기로 베이징 대학을 중심으로 정치 개혁을 요구하게 되었고, 이는 전국의 대학, 시민층의 민주화 운동으로 확산되었다. 덩샤오핑 주석을 비롯한 보수파는 이를 체제에 대한 도전으로 간주하고 개혁파 당 총서기를 축출한 후 강경파 장쩌민을 총서기로 세웠고 국무원 총리로는 리펑이 정권을 장악하게 된다. 리펑은 곧 베이징 일원에 계엄령을 선포하고 천안문 광장에서 시위 군중을 무력으로 진압하였다. 이 과정에서 1만5000명 이상의 사상자가 발생했다.

기출TIP 2018년 TBC 필기시험에서 우산혁명을 묻는 문제가, 2019년 춘천MBC 필기시험에서 천안문 사건을 묻는 문제가 출제됐다.

마르코스 주니어, 필리핀 대통령 당선...“독재자 가문 귀환”

1965년부터 1986년까지 장기집권하며 ‘필리핀 최악의 독재자’라고 일컬어지는 **페르디난드 마르코스**의 아들 페르디난드 마르코스 주니어 전 상원의원이 5월 9일(이하 현지시간) 실시된 필리핀 대선에서 사실상 당선됐다. 러닝메이트로 부통령에 출마한 현 필리핀 대통령 로드리고 두테르테의 딸 사라 두테르테 후보는 부통령에 당선되며, 독재자 2세들이 필리핀 정권을 잡게 됐다.

외신에 따르면 5월 10일 필리핀 대통령에 마르코스 후보, 부통령에 사라 후보의 당선이 확정됐다. 이날 오전 5시 기준 개표가 95% 가까이 진행된 상황에서 마르코스는 3015만217표를 획득해 대선 후보로 나온 2위인 레니 로브레도 현 부통령(1437만640표)을 두 배 이상 압도적 표 차로 따돌렸다.

필리핀 정계는 마르코스의 대선 승리의 가장 큰 요인 중 하나로 사라와의 러닝메이트 구성을 꼽았다. 마르코스는 사라와 원팀을 이루면서 집권당인 PDP라반의 리더이자 현직 대통령인 두테르테의 정치적 영향력과 기반을 토대로 지지층을 넓히는 데 성공한 것으로 분석된다.

마르코스의 대통령 당선은 필리핀의 독재자 가문이 시민들에 의해 쫓겨난 뒤 36년 만에 다시 정권을 잡게 된 셈이어서 귀추가 주목된다. 나아가 G2(미국·중국)의 갈등이 심화하는 가운데 군사 전략적 요충지인 필리핀의 차기 지도자가 양국 사이에서 어떤 외교 행보를 취할지에도 관심이 쏠린다.

한편, 현 필리핀 대통령인 두테르테 대통령은 출범 직후부터 인권 외교를 중시하는 당시 버락 오바마 미국 행정부와 충돌하면서 대미 관계가 급속도로 악화됐다. 미국과 관계가 악화하는 동안 상대적으로 중국과는 밀착 행보를 보인 바 있다.

쫓겨난 영부인, 대통령 어머니로 컴백

마르코스가 필리핀 차기 대통령에 당선되면서, 그의 어머니이자 최악의 독재자의 아내였던 이멜다 마르코스도 다시 주목받고 있다. **‘사치의 여왕’이라고 불리는 이멜다는 남편의 재임 동안 사치와 향락을 누린 사실이 언론에 공개되며 부패의 상징이 된 인물**이다. 2003년 제작된 이멜다의 전기 영화에는 ‘이멜다가 8년간 매일 구두를 갈아 신었으며 하루도 같은 구두를 신은 적이 없다’는 내용이 나올 정도다.

이멜다는 ‘치즈 스캔들’이라고 불리는 일화도 가지고 있다. 이는 이탈리아를 방문했던 이멜다가 마닐라로 돌아오던 비행기 안에서 다시 회항하라고 명령한 일이다. 로마에서 치즈 사는 것을 깜빡했다는 게 이유였다.

한편, 마르코스가 차기 필리핀 대통령에 당선되

자 이에 반발하는 움직임이 확산할 조짐이 감지되고 있다. 로이터통신에 따르면 대학생과 시민단체 활동가 등 400명은 필리핀의 수도 마닐라의 선거관리위원회 밖에서 집회를 열고 마르코스의 대통령 당선을 인정할 수 없다고 주장했다.

■ 페르디난드 마르코스 (Ferdinand Edralin Marcos, 1917~1989)

페르디난드 마르코스는 필리핀의 정치가로, 필리핀 대통령이 된 후 21년간 장기집권하였다. 1972년 9월 계엄령을 선포하여 정당활동을 금지하고 정적과 언론인을 투옥하였으며 헌법을 개정하여 대통령의 비상대권을 강화하였다.
마르코스는 20년 넘게 집권하며 수천 명의 반대파를 체포해 고문하고 살해해 독재자로서 악명을 떨쳤다. 그는 1986년 일어난 필리핀 민주화 운동 '피플 파워'('민중의 힘'이라는 뜻으로, 필리핀에서 발생한 두 차례의 시민혁명을 일컫는 말)로 하야했다. 그는 이후 하와이에서 망명 생활을 하다가 1989년 72세를 일기로 숨졌다.

푸틴, 전승절 맞아 연설...
전쟁 지속 여부 언급은 없어

▲ 블라디미르 푸틴 러시아 대통령

지난 5월 9일(현지시간) 블라디미르 푸틴 러시아 대통령이 러시아 전승절(2차 세계대전 종전기념일)을 맞아 모스크바 붉은광장에서 연설을 했다. 이날 연설에서 푸틴 대통령은 **러시아의 우크라이**나 '특별 군사작전'이 서방 공세에 대한 선제 대응이었으며, 전적으로 올바른 결정이었다고 거듭 강조했다.

푸틴 대통령은 "우리는 (우크라이나에서 서방의) 군사 인프라가 전개되고, 수백 명의 외국 고문들이 일하기 시작하고, 나토(NATO·북대서양조약기구) 국가들의 최신무기들이 정기적으로 공급되는 것을 봤다"고 지적했다. 이어 "러시아는 (서방의) 공세에 대한 선제 대응을 했다"며 "이는 불가피하고 시의적절하며 유일하게 올바른 결정이었다"고 '특별 군사작전'의 정당성을 옹호했다.

나아가 푸틴 대통령은 "국제 관계에서의 모든 이견에도 불구하고 러시아는 서방 국가들에 안전보장조약을 제안하고 합리적 타협안 모색을 촉구했지만, 나토 국가들은 우리의 말을 들으려 하지 않았다"며 우크라이나 사태의 책임을 서방으로 돌렸다.

푸틴 대통령은 그러면서 "이는 그들에게 전혀 다른 계획이 있었음을 의미하는 것이며 실제로 우린 그것을 보았다"면서 "(우크라이나 동부) 돈바스에서 (러시아계 주민에 대한) 또 다른 징벌적 작전과 크림을 포함한 우리의 역사적 영토를 침범하려는 준비가 노골적으로 진행됐고, 우크라이나는 핵무기 개발 가능성까지 천명했다"고 지적했다.

끝으로 푸틴 대통령은 "우리의 의무는 나치즘을 붕괴시키고 우리에게 세계적 전쟁의 공포가 반복되지 않도록 경각심을 갖고 최선을 다하라고 유언한 사람들을 추모하는 것"이라고 강조했다.

한편, 서방에서는 푸틴 대통령이 러시아 전승절

행사에서 푸틴 대통령이 우크라이나에 대한 전면 전을 선포하는 등 폭탄 발언을 할 것으로 예측했으나, **푸틴 대통령은 이날 지난 2월 말부터 시작된 우크라이나 사태와 관련해 특별한 계획은 밝히지 않았다.**

▲ 박진 외교부 장관 후보자(오른쪽)와 하야시 요시마사 일본 외무상
(자료 : 외교부)

➕ 김정은, '서방 탓' 푸틴에 축전 보내

김정은 북한 국무위원장은 푸틴 대통령에게 축전을 보내며 굳건한 연대를 약속했다. 5월 10일 조선중앙통신에 따르면 김 위원장은 전날 푸틴 대통령에게 "러시아에서의 위대한 조국 전쟁 승리 기념일에 즈음하여 조선민주주의인민공화국정부와 인민의 이름으로 당신과 친선적인 러시아 정부와 인민에게 가장 열렬한 축하와 따뜻한 인사를 보낸다"는 내용의 축전을 보냈다고 보도했다.

김 위원장은 축전에서 "러시아 인민은 파시즘을 격멸하는 정의의 대전에서 위대한 승리를 이룩했다"며 "러시아 인민의 위훈과 공적은 정의와 평화를 사랑하는 세계 인민들의 기억 속에 력력히 새겨져 있으며 영원히 전해질 것"이라고 말했다.

김 위원장은 또한 "나는 불멸의 승리의 전통을 이어 적대 세력들의 정치·군사적 위협과 공갈을 근원적으로 제거하고 나라의 존엄과 평화와 안전을 수호하기 위한 러시아 인민의 위업에 굳은 연대성을 보낸다"고 했다. 나아가 김 위원장은 "전략적이며 전통적인 조러(북러) 친선 관계가 시대적 요구와 두 나라 인민들의 근본 이익에 부합되게 끊임없이 강화 발전되리라고 확신한다"고 말했다.

日 외무상 4년 만에 방한...
"한일 관계 개선 필수"

하야시 요시마사 일본 외무상이 윤석열 대통령 당선인 취임식에 참석하기 위해 일본 외무상으로 는 약 4년 만에 5월 9일 한국을 방문했다. 박진 외교부 장관 후보자는 5월 9일 하야시 외무상과 회담하고 양국 간 미래지향적 관계 발전 방안을 논의했다.

외교부에 따르면 양측은 이날 저녁 서울 모처에서 만찬 회동하고 최근 엄중한 지역 정세하에서 **조속한 한일관계 개선이 필수 불가결**하다는 데 인식을 같이했다. 특히 최근 한반도 상황 및 급변하는 국제정세 아래에서 한일·한미일 간 긴밀한 공조 강화가 필요하다는 데 의견이 일치했다.

양측은 양국 간 현안 해결을 위해 앞으로 속도감을 갖고 외교 당국 간 협의 등을 진행해 나가기로 했다. 하야시 외무상은 이번 회담에서도 강제징용과 위안부 판결 등 현안에 대해 "한국이 합의를 어겼으니 해결책을 가져와라"는 취지의 기존 일본 입장을 유지한 것으로 알려졌다. 다만 한국 측 입장을 다소 배려하는 등 전반적으로 우호적인 분위기 속에서 회담이 진행된 것으로 전해졌다.

尹, 취임 직후 외교전 강행군

5월 10일 취임식과 함께 윤석열 대통령이 주요국 외빈들을 연이어 접견하며 국제 외교 무대에 올랐다. **한국 새 정부 출범을 맞아 합을 맞춰 보려는 미중일 등 한반도 주변 3개국도 '친서외교'를 가동**하며 분주하게 움직였다. 중국은 이번 축하사절단에 역대 최고위급 인사를 파견했지만 대선 후보 때부터 한미일 삼각 공조를 강조한 윤 대통령은 이날 접견도 미국·일본·중국 순서로 진행해 눈길을 끌었다.

윤 대통령은 이날 카멀라 해리스 미국 부통령의 남편인 더글러스 엠호프 단장을 만나 "70년 역사의 한미동맹은 동북아 역내 평화와 번영의 핵심 축이었다"면서 "미국의 여러 동맹 중에서도 한미동맹은 가장 성공적인 모범 사례라고 저는 생각한다"고 강조했다.

기시다 일본 총리는 이날 하야시 외무상을 통해 윤 대통령에게 친서를 전달했다. 윤 대통령의 한일관계 개선에 대한 의지를 평가하면서 "한일 간 장애물을 제거하고 전체적인 한일관계 개선으로 이어갈 수 있도록 리더십을 기대한다"고 밝혔다.

왕치산 국가부주석을 위시한 중국 축하사절단도 윤 대통령에게 시 주석의 친서를 전달했다. 왕 부주석은 "시 주석은 (윤) 대통령이 양측이 편리한 시기에 중국을 방문하는 것을 환영하고 초청한다"면서 방중 초청 의사를 전달하는 한편, 중국이 '전략적 협력 동반자 관계'의 격상을 위해 협력하겠다는 의사를 밝혔다.

➕ 한국의 외교 관계 단계

한국이 외국과 맺고 있는 관계는 크게 6단계로 나뉜다. 우호 관계가 강한 순서로 정리하면 포괄적 전략적 동맹 관계>전략적 협력 동반자 관계>전략적 동반자 관계>전면적 협력 동반자 관계>상호 신뢰하는 포괄적 동반자 관계>포괄적 동반자 관계.

최상위 개념인 '포괄적 전략적 동맹관계'는 중요한 군사 동맹 관계에 있는 국가가 해당된다. 우리가 이 관계를 맺고 있는 나라는 미국이 유일하다. '가깝고도 먼 나라'인 일본과의 관계는 이 6단계가 적용되지 않는다. '미래 지향적 성숙한 동반자 관계'로 표현한다. 한일 관계는 실질적으로 전략적 동반자 관계에 가깝지만, 과거 식민지 지배 역사로 인한 국민감정 때문에 양국은 관계 설정에 있어 전략적이란 표현을 삼가고 있다.

안젤리나 졸리,
우크라이나 깜짝 방문

▲ 안젤리나 졸리

미국 할리우드 스타이자 대표적인 **■소셜테이너**로 꼽히는 배우 안젤리나 졸리가 전쟁의 참화를 겪고 있는 우크라이나를 방문했다. 미국 언론에 따르면 4월 30일(이하 현지시간) 졸리는 우크라이나 서부 도시 르비우를 외부에 알리지 않고 방문했다. 르비우는 최근 러시아의 미사일 공격이 이어지고 있는 곳이다.

보도에 따르면 졸리는 우크라이나 동부 도네츠크

에서 피란 열차를 타고 이곳에 도착한 뒤 의료 시설을 방문해 사람들을 만났다. 아이들과도 시간을 보내고 자원봉사자들을 격려하기도 했다. 현장을 찾은 막심 코지츠키 르비우 주지사는 텔레그램을 통해 이 같은 소식을 전했다. 코지츠키는 "다들 깜짝 놀랐다. 르비우에서 졸리를 보고도 많은 이들이 정말인지 믿지 못했다"고 전했다.

이번 방문은 졸리가 특사 활동을 하고 있는 ▪유엔난민기구(UNHCR)와 직접 관련은 없는 것으로 전해졌다. 졸리는 "전쟁 피해를 직접 목격하고 민간인을 돕기 위해 우크라이나를 방문했다"고 설명했다. 졸리는 앞서도 **이라크, 예맨 등 분쟁지역을 찾는 등 국제적으로 인도주의적 관심을 호소하는 활동**을 이어왔다. 이번 방문 역시 우크라이나 지역 평화 회복을 위한 노력의 일환으로 보인다.

한편, 아일랜드의 세계적 록밴드 유튜(U2)는 5월 8일 우크라이나 키이우 지하철역에서 깜짝 공연을 펼쳤고 영국 축구 스타 데이비드 베컴은 앞서 팔로워 수가 7000만 명에 달하는 자신의 SNS 계정을 우크라이나 의사에 양도하는 등 스타들의 우크라이나 돕기 행렬이 이어졌다.

▪ **소셜테이너 (socialtainer)**
소셜테이너는 사회적으로 쟁점이 되는 이슈나 정치적 논란에 대해 자신의 주장을 적극 표현하거나 행동에 직접 참여하는 연예인을 의미한다. SNS의 발달로 사회적 이슈에 개인적 의견을 표명하기 쉬워지면서 연예인들의 사회적 참여 발언도 점점 많아지고 있다. 아예 정당에 가입하거나 정치 유세를 돕는 등 본격적으로 정치에 참여한 연예인은 폴리테이너(politainer)라고 칭하며 소셜테이너와 구분한다.

▪ **유엔난민기구 (UNHCR, United Nations High Commissioner for Refugees)**
유엔난민기구는 각국 정부나 유엔의 요청에 의해 난민들을 보호하고 돕기 위해 1950년 12월 14일 스위스 제네바에서 설립된 국제기구다. UNHCR의 활동목표는 난민의 권리와 복지 보호다. 누구나 비호(庇護 : 감싸 보호함)를 신청할 권리를 누리고, 자발적 본국 귀환이나 현지 동화, 제3국 재정착 등의 방법으로 다른 나라에서 안전한 피난처를 보장받을 수 있도록 하는 것이 UNHCR의 활동 목표이다. 1954년과 1981년 두 차례 노벨 평화상을 수상하기도 했다.

K-코인 루나·테라 폭락 사태...
가상자산 '쇼크'

▲ 권도형 테라폼랩스 공동 설립자

지난 4월 119달러까지 치솟으며 세계 암호화폐 시가총액 기준 6위를 차지하기도 했던 **한국산 가상화폐 루나(LUNA) 및 루나와 쌍을 이루는 스테이블코인**(stablecoin : 달러 등 법정화폐에 고정 가치로 연동되도록 설계된 암호화폐) **인 테라**(UST)**의 가치가 대폭락했다.**

루나·테라는 한국인 개발자 권도형과 티몬 창업주 신현성이 설립한 테라폼랩스에서 발행한 암호화폐. 개당 10만원씩 거래되던 루나는 5월 초 단 6일 만에 1원의 가치도 없는 휴지조각이 됐다. 이는 암호화폐 등 가상자산 거품 붕괴로 이어지는 상징적 사건이 될 것이란 분석이 나온다.

테라폼랩스는 1테라의 가치가 1달러에 연동되도록 설계됐다. 테라 가격이 내려가면 투자자가 테라폼랩스에 테라를 예치하고 그 대신 1달러 가치의 루나를 받는 식으로 최대 20% 이익을 얻도록 되어 있다. 이렇게 하면 테라 가격이 떨어질 때 유통량도 줄어 결국 가격이 다시 올라 가치를 1달러에 맞출 수 있다는 것이다.

이처럼 현금이나 국채 등 안전자산이 아닌 다른 암호화폐로 가치를 떠받치도록 한 알고리즘은 오로지 투자자들의 신뢰로만 유지됐던 것으로서 암호화폐 가격이 상승할 때는 문제가 없었지만 최근 시장이 얼어붙자 작동 불능 상태에 빠졌다.

테라가 1달러 미만으로 추락하면서 테라폼랩스는 루나를 대량으로 찍어냈지만 이 같은 대처는 가격 하락을 부추겼고 투매로 이어졌다. 테라 시세가 1달러 밑으로 떨어지며 자매 코인인 루나가 급락하고 다시 두 코인의 가격이 급락하는 '**죽음의 소용돌이 현상**'에 빠져들었다.

결국 일주일 사이 루나와 테라 가격 급락으로 약 450억달러(57조7800억원)가량이 증발했고 손실을 본 국내 피해자가 20만 명으로 추산된다. 일각에서는 테라폼랩스가 테라를 예치하면 연 20%의 이자를 주겠다고 투자자를 모은 것이 ■**폰지사기**와 마찬가지라는 지적이 나왔다.

이번 사태로 비트코인 가격도 3만달러 선이 무너지는 등 다른 가상자산 시장에 연쇄적인 영향을 미치고 있다. 업계 안팎에선 2008년 리먼 브라더스 사태(■**서브프라임 모기지 사태**)로 촉발된 것과 같은 금융위기가 가상자산 시장에서도 나타날 수 있다는 의견이 나오고 있다.

한편, 루나에 투자했다가 손실을 본 투자자들은 5월 18일 권도형 테라폼랩스 최고경영자(CEO)를

고소하고 그의 재산을 가압류해달라고 신청하기로 했다.

■ 폰지사기 (Ponzi scheme)

폰지사기는 실제 자본금을 들이거나 수익을 내지 못하면서 고수익을 미끼로 투자자들을 끌어 모은 다음 나중에 투자하는 사람의 원금을 받아 앞사람의 수익금을 지급하는 형태의 사기 수법이다. 1920년대 미국에서 찰스 폰지가 벌인 피라미드식 금융 다단계 사기 행각에서 유래됐다.

■ 서브프라임 모기지(subprime mortgage) 사태

서브프라임 모기지 사태는 2007년부터 2010년까지의 일련의 경제위기 사건들로, 국제금융시장에 신용경색을 불러 2007∼2008년 세계 금융 위기를 일으키는 데 직접적인 영향을 준 사건이다. 서브프라임 모기지는 신용등급이 낮은 저소득층을 대상으로 주택자금을 빌려주는 미국의 주택담보대출 상품으로 우리말로는 '비우량주택담보대출'이다. 서브프라임 모기지는 부실 위험이 있기 때문에 금리가 훨씬 높은 것이 일반적이다.

2000년대 들어 미국은 유동성 과잉과 저금리로 부동산 가격이 급등했다. 이에 편승한 모기지론 업체들이 과당 경쟁과 약탈적 대출을 벌여 상환 능력이 없는 사람들에게 집을 팔았고 미국 주택 담보 대출 시장에서 서브프라임 등급이 차지하는 비중이 급상승했다.

하지만 버블 붕괴 후 집값이 급락하고 2004년 이후 미국 정부가 금리를 대폭 올리자 이자 부담이 커진 저소득층들이 원리금을 제때 갚지 못하게 돼 서브프라임 연체율이 20%로 급상승했다. 이에 따라 리먼 브라더스, 베어스턴스 등 대규모 투자은행이 줄줄이 파산하고 미국 금융권 전체가 궤멸적인 타격을 입으며 자본주의 체제를 위태롭게 만든 금융위기의 불길이 전 세계로 번졌다.

분야별
최신상식

북한
안보

윤석열 정부
'병사 월급 200만원' 공약 후퇴

➕ 대한민국 국군 계급
(군인사법 제2장)

제3조(계급) ①장교는 다
음 각 호와 같이 구분한
다.

1. 장성(將星) : 원수(元帥),
   대장, 중장, 소장 및
   준장
2. 영관(領官) : 대령, 중령
   및 소령
3. 위관(尉官) : 대위, 중위
   및 소위

②준사관은 준위(准尉)로
한다. ③부사관은 원사
(元士), 상사, 중사 및 하
사로 한다. ④병은 병장,
상등병, 일등병 및 이등
병으로 한다.

2025년 병장 205만원 보장

대통령 취임 즉시 이병부터 병사 봉급을 200만원씩 주겠다는 윤석열 정부의 공약이 재정 여건을 고려해 단계적으로 인상하는 방향으로 선회했다. 우크라이나 전쟁 등으로 물가가 급등하는 등 대선 때보다 국가 재정이 사실상 악화하면서 불가피하게 내린 결정으로 풀이되나 공약 후퇴 논란이 불가피할 전망이다.

대통령직인수위원회는 '병사 봉급 200만원' 국정과제 시행으로 2023년부터 봉급을 인상하기로 했다. 애초 취임 직후 봉급 인상을 단행하려 했으나 예산 확보가 녹록지 않아 내년으로 인상 시기를 미룬 것으로 풀이된다.

병사 월급과 적금 지원금은 2023년부터 3년간 단계적으로 인상된다. 윤석열 정부의 '병사 봉급 200만원' 국정과제가 2023년부터 시행에 들어가면서다. **2025년에는 병장에게 월급 150만원과 적금 지원금 55만원 등 205만원이 보장**된다.

앞서 대통령직인수위는 2025년 병장에게 205만원을 보장한다는 목표를 분

명히 했으나 2023년에 얼마를 인상할지는 아직 정해지지 않았다. 가능한 예산 안에서 입영 병사 숫자를 고려해 최대한 봉급을 올린다는 계획이다.

2025년 205만원 병장 봉급이 보장되려면 2022년 기준 병장 월급(67만원)에서 83만원을 더 올려야 한다. 적금지원금의 경우 현재 병사들이 장병내일준비적금을 들면 지원금 14만원이 나가는데 이를 55만원으로 인상한다는 계획이다. 2025년 병장 기준 150만원을 맞추면 봉급 인상 프로그램은 끝난다. 이병 월급을 병장 월급까지 추가로 올리지는 않는 것으로 계급별 월급 차는 일정 수준 유지된다.

병사 월급 인상, 매년 스텔스기 30대 예산 필요

정치권에서는 애초부터 병사 봉급 200만원 보장이 재정을 고려할 때 비현실적이라는 지적이 많았다. 만약 당장 6월부터 이병 봉급 200만원을 보장하려면 추가 재원 3조원이 필요하다. 이는 **2022년 국방 예산의 5%에 달하는 규모로 F-35 스텔스전투기 30대, K2 전차 325대를 도입할 수**

있는 액수다.

더 큰 문제는 병장 월급이 초급 간부들보다 높거나 비슷해지는 '월급 역전' 현상이다. 올해 1호봉 기준 소위 월급은 174만원, 하사가 169만원인데, 병사와 별반 다를 바 없는 봉급을 받으면서 긴 복무 기간, 높은 업무량, 큰 책임감을 감당할 간부 지원자가 얼마나 되겠느냐는 것이다. 월급 역전으로 간부 지원율이 떨어지면 장기적으로는 초급 간부들의 질적 역량이 하락할 것이란 우려도 나온다.

한편, 이종섭 국방부 장관 후보자는 5월 4일 국회 인사청문회에서 병사 월급 200만원 공약이 후퇴한데 대해 "그때는 추진할 수 있을 거라 봤다"며 해명했다. 이 후보자는 또 "다른 방향으로 장병 사기를 높일 방안을 강구하겠다"며 "공약을 정책과제로 옮겨가기 위해 노력했지만, 현실적 문제 때문에 그렇게 하지 못한 점 양해해 주시면 감사하겠다"고 덧붙였다.

▌ 계급별 병사 월급 및 인상률

구분	병장	상병	일병	이병	인상률
2021년	608,500	549,200	496,900	459,100	12.50%
2020년	540,900	488,200	441,700	408,100	33.33%
2019년	405,700	366,200	331,300	306,100	–

POINT 세 줄 요약

❶ 대통령 취임 즉시 병사 봉급을 200만원으로 올리겠다는 윤석열 정부 공약이 후퇴했다.

❷ 2025년 병장 봉급 205만원을 목표로 병사 월급과 적금 지원금이 단계적으로 인상된다.

❸ 병사 봉급 200만원은 2022년 국방 예산 5% 규모로 애초부터 비현실적이란 지적이 많았다.

"구름 피하던 KT-1 훈련기, 경로변경 안 알려 충돌"

▲ 비행 훈련 (자료 : 공군)

4월 1일 공군 **KT-1** 훈련기 2대가 비행훈련 중 공중 충돌해 4명이 순직한 사고는 **선도 비행하던 제3의 훈련기 조종사가 경로변경 통보를 하지 않으면서 벌어진 인재**였던 것으로 조사됐다. 사고 항공기의 기체 결함이나 사출기 작동결함은 없었던 것으로 나타났다. 관제탑 근무자도 이상 경로를 바로잡지 않은 과실이 있었던 것으로 파악됐다. 공군은 관련자들을 문책위원회에 회부해 처벌 수위를 결정할 방침이다.

4월 27일 공군에 따르면 4월 1일 경남 사천에서 KT-1 훈련기 2대의 공중 충돌 사고 조사과정에서 일부 과실이 확인됐다. 당시 경남 사천 공군 제3훈련비행단에서는 10초 간격으로 훈련기 2대가 먼저 이륙했고, 이어 35초 뒤 다른 훈련기 1대가 뒤따라 이륙했다.

먼저 이륙한 2대의 편대조 중 앞에서 선도 비행하던 A 훈련기 조종사(비행교수)는 비행경로에 구름이 낀 것을 보고 이를 회피해 경로를 변경했는데, 이때 **의무적으로 해야 하는 경로변경 통보를 하지**

않아 사고 원인을 제공한 것으로 조사됐다.

선도 비행하던 이 훈련기는 경로 변경을 모른 채 비행하던 C 훈련기와 부딪히기 직전에 급강하하면서 충돌을 피했다. 그러나 A 훈련기를 따라 뒤에서 비행하던 B 훈련기가 미처 앞쪽에 나타난 C 훈련기를 피하지 못한 채 그대로 충돌한 것으로 조사됐다.

관제탑의 과실도 조사에서 드러났다. 당시 관제사는 훈련기들의 경로 이상을 탐지해 이를 바로잡아야 했지만, 사고 당시 다른 비행기들이 많아 해당 훈련기의 이상 경로를 파악하지 못했다고 진술한 것으로 전해졌다. 이 사고로 당시 B 훈련기와 C 훈련기에 탑승했던 이장희·전용안 비행교수와 훈련조종사인 차재영·정종혁 대위(추서 계급)가 순직했다.

■ KT-1

KT-1은 대한민국의 훈련기로, 대한민국 기술로 처음 제작한 군용 항공기이다. 기체명은 웅비다. 전투기 조종사 후보생들이 기초 조종술을 익히기 위해 활용하는 훈련기로 사용된다. 프로펠러가 달린 터보프롭 훈련기로서 외형상 구형 같아 보이지만 제트기 못지않은 비행성능을 자랑한다. 인도네시아, 터키, 페루에 수출되었다.

북한 코로나19 초비상... 김정은 "건국 이래 대동란"

북한이 코로나19 대확산 국면에 진입한 것으로 알려졌다. **북한은 아프리카 에리트레아와 함께 전 세계에서 코로나19 백신을 맞지 않은 두 나라로**

서 방역 물품과 의약품도 갖추고 있지 않아 큰 피해가 우려된다. 유전자증폭(PCR) 검사 장비와 자가검사키트 등 진단 체계가 전무해 누가 코로나19에 걸렸는지도 알 수 없어 확진자가 아닌 '유열자(발열자)'라는 표현을 쓰고 있는 형편이다.

5월 15일 북한 국가비상방역사령부에 따르면 전날 오후 6시까지 하루 동안 전국에서 29만6180여 명의 발열자가 새로 나왔고, 15명이 사망했다. 코로나19 환자 발생이 감지된 4월 말로 범위를 확대하면 누적 발열자는 무려 82만620명에 이른다. 이 중 32만4550여 명이 아직 치료 중이다. 공식 확인된 누적 사망자도 42명이나 된다. 북한 측이 발표하는 통계의 신뢰성 등을 고려하면 실제 상황은 더욱 심각할 것으로 추정된다.

김정은 북한 국무위원장은 5월 14일 긴급 방역 대책회의를 주재하고 "악성 전염병의 전파는 건국 이래의 대동란"이라며 "당과 인민의 일심단결에 기초해 투쟁을 강화해 나간다면 얼마든지 위기를 극복할 수 있다"고 말했다.

우리 정부는 북한에 방역물자 지원을 검토 중이다. 하지만 방역 지원을 위해 협력하는 우리 측 제안에 북한은 반응을 보이지 않았다. 반면 북한은 '혈맹'이라 할 수 있는 중국에 코로나 방역에 필요한 물품 지원을 요청한 것으로 알려져 **중국에 대한 의존도가 더 커질 전망**이다.

> ### ➕ "북한에서 새 변이 발생 가능성 높아"
> 전문가들은 북한의 낮은 백신 접종률 탓에 새로운 코로나19 변이가 발생할 가능성이 높다고 우려하고 있다. 오미크론 변이가 코로나를 접촉하지 않았던 사람들에 다수로 확산될 때 어떤 결과가 나타날지 미지수다. 이 가운데 또 다른 오미크론 변이 바이러스 감염이 국내에서 처음 확인돼 우려를 사고 있다. 제주에서 오미크론 하위변종이자 전파력이 빠른 BA.2.12.1과 BA.4가 처음으로 확인됐다.

김정은 "선제적 핵공격" 첫 언급... 위협 노골화

▲ 북한이 조선인민혁명군 창설 90주년인 4월 25일 평양 김일성광장에서 열병식을 개최했다.

북한 김정은 국무위원장이 '선제적 핵공격'을 처음으로 언급하며 대남·대미 위협의 수위를 끌어올렸다. 북한 관영 매체에 따르면 김 위원장은 4월 25일 조선인민혁명군 창건 90돌 기념 열병식 연설에서 "우리 핵무력의 기본사명은 전쟁을 억제함에 있지만 이 땅에서 우리가 결코 바라지 않는 상황이 조성되는 경우에까지 우리의 핵이 전쟁 방지라는 하나의 사명에만 속박되어 있을 수는 없다"고 말했다.

그러면서 "어떤 세력이든 우리 국가의 근본 이익을 침탈하려 든다면 우리 핵 무력은 의외의 자기의 둘째가는 사명을 결단코 결행하지 않을 수 없을 것"이라고 강조했다. **북한은 그간 핵무기가 전쟁 방지용이라고 주장했으나 이번 발언으로 선제적 핵무기 사용 범위를 국가의 근본이익 침탈로까지 넓혀 안보 위협을 노골화**한 것이다.

김 위원장의 발언은 출범을 앞둔 윤석열 정부가 이전 정부보다 강경한 대북 정책을 예고한 가운데 기선을 제압하기 위한 의도로 풀이된다. 일각에서는 김 위원장이 윤석열 정부의 대북 정책을 비핵화가 아닌 핵 군축으로 몰아가기 위해 위협 수위를 높인 것이란 분석도 나온다.

워싱턴포스트(WP)는 칼럼에서 김 위원장이 푸틴 러시아 대통령의 전략을 그대로 모방했다고 꼬집었다. 푸틴 대통령은 러시아의 우크라이나 침공에 서방 국가가 제재를 가하고 우크라이나를 지원하자 "국가 근본이익의 침탈 시도가 있을 때 핵무기를 선제적으로 사용할 수 있다"고 말했다.

한편, 미국의 보수 성향 외교 분야 싱크탱크인 **전략국제문제연구소(CSIS, Center For Strategic and International Studies)가 운영하는 북한 전문 사이트인 '분단을 넘어서'**는 최근 북한 풍계리 핵실험장 갱도 외부에서 건물이 신축되고 장비와 보급품 증가 움직임을 포착했다며 핵실험 도발 움직임을 경고했다.

➕ 핵 억지력 (核抑止力)

핵 억지력은 적의 보복 핵 공격을 우려해서 선제적인 핵 공격을 단념하도록 만드는 핵전력을 말하는 것으로서 사실상 핵무기 그 자체와 같은 의미. 동맹국이 적국으로부터 핵 공격을 당할 경우, 자국 본토가 타격을 받았을 때와 같은 전력 수준으로 적국에 보복 타격을 가해 응징한다는 개념은 확장 억지력(extended deterrence)이라고 한다.

핵무기는 사용하는 순간 타격을 받는 국가는 물론 핵무기를 발사한 국가도 보복 공격으로 파멸할 수밖에 없기에 사용되지 않은 상태로서 핵 억지력을 통해 안보 균형을 이룰 수 있다. 그러나 최근 러시아나 북한에서 언급하는 선제적 핵공격은 핵 억지력의 범주에서 벗어난 것으로서 국제 안보 유지에 큰 위협을 가하고 있다.

러, 히로시마 원폭 2000배 신형 ICBM 시험발사

우크라이나 침공 후 고전을 면치 못하고 있는 러시아가 대륙간탄도미사일(ICBM)을 시험 발사하며 무력시위에 나섰다. 러시아 국방부는 4월 20일(현지시간) **5세대 ICBM 사르마트(Sarmat) 시험 발사에 성공**했다고 밝혔다.

미국 CNN 방송에 따르면 러시아 국방부는 이날 "모스크바 북부에서 캄차카 반도를 향해 사르마트를 성공적으로 발사했으며 올 가을 실전 배치할 것"이라고 발표했다. 사르마트는 프랑스 정도 크기의 면적을 한 방에 초토화할 수 있는 위력을 지니고 있어 북대서양조약기구(NATO·나토)가 '악마'라고 부를 정도로 위협적인 무기다.

사르마트의 최대 사거리는 1만8000km이며 메가톤급(TNT 폭발력 100만톤급) 핵탄두를 15개까지 탑재할 수 있다고 알려져 있다. 사르마트에 장착된 핵탄두의 위력은 1945년 히로시마에 투하된 원자폭탄보다 2000배 큰 것으로 평가됐다.

러 외교 장관 "핵전쟁 위험 실재" 엄포

러시아의 우크라이나 침공이 소득 없이 길어지고 전 세계 대부분이 러시아에 등을 돌린 상황에서 압박감을 느낀 블라디미르 푸틴 대통령이 핵무기를 실제로 사용할 수 있다는 우려는 계속 됐다. 푸틴은 지난 2월 서방의 대러 경제 제재 이후 핵무기 운용 부대에 경계 태세를 강화한 바 있다.

세르게이 라브로프 러시아 외교 장관은 4월 25일 "현재 핵전쟁 위험은 실재하며 매우 심각한 수준으로 과소평가해서는 안 된다"고 협박성 발언을 했다. 이에 대해 마크 밀리 미국 합참의장은 "무책임하다"고 비판하면서도 "러시아의 핵 위협을 주시하고 있다"고 밝혔다.

➕ 차르 봄바 (Tsar Bomba)

차르 봄바(RDS-220)는 구소련에서 만든 수소 폭탄이다. 미국과 소련이 더 강력한 핵무기를 만들기 위해 경쟁했던 냉전 시기에 소련은 니키타 흐루쇼프 당시 연방

총리의 지시로 인류 역사상 가장 강력한 수소 폭탄을 제작했다. 이름은 차르 봄바. '폭탄의 황제'라는 뜻이다. 이 폭탄은 무게 27톤, 길이 8미터의 거대한 크기 때문에 폭탄을 운반할 폭격기의 수납 격실 문을 뜯어내야 할 정도였다.

소련은 1961년 10월 30일 소련 노바야제믈랴 제도에서 차르 봄바의 핵실험을 강행했다. 당시 폭발은 역사상 인류가 폭발시킨 폭탄 중에서 가장 위력이 컸다. 차르 봄바의 폭발 지점에서 100km 바깥에서도 3도 화상에 걸릴 정도의 열이 발생했으며 후폭풍은 1000km나 떨어진 핀란드의 유리창을 깰 정도였다. 폭탄에 의한 지진파는 지구를 세 바퀴나 돌았다. 히로시마와 나가사키에 투하된 원자폭탄의 3800배 이상 강한 파괴력으로 같은 시간 태양이 방출한 에너지의 1%에 해당하는 크기였다. 2020년 8월 러시아의 한 원자력발전 기업이 차르 봄바의 실험 상면을 다큐멘터리 형식으로 60년 만에 공개해 화제를 모았다.

北, 대통령 취임 앞두고 또 탄도미사일 발사

북한이 윤석열 대통령 당선인 취임 엿새를 앞두고 탄도미사일을 발사했다. 합동참모본부는 북한이 5월 4일 낮 12시 3분께 평양 순안에서 동해

상으로 탄도미사일 1발을 발사했다고 밝혔다. 합참은 이 탄도미사일이 비행거리 약 470km, 고도는 약 780km로 탐지됐다고 밝혔다. 속도는 마하 11로 포착됐다.

전문가들은 북한이 대륙간탄도미사일(ICBM) 화성-15형을 사거리를 줄여 발사했을 것으로 분석했다. 이번 도발은 지난 4월 16일 오후 6시께 함흥 일대에서 대남용으로 평가되는 '신형 전술유도무기' 2발을 발사한 지 18일 만이자, 올해 공개된 14번째 무력시위다.

합참은 "북한의 연이은 탄도미사일 발사는, 한반도는 물론 국제사회의 평화와 안정을 해치는 중대한 위협 행위이며 '유엔 안보리 결의'에 대한 명백한 위반"이라고 규정하고, 즉각 중단할 것을 강력히 촉구했다.

이번 발사는 김정은 국무위원장이 지난 4월 25일 북한 주민들이 보는 가운데 **열병식 연설을 통해 '선제적 핵공격' 가능성을 공개적으로 언급한 이후 '첫 도발'**이라는 점에서 주목된다.

이를 두고 취임을 엿새 앞둔 윤석열 정부와 한미정상회담 등을 겨냥한 본격적인 전략 도발의 신호탄이 아니겠느냐는 해석도 나온다.

북한은 5월 7일에도 잠수함발사탄도미사일(SLBM) 1발을 발사했다. 북한의 SLBM 발사는 7개월 만이다. 5월 10일 윤 당선인 취임식과 5월 21일 서울에서 열리는 한미정상회담 등을 겨냥한 대남·대미 압박 차원에서 무력시위를 벌인 것으로 분석된다.

■ 최근 북한 미사일 발사 일지

날짜	발사 내용
2월 27일	탄도미사일 1발 발사. 고도 560km 비행거리 270km
3월 5일	탄도미사일 1발 발사. 고도 620km 비행거리 300km
3월 16일	미사일 발사, 20km 미만 고도서 폭발 추정
3월 24일	대륙간탄도미사일(ICBM) 추정 장거리탄도미사일 1발 발사. 고도 6200km 이상, 비행거리 1080km
4월 16일	발사체 2발 발사(북한, 신형 전술유도무기 주장). 고도 25km, 비행거리 110km
5월 4일	대륙간탄도미사일(ICBM) 추정 장거리탄도미사일 1발 발사. 고도 약 780km, 비행거리 약 470km
5월 7일	해상에서 잠수함발사탄도미사일(SLBM) 추정 단거리 탄도미사일 1발 발사. 고도 60여km, 비행거리 약 600km

中-솔로몬제도 안보 협정에 美 '화들짝'

▲ 솔로몬제도 위치

오세아니아의 섬나라 솔로몬제도가 중국과 안보 협정을 체결하자 미국이 경계하고 나섰다. '미국의 뒷마당'으로 인식되는 남태평양에서 중국의 영향력 확대를 견제하는 것이다.

4월 20일(이하 현지시간) 머내시 소가바레 솔로몬제도 총리는 "중국과 안보 협정에 서명했다"고 밝혔다. 전날 중국 외교부 대변인도 정례 브리핑에서 왕이 중국 외교담당 국무위원 겸 외교부장과 제레미아 마넬레 솔로몬제도 외교장관이 안보 협정에 정식 서명했다고 밝혔다.

안보 협정 날짜와 전문이 공개되지 않았지만 AFP 통신 등 외신은 이 협정에 중국이 필요에 따라 중국 함정을 솔로몬제도에 파견하고 현지에 물류 보급을 받을 수 있도록 한다는 내용이 포함됐다고 보도했다. 또한 중국이 질서 유지를 위해 무장 경찰과 병력도 파견할 수 있도록 하는 내용도 들어간 것으로 전해졌다.

솔로몬제도는 영연방 국가로서 과거에는 영국·미국의 영향을 받았지만 최근 중국이 경제원조 등으로 공을 들였다. **솔로몬제도는 인구 70만 명에 불과한 남태평양 최빈국이지만 지정학적 중요성으로 강대국의 각축장**이 돼 왔다. 제2차 세계대전 당시 태평양 전선의 중심으로 일본의 침략을 받았고 2차 대전 말기에 진압됐다가 영연방으로 독립했다.

미국은 4월 18일 솔로몬제도에 고위급 대표단을 파견한다고 밝혔다. 커트 캠벨 백악관 국가안보회의(NSC) 인도·태평양 조정관 등 대표단은 솔로몬제도, 피지, 파우아뉴기니 등을 발표할 예정이라고 NSC가 밝혔다. 중-솔로몬제도 안보 협정이 솔로몬제도에 중국 해군 배치로 이어질 가능성이 있는 만큼 안보상 위험이 된다고 보고 대응에 나선 것이다.

호주 등 서방이 솔로몬제도가 중국과 비밀리에 안보 협정을 맺었다고 비판하자 소가바레 총리는 미국·영국·호주 안보 동맹인 오커스(AUKUS)도 통지 없이 발족됐다고 맞불을 놓았다. **오커스는 작년 9월 인도·태평양 지역에서 중국 견제를 위해 3국이 출범시킨 안보 동맹**이다.

미 외교전문지 디플로맷은 "중국이 솔로몬제도와 안보 협정을 체결한 것은 중국을 겨냥한 오커스에 대한 대응으로 보인다"며 "이번 협정으로 태평양 지역의 안보 경쟁이 격화할 것"이라고 분석했다.

> **➕ 인도·태평양 전략 (Indo-Pacific strategy)**
>
> 인도·태평양 전략은 2017년 이후 미국 트럼프 행정부가 주요 외교 및 국방 전략으로 설정한 전략이다. 인도·태평양 전략의 지리적 범위는 미국 서해안에서 인도 서해안까지를 포함하며 이 지역 내에서 항행과 비행의 자유, 분쟁의 평화적 해결, 투자 개방성, 공정하고 상호적인 무역을 주요 내용으로 한다.
>
> 이 전략은 중국·러시아·북한을 이 지역의 위협 요인으로 규정하며 특히 중국 견제에 초점을 맞춘다. 바이든 행정부에 들어서도 중국 견제라는 인도·태평양 전략 기조는 달라지지 않았다.
>
> 바이든 행정부는 올해 2월 인도·태평양 전략을 구체적으로 정리한 12쪽 분량의 전략 문건을 내놓았다. 이 문건은 "바이든 행정부의 미국은 인도·태평양에서 장기적 입지를 강화할 결심이 서 있다"며 "이 지역이 중국의 점증하는 도전에 직면해 있기 때문"이라며 중국을 정면 겨냥했다. 또한 "중국의 강압과 공격성은 전 세계에 걸쳐 있지만 인도·태평양에서 가장 극심하다"고 적었다.

분야별
최신상식

문화
미디어

'제58회 백상예술대상' 개최...
2년 만에 관객과 함께해

■ **백상예술대상 (百想藝術大賞)**
백상예술대상은 일간스포츠에서 주최하는 대한민국의 대표적인 종합 예술상으로서 1965년 1회를 시작으로 2022년 58회까지 열렸다. 상의 이름은 1954년 한국일보를 창립한 언론인 장기영(張基榮, 1916~1977)의 호인 백상(百想)에서 따온 것이다. 올해 제58회 시상식은 2021년 4월 12일부터 2022년 3월 31일까지 지상파·종편·케이블·OTT·웹에서 제공된 콘텐츠나 같은 시기 국내에서 공개한 작품을 대상으로 진행됐다.

'오징어게임'·류승완 감독 대상 영예

지난 5월 6일 경기 고양시 일산 킨텍스 제1전시장에서 제58회 **■백상예술대상**이 개최됐다. 코로나19의 여파로 약 2년 만에 관객들과 함께해 특히 의미가 깊었던 이번 백상예술대상은 신동엽, 수지, 박보검 3MC 체제로 진행됐다. 특히 박보검은 군 제대 후 첫 공식 활동으로 백상예술대상 MC를 맡아 주목을 받았다.

TV 부문에서는 넷플릭스 드라마 '오징어 게임'이 이변 없이 대상을 차지했으며, 영화 부문에서는 '모가디슈'의 류승완 감독에게 대상의 영예가 돌아갔다. TV 부문에서 대상을 차지한 황동혁 감독은 "미국처럼 영어 할 필요도 없이 한국말로 수상소감을 할 수 있어 좋다. 난해하고 기괴한 작품을 선뜻하겠다고 나서주신 이정재, 오영수, 정호연, 박해수, 허성태 배우에게 감사하다. 최근 시즌2를 쓰기 시작했는데 더 열심히 만들어서 몇 년 안에 다시 찾아뵙도록 하겠다"고 소감을 전했다.

영화 부문에서 대상을 차지한 류승완 감독은 "영화가 아닌 제 이름으로 받으니 민망하다"고 말문을 열며 "함께해준 스태프, 힘든 환경에서 의지한 배

교 국어국문학과 교수 겸 드라마 평론가는 "장르적 재미와 메시지, 연기 모두 좋았다. 짜임새도 좋았다"고 평가했다.

우들에게 고맙다. 제작사 가족들 너무 고맙다"고 소감을 전했다.

백상예술대상 휩쓴 OTT 넷플릭스

이번 백상예술대상에서 OTT 넷플릭스의 기세는 대단했다. TV 부문 대상을 차지한 넷플릭스 드라마 '오징어 게임'을 필두로 'D.P.', '소년심판', '지옥' 등의 넷플릭스 작품들이 TV와 OTT의 경계를 완전히 허물고 백상예술대상을 휩쓸었다.

백상예술대상에서 OTT 콘텐츠가 대상을 수상한 것은 이번이 최초의 일이었다. TV 부문 심사위원장 김옥영 스토리온 대표는 "'오징어 게임'은 그 자체로 상징성이 있는 작품이다. 심사 기준을 넘어선 성취를 이뤄냈고 우리 시대를 대변하는 지평을 제시한 놀라운 작품이다. 대상을 줄 수밖에 없다. 건너뛰긴 어려운 작품이라고 생각한다"고 총평했다.

TV 부문에서 드라마 작품상을 받은 넷플릭스 드라마 'D.P.'를 두고도 심사위원 윤석진 충남대학

■ 제58회 백상예술대상 수상자(작)

구분	수상자(작)
영화 부문	▲대상: 류승완(모가디슈) ▲작품상: 류승완(모가디슈) ▲감독상: 변성현(킹메이커) ▲시나리오상: 정가영·왕혜지(연애 빠진 로맨스) ▲예술상: 최영환(모가디슈) ▲신인감독상: 조은지(장르만 로맨스) ▲남자최우수연기상: 설경구(킹메이커) ▲여자최우수연기상: 이혜영(당신얼굴 앞에서) ▲남자조연상: 조우진(킹메이커) ▲여자조연상: 이수경(기적) ▲남자신인연기상: 이홍내(뜨거운 피) ▲여자신인연기상: 이유미(어른들은 몰라요)
TV 부문	▲대상: 넷플릭스(오징어 게임) ▲작품상(드라마): 넷플릭스(D.P.) ▲작품상(예능): 엠넷(스트릿 우먼 파이터) ▲작품상(교양): KBS 1TV(다큐인사이트 국가대표) ▲연출상: 황동혁(오징어 게임) ▲극본상: 김민석(소년심판) ▲예술상: 정재일(오징어 게임) ▲남자최우수연기상: 이준호(옷소매 붉은 끝동) ▲여자최우수연기상: 김태리(스물다섯 스물하나) ▲남자조연상: 조현철(D.P.) ▲여자조연상: 김신록(지옥) ▲남자신인연기상: 구교환(D.P.) ▲여자신인연기상: 김혜준(구경이) ▲남자예능상: 이용진 ▲여자예능상: 주현영
연극 부문	▲백상연극상: 극단 작당모의(터키행진곡) ▲젊은연극상: 김미란(이것은 어쩌면 실패담. 원래 제목은 인투디언노운) ▲남자최우수연기상: 박완규(붉은 낙엽) ▲여자최우수연기상: 황순미(홍평국전)
틱톡 인기상	▲이준호 ▲김태리

> **POINT 세 줄 요약**
>
> ❶ 5월 6일 제58회 백상예술대상이 개최됐다.
>
> ❷ TV 부문에서 넷플릭스 드라마 '오징어 게임', 영화 부문에서는 '모가디슈'의 류승완 감독에게 대상의 영예가 돌아갔다.
>
> ❸ 넷플릭스 작품들이 TV와 OTT의 경계를 완전히 허물고 백상예술대상을 휩쓸었다.

13년 만의 속편 '아바타 : 물의 길' 예고편 공개

역대 글로벌 흥행 1위 '아바타'의 속편 '아바타 : 물의 길'(아바타2)가 예고편을 공개했다. 월트디즈니컴퍼니코리아는 5월 3일 '아바타 : 물의 길'의 예고편을 국내 최초 공개했다. 개봉을 하루 앞두고 열린 '닥터 스트레인지 : 대혼돈의 멀티버스' 시사회에서다.

1분 30초가량의 예고편에서는 영상 기술의 진보를 강조하는 장면들이 주를 이뤘다. 속편이 해양을 배경으로 한 만큼 물의 부족과 신비한 동물들의 교감이 그려지고, 주인공 설리의 딸이 물속을 자유롭게 유영하는 장면이 거대한 스크린에 3D로 시원하게 펼쳐졌다. 수중 3D 구현은 수중 컴퓨터그래픽(CG)보다 더 고난도의 기술을 요하는 작업이다.

전편에서 나비 부족과 전투를 벌였던 군인이 등장해 또 다른 갈등을 예고하기도 했다. 속편은 '아바타' 이후 10년이 지난 시간을 배경으로 설리 가족이 겪는 어려움과 서로를 지키기 위해 노력하는 모습 등을 담아 가족이라는 주제를 전면에 내세울 것으로 보인다. 예고편 말미에 "이것만은 변치 않아. 우리가 어디를 가든지 가족이 우리의 요새야"라는 대사가 등장해 이를 암시했다.

■ 전 세계 박스오피스 역대 흥행 기록 Top10

순위	제목	개봉연도
1	아바타	2009년
2	어벤져스 : 엔드게임	2019년
3	타이타닉	1997년
4	스타워즈 : 깨어난 포스	2015년
5	어벤져스 : 인피니티 워	2018년
6	쥬라기 월드	2015년
7	라이온 킹	2019년
8	어벤져스	2012년
9	분노의 질주 : 더 세븐	2015년
10	겨울왕국2	2019년

소설 『파친코』 판권 인플루엔셜 품에…선인세 10억 이상 제시

▲ 소설 『파친코』를 원작으로 제작된 애플TV+ 드라마 '파친코' 포스터 (자료 : 애플TV+)

우리나라 출판계를 뜨겁게 달군 소설 『파친코』의 판권이 출판사 인플루엔셜에 돌아갔다. 최근 애플TV+에서 소설 『파친코』를 원작으로 제작한 드라마 '파친코'가 인기를 끌며 원작 도서에도 관심이 크게 쏠려, 선(先)**인세**만 10억원 이상인 것으로 알려졌다.

5월 3일 출판계에 따르면 **한국계 미국인 이민진 작가**의 『파친코』 판권 계약을 대행하는 에릭양 에이전시는 지난 4월 29일 인플루엔셜 측에 계약 승인을 통보했다. 판권 계약을 따내기 위해 국내 10여 개 출판사가 경쟁한 것으로 알려졌다.

이민진 작가가 쓴 『파친코』는 2017년에 영어로 출간된 장편소설이다. 일제강점기 부산에서 살던 훈이와 양진 부부와 그들의 딸 선자에서부터, 선자가 일본으로 이주해 간 후 낳은 아들과 그의 아들에 이르기까지 4대에 걸친 인물들에 대한 이야기를 깊이 있게 담은 『파친코』는 출간과 동시에 미국에서 큰 반향을 일으켜 뉴욕타임즈가 선정한 베스트셀러에 등극되는 등 화제를 모은 바 있다.

우리나라에서는 출판사 문학사상이 『파친코』의 번역본을 2018년에 출간했으나, 지난 4월 21일 판권 계약이 만료됐다. 애플TV+가 드라마로 제작하며 원작 『파친코』 역시 큰 관심을 받기 시작하자 문학사상은 판권 연장 계약을 희망한 것으로 알려졌으나, 협의 과정에서 계약 연장이 틀어진 것으로 알려졌다. 이후 『파친코』는 새로운 출판사를 찾다 결국 인플루엔셜에 판권이 가게 됐다.

재번역 후 8월경 출간 예정

인플루엔셜은 번역을 새로 해 『파친코』를 출간할 예정이다. 이에 따라 이르면 8월 중에 재출간이 이루어질 것으로 보인다. 나아가 인플루엔셜은 이민진 작가의 또 다른 작품 『백만장자를 위한 공짜음식』의 판권 역시 확보해서 출간할 계획이다.

한편, 인플루엔셜은 일본의 유명 심리학자 기시미 이치로의 『미움받을 용기』 등을 펴낸 출판사다.

■ **인세 (印稅)**

인세는 계약에 의하여 저작물을 발행하는 출판사 등이 판권 소유자인 저작자에게 저작물이 팔리는 수량에 따라 일정한 비율로 치르는 돈을 말한다. 도서의 경우 통상적으로 책 정가의 8~10%가량을 저작자에게 인세로 지급한다. 선인세는 출판사가 저작자에게 일정 금액의 인세를 계약금의 개념으로 미리 지불하는 것을 말한다. 인기가 높은 작가의 책은 선인세가 수십억원에 달하기도 하는데, 우리나라에서도 인기를 끌고 있는 일본 작가 무라카미 하루키의 『기사단장 죽이기』의 경우 선인세만 20억원이 넘은 것으로 알려져 있다.

베니스 비엔날레 3년 만에 개막... 여풍 거셌다

▲ 시몬 리 '브릭 하우스'

1895년 발족해 **가장 오랜 역사를 자랑하는 베니스 비엔날레**(biennale : 2년마다 열리는 대규모 국제 미술 전시회)가 코로나19 확산 여파로 1년 연기되면서 3년 만에 열렸다. 4월 23일(현지시간) 열린 제59회 베니스 비엔날레의 개막식 겸 시상식은 두 흑인 여성 예술가들에게 최고 영예가 돌아가며 큰 관심이 쏠렸다. 백인 남성 작가가 주도해왔던 흐름을 깬 고무적인 사건이다.

미국 조각가 시몬 리는 본 전시 부문 황금사자상

(최고 작가상), **영국관 대표 작가 소냐 보이스는 국가관 부문 황금사자상**을 받았다. 두 사람은 각각 베니스 비엔날레에서 자신의 나라를 대표한 첫 흑인 여성 작가로서 최고상을 받았다. 평생공로상도 카타리나 프리치(독일), 세실리아 비쿠냐(칠레) 두 여성 작가에게 돌아갔다.

시몬 리는 미국관 앞에 길이 5m에 달하는 흑인 여성 청동 조각 '브릭 하우스(Brick House)'를 선보여 호평 받았다. 보이스는 비디오, ▪콜라주, 음악, 조각을 결합한 설치 작품인 '그녀 방식으로 느끼기(Feeling Her Way)'를 통해 흑인 여성 뮤지션의 음악을 다뤘다.

올해 베니스 비엔날레는 개막 전부터 여성이라는 화두를 전면에 내세웠다. 이탈리아 출신의 세실리아 알레마니가 총감독을 맡았으며 본전시에 참가한 58개국 작가 213명 가운데 여성 작가가 188명을 차지했다.

영국 일간지 가디언에 따르면 베니스 비엔날레 본 전시 참여 작가 중 여성은 대체로 10%에 불과했고 최근 들어 30%로 증가했는데 이번에는 무려 90%를 차지한 것이다. 한국에서도 여성 설치미술가 정금형과 이미래가 본 전시에 초청받아 참여했다.

▪ 콜라주 (collage)

콜라주는 시각 예술에서 종이, 헝겊, 비닐, 타일, 나뭇조각 등 질이 다른 여러 가지 소재를 붙여 화면을 구성하는 방법이다. 어원은 '접착하다'는 의미의 프랑스어 'coller(콜레)'에서 파생됐다. 20C 초 파블로 피카소, 조르주 브라크 등 입체파들이 유화 그림 일부에 신문지나 벽지, 악보 등 인쇄물을 풀로 붙인 것이 시초이며 제1차 세계대전 이후 다다이즘 시대에는 실밥, 머리칼, 깡통 등 완전히 이질적인 재료를 붙여 이미지의 연쇄 반응을 일으키는 기법으로 확장됐다. 1950년대 이후 팝아트 시대에는 여기에 영상 기술 등 매스미디어의 조형적 요소가 추가됐다.

김광석 25주기 베스트 앨범 LP 1만 장 '완판'

▲ 고(故) 김광석 25주기 베스트 앨범
(자료 : 스타위브엔터테인먼트)

고(故) 김광석의 25주기 기념 베스트 앨범 ▪LP가 팬들의 뜨거운 반응 속에 '완판' 기록을 세우며 꾸준한 사랑을 받고 있다. 스타위브엔터테인먼트가 발매한 김광석의 25주기 기념 베스트 앨범 LP는 2022년 3월 1차에 이어 지난 5월 3일 2차까지 총 1만 장의 판매고를 올리며 단숨에 '완판'을 기록했다.

이번 25주기 베스트 앨범 LP에는 김민기의 '친구', 송창식의 '나의 기타 이야기' 등의 명곡을 부른 김광석의 라이브가 최초로 공개돼 더욱 이목을 집중시키고 있다. 또 '슬기로운 의사생활2' OST '너에게', '슬기로운 감빵생활' OST '불행아' 등도 새롭게 포함됐다. 스타위브 측은 "LP를 소장하고자 하는 팬들의 문의가 끊이지 않고 쇄도하고 있어 스타위브엔터테인먼트 측은 현재 추가 제작을 논의 중"이라고 전했다.

▪ LP (Long Playing record)

LP는 음반 규격의 일종으로서 아날로그 음원 저장 장치인

축음기 음반의 표준 중 하나이다. 장시간 음반(Long Play record)의 줄임말이기도 하다. LP가 등장한 초창기 널리 쓰이던 SP나 EP 음반 규격보다 훨씬 긴 재생 시간을 가진 데서 유래한 의미다. 1948년 컬럼비아 레코드에서 개발한 LP는 한 면에 22분을 녹음할 수 있었고, 음반의 크기는 지름 30cm(12인치)였다.

네이버웹툰, 분사 5년 만에 월 1억8000만 명 플랫폼 구축

▲ 네이버웹툰 (홈페이지 캡처)

네이버웹툰 월 이용자가 분사 5년 만에 1억 8000만 명을 넘어섰다. 국내는 물론 미국·일본·동남아시아 등 글로벌 이용자가 크게 늘어난 결과다. 최근 최수연 네이버 대표이사가 국외 진출의 핵심 아이템으로 웹툰·웹소설을 뽑는 등 네이버가 이 부문 비중을 키우는 모습이다.

네이버는 네이버웹툰 **월 활성 이용자**(MAU, Monthly Activity User) 수가 지난 3월 1억8000만 명을 넘어섰다고 5월 2일 밝혔다. 네이버웹툰은 2015년 네이버의 ■**사내독립기업(CIC)**으로 설립돼, 2017년 5월 계열사로 분사했다.

네이버웹툰은 **국내 서비스인 네이버웹툰을 비롯해 라인망가**(일본)·**웹툰**(북미·중남미·유럽)·**라인웹툰**(동남아) 등 전 세계에서 웹툰 서비스를 운영하고 있다. 지난해 인수한 **북미 최대 웹소설 서비스 '왓패드'**와 일본 서비스 '이북재팬' 등 웹소설 플랫폼도 갖고 있다. 현재 한국어·영어·일본어 등 10개 언어로 웹툰·웹소설을 제공하고 있다.

이들 서비스가 전반적으로 성장하면서 '충성 고객'인 활성 이용자 수가 분사 당시 월 4600만 명에서 5년 만에 1억8000만 명으로 커졌다. 연간 거래액 역시 2017년 2400억여원에서 지난해 1조 500억원으로 4배 이상 증가했다.

양질의 콘텐츠를 안정적으로 공급할 수 있는 '창작자 생태계'를 구축한 게 이 플랫폼의 성공 요인으로 꼽힌다. 네이버웹툰은 한국 웹툰 서비스에서 해온 아마추어 작가 발굴 시스템과 공모전 등을 문화권별로 운영해왔다. 현지 언어와 문화에 맞는 콘텐츠를 기르기 위해서였다는 게 네이버웹툰 쪽 설명이다. 현재 네이버웹툰의 모든 플랫폼에서 활동하는 창작자는 600만 명, 누적 작품 수는 10억 편에 달한다.

네이버는 '2026년까지 글로벌 이용자 10억 명을 달성한다'는 경영 목표를 위해 웹툰·웹소설 등 콘텐츠 부문에 더욱 힘을 줄 계획이다. 네이버는 이들 서비스가 투자 비용 대비 높은 수익성을 낸다는 데 주목하고 있다. 네이버 측은 네이버웹툰의 유저 1인당 평균 지출액이 넷플릭스를 능가했다고 밝혔다. 웹툰은 '구독료'라는 월 상한선이 없다는 점에서 수익성과 성장성이 크다는 것이다.

■ **사내독립기업 (CIC, Company-In-Company)**
사내독립기업(CIC)이란 기업 내부에 조직하는 스타트업. 사내 벤처 같은 소규모 회사를 지칭한다. 혁신을 주도하고 사업 효율성을 높이려는 목표를 갖고 있으며, 대표적인 기업으로는 본래 삼성SDS의 사내 벤처 기업으로 시작한 네이버가 있다. 이러한 영향으로 네이버 내에서 주요 신사업은 CIC 형태로 진행되는 경우가 많다. 웹툰과 웹소설을 시작으로 네이버 동영상과 네이버페이 사업을 CIC 형태로 독립시켰다.

CIC는 분사 조직과 달리 사내 조직 형태로 존재한다. 계층 구조가 최소화돼 빠른 의사결정이 가능하고, 의사결정 권한도 크기 때문에 시장 변화에도 능동적인 대응이 가능하다. 또한 본사와 구분된 독립 자본을 통해 사내 기업 손익계산서를 작성하는 독립채산제 성격을 띤다.

"책 돌려주라" 퇴계 이황 당부 500년 만에 실천

▲ 국학자료 반환 및 인수인계 기증식 (자료 : 한국국학연구원)

도산서원이 서책과 목판 등을 주인에게 돌려준다. 퇴계 ■이황 선생이 생을 마감하기 전 "빌려온 책은 모두 돌려주라"며 제자들에게 남긴 당부를 500여 년 만에 실천하는 것이다. 한국국학진흥원은 도산서원 측이 기탁한 '문헌통고(文獻通考)' 133책과 '적선(積善)' 목판 2점을 영천이씨 농암 종가로 반환한다고 4월 30일 밝혔다.

최근 국학진흥원 연구원이 기탁받은 책자를 보던 중 글귀를 찾아낸 것이 발단이 됐다. 책에는 '책 주인인 영양 이 공간(公幹)이 진성 이 경호(景浩)에게 보라고 주다(册主永陽李公幹 供覽眞城李景

浩)'라고 적혀있었다. 공간과 경호는 각각 이중량과 이황의 자(字 : 남자가 성인이 되었을 때 붙이는 이름으로 본명 외에 부르는 호칭)다.

또한 문헌통고 133책은 조선 명종이 1558년 당시 사헌부집의로 일하던 이중량에게 하사한 것이란 사실도 밝혀졌다. 이에 도산서원운영위원회와 퇴계 종가는 '빌려온 책은 돌려주라'는 퇴계 선생의 유지에 따라 반환을 결정했다.

도산서원 측은 이와 함께 선조 어필로 된 '積善(적선)' 목판도 농암 집안에 돌려준다. 이 목판은 농암 선생의 여섯째 아들인 매암 이숙량이 선조 임금에게 하사받은 것이다.

국학진흥원은 5월 2일 도산서원 전교당에서 국학자료 반환 및 인수인계 기념식을 열었다. 다만 국학진흥원 측은 "실제로 책과 목판을 농암 종택으로 옮기는 게 아니고, 퇴계 선생이 500년 전에 빌렸던 책을 돌려주는 의미에서 행사를 여는 것"이라고 했다. 그러면서 "두 집안의 학문에 대한 열정과 우정을 보여주는 뜻깊은 행사가 될 것으로 기대한다"고 밝힌 바 있다.

■ 이황 (李滉, 1502~1571)

이황은 조선 중기의 문신, 학자이다. 본관은 진보(眞寶). 자는 경호(景浩), 호는 퇴계(退溪), 시호는 문순(文純)이다. 이언적, 이이, 송시열, 박세채, 김집과 함께 '문묘 종사(공자 사당에 이름을 올림)'와 '종묘 배향(선왕을 모신 종묘에 함께 오심)'을 동시에 이룬 6현 중 한 사람이다. 이언적의 사상을 이어받아 영남학파의 중추적 학자가 되었으며 나아가 한국을 대표하는 성리학자가 되었다. 학맥은 동서 분당 뒤에 동인의 핵심을 이루고, 다시 동인이 남인-북인으로 갈릴 때, 이황 제자들은 남인, 조식 제자들은 북인을 이뤘다. 한편 그의 저술 중 일부는 임진왜란 당시 일본군이 약탈해갔는데, 이는 일본 성리학 발전에 영향을 주기도 하였다.

한국 언론자유지수
180개국 중 43위

한국이 세계 언론자유 지수에서 작년보다 한 단계 내려간 43위에 그쳤다. **국경없는기자회**(RSF, Reporters Without Borders)가 5월 3일 발표한 '2022 ▪**세계언론자유지수**'에 따르면 한국은 72.11점으로 조사 대상 180개국·지역 중 43위를 기록했다. 이는 전년 42위에서 한 계단 내려간 것이다.

한국은 언론자유 정도를 지도에 색으로 표현한 '언론자유지도'에서는 양호함을 뜻하는 노란색을 받았다. RSF는 한국을 일본(71위), 호주(39위)와 함께 언급하며 "이 지역에서는 거대 기업집단이 미디어에 대한 지배력을 확대하고 있다"며 "이런 지배력은 언론인과 편집국의 자기검열을 부추긴다"고 지적했다.

언론자유 지수 1~3위는 북유럽의 노르웨이와 덴마크, 스웨덴이 차지했다. 언론 자유도가 가장 낮은 나라로는 북한(180위)이 꼽혔다. 언론자유 지도에서 최하위 집단을 의미하는 '매우 나쁨' 국가에는 북한 등 총 28개국이 포함됐다.

우크라이나(106위) 침공을 정당화하고자 미디어를 활용한 러시아가 155위, 중국 175위, 지난해 2월 쿠데타로 언론자유가 후퇴한 것으로 평가된 미얀마가 176위에 올랐다. 2019년 송환법 반대 시위를 겪은 홍콩은 조사 대상 지역 중 가장 큰 폭으로 순위가 하락(68계단)해 148위에 머물렀다.

▪ **세계언론자유지수 (worldwide press freedom index)**
세계언론자유지수는 평가 기관의 언론의 자유 점수를 국경없는 기자회가 집계하여 매년 국가별 순위로 발표하는 자료이다. 이 보고서는 RSF가 발송한 설문항목을 RSF의 협력기관(다섯 대륙의 표현의 자유와 관련된 14개 단체)과 전 세계의 130명의 특파원, 언론인, 연구원, 법률전문가와 인권운동가 등이 작성한다. 이 설문조사는 언론인과 미디어에 대한 직접적인 공격과 언론의 자유에 대한 간접적인 압력에 대한 항목을 묻는다. 개개인의 이해에 근거한 설문조사 방법의 특성으로 인해, 해마다 국가의 순위에 대한 광범위한 비교가 이루어진다.

제23회 전주국제영화제
성황리 폐막

▲ 제23회 전주국제영화제 포스터

코로나로 3년 만에 정상화된 23회 ▪**전주국제영화제**가 5월 7일 성황리에 폐막했다. 전주국제영화제는 4월 28일 개막작인 '애프터 양' 상영을 시작으로 열흘간 영화 축제를 벌였다. '애프터 양'은 애플 TV 플러스 오리지널 인기 시리즈 '파친코'의 감독인 코코나다 감독 연출작으로 안드로이드 로봇 '양'과 함께 사는 가족의 이야기를 그렸다.

전주국제영화제에 따르면 '축제와 방역의 공존'을 중심으로 한 올해 영화제는 세계 57개국에서 초청된 217편(해외 123편·국내 94편)의 작품이 관객과 만났다.

오프라인 극장 관객은 4월 28일부터 5월 6일까

지 총 4만7171명으로 집계됐다. 여기에 특별 상영 및 공연 관객을 포함하면 5만여 명까지 늘어날 것으로 조직위는 예상했다. 또 극장 상영은 전체 회차(472회차)의 51.7%인 244회가 매진됐다.

전주 시민을 위한 혜택도 다수 마련했다. 전주 시민을 대상으로 사전 매표소를 운영한 데 이어 전주시네마타운에서 특별 상영회를 열어 전주 시민은 별도의 티켓팅 없이 '리틀 포레스트', '낫아웃', '마리 이야기' 등의 작품을 관람했다.

특히 올해는 한국영화사에 새 흐름을 일궈낸 태흥영화사의 작품들을 돌아보는 '충무로 전설의 명가 태흥영화사'를 비롯해 이창동 감독을 다룬 다큐멘터리 '이창동 : 아이러니의 예술'과 특별전 '이창동 : 보이지 않는 것의 진실'을 통해 이 감독의 4년 만의 신작 '심장소리'가 상영됐다.

이 밖에 전주국제영화제의 산업 프로그램인 제14회 전주프로젝트는 영화를 매개로 한 네트워킹 플랫폼으로 확고히 자리를 잡았다는 평가를 받았다. 또한 올해 전주국제영화제는 메타버스로 축제의 영역을 확장했다. 전 세계 영화팬은 5월 6일부터 12일까지 제페토 CGV 월드맵에서 영화제 한국단편경쟁 부문 수상작 5편을 만날 수 있다.

■ **전주국제영화제 (JIFF, Jeonju International Film Festival)**
전주국제영화제는 전주국제영화제 조직위원회가 주최하고, 전주국제영화제 집행위원회가 주관하는 부분경쟁을 도입한 비경쟁 영화제다. 2000년 4월 제1회 영화제가 시작됐다. 매년 4월 말에서 5월 초에 열린다. '디지털 대안 독립'이라는 슬로건을 내걸고 주류영화들과는 다른 새로운 대안적 영화(alternative film)를 관객에게 소개하고, 디지털 영화(digital film) 상영을 지원한다.

발레리나 김희선, 31세 나이로 사망

▲ 발레리나 김희선이 5월 1일 생을 마감했다. (자료 : 국립발레단)

발레리나 김희선이 31세의 나이로 생을 마감했다. 5월 2일 무용계에 따르면 국립발레단 드미솔리스트인 김희선이 전날 사망했다. 사인은 정확히 알려지지 않았으나 고인은 평소 우울증을 앓아온 것으로 전해졌다.

한국예술종합학교(한예종) 무용원 출신인 고인은 2015년 국립발레단에 입단해 이듬해 정단원이 됐다. 이후 입단 1년 만에 인기 레퍼토리 '호두까기 인형'의 주인공으로 낙점되는 등 왕성하게 활동했다. 고인은 발레리나로서는 최단신에 속하는 키(156cm)였지만, 연습을 거듭해 단점을 테크닉으로 극복하는 노력파로 학창 시절부터 유명했다.

국립발레단 합류 전인 **2012년 서울국제무용콩쿠르와 2013년 베를린 국제무용콩쿠르, 2013년 프랑스 그라스 국제발레콩쿠르에서 잇따라 1위를** 차지했으며, 2015년 한국발레협회 신인무용상, 2016 핀란드 헬싱키 국제발레콩쿠르 그랑프리 등을 수상한 바 있다. 특히 국립발레단의 코르드발레(군무진) 무용수 시절 헬싱키 발레콩쿠르에서 여자 시니어부문 최고상인 그랑프리를 수상하면서 세계적으로 이름을 알렸다. 2021년 1월 코르드발레에서 드미솔리스트로 승급했지만 그의 무대는 더는 볼 수 없게 됐다.

'원조 월드스타' 배우 강수연 55세로 별세

▲ 고(故) 강수연

원조 월드스타 영화배우 ■**강수연**이 5월 7일 뇌출혈로 인한 심정지로 세상을 떠났다. 향년 55세. 강수연은 지난 5월 5일 서울 강남구 압구정동 자택에서 뇌출혈 증세로 쓰러진 뒤 사흘째 의식불명 상태로 병원 치료를 받아왔으나, 안타깝게도 세상을 떠났다. **한국 나이 네 살 때 아역으로 데뷔한 뒤 배우이자 문화행정가로 활동하며 반세기** 넘게 한국 영화와 함께한 배우 강수연의 비보에 영화계는 비통에 빠졌다.

고인의 장례는 영화인장으로 엄수됐다. 고인의 장례위원회는 5월 11일 오전 10시 삼성서울병원 장례식장 지하 1층 영결식장에서 고인의 영결식을 엄수했다. 장례위원장인 김동호 전 부산국제영화제 이사장(현 강릉국제영화제 이사장)을 비롯해 임권택·연상호 감독, 문소리·설경구 배우가 추도사를 했으며, 이 외에도 수많은 영화인, 영화 팬들이 영결식을 찾아 고인을 애도했다.

한편, 고인은 지난해 연상호 감독의 신작 '정이'에 주연으로 캐스팅되며, 단편 '주리' 이후 9년 만에 스크린 복귀를 앞두고 있었다. 고인의 유작이 된 '정이'는 촬영을 마친 상태며 후반 작업을 진행 중인 것으로 알려졌다.

■ 강수연 (姜受延, 1966~2022)

강수연은 대한민국의 배우로, 1969년 4세 때 데뷔해 50여 년간 배우로 활동했다. 임권택 감독의 영화 '씨받이'로 1987년에 세계 3대 영화제 중 하나로 일컬어지는 베니스 국제영화제에서 여우주연상을 수상했다. 세계 3대 영화제에서 우리나라 배우가 수상한 것은 강수연이 최초로, '원조 월드스타'라는 칭호가 붙는다. 뒤이은 1989년에 개봉한 '아제 아제 바라아제'에서는 삭발을 하고 등장해 대중에게 강렬한 인상을 남겼으며, 당시 공산권 최고 권위를 자랑한 모스크바 국제 영화제에서 최우수여자배우상을 수상하기도 했다. 2001년에는 드라마 '여인천하'에서 주인공 정난정 역으로 열연해 그해 SBS 연기대상에서 대상을 받는 등 스크린뿐만 아니라 브라운관에서도 활약했다. 이후 2015년부터는 부산국제영화제 공동 집행위원장으로서 활동하기도 하며 문화행정가로 활약하는 등 우리나라 영화계에 큰 발자취를 남긴 영화인이다.

머스크, 55조원에 트위터 인수 확정...
소셜미디어 판도 격변 예고

■ **포이즌필 (poison pill)**
포이즌필은 적대적 인수·합병
(M&A)이나 경영권 침해 시도
등 특정 사건이 발생하였을 때
기존 주주들에게 회사 신주를
시가보다 훨씬 싼 가격으로 매
입할 수 있는 콜옵션을 부여하
는 권리다. 적대적 M&A 시도
자로 하여금 지분 확보를 어렵
게 하여 경영권을 방어할 수 있
도록 하는 것이다.

기출TIP 2020년 서울경제 필기
시험에서 포이즌필을 묻는 문제가
출제됐다.

"트위터, 인류 문제 논의하는 디지털 광장 될 것"
지구촌 최고 갑부 일론 머스크 테슬라 최고경영자(CEO)의 트위터 인수 시
도가 결국 성공했다. 외신은 머스크가 440억달러(약 55조원)에 트위터 인수
계약을 맺었다고 4월 25일(이하 현지시간) 보도했다. 앞서 트위터 이사회는
■**포이즌필**까지 동원하며 머스크의 인수 시도를 막았으나 머스크가 인수자
금 조달 계획을 발표하고 트위터 일부 주주들이 인수 제안 수락을 압박하면
서 협상이 급진전됐다.

머스크는 인수 협상 이후 발표한 성명에서 "언론의 자유는 민주주의의 근
간이며, **트위터는 인류의 미래에 필수적인 문제들이 논의되는 디지털 광장
이 될 것**"이라고 강조했다. 머스크는 또한 트위터를 비상장사로 만들겠다고
밝혔다. 트위터가 비상장사가 되면 주주들의 압력이 줄어들어 머스크가 회
사를 바꿔나가기 훨씬 쉬워진다. 그러나 월스트리트저널은 5월 3일 머스크
가 트위터 인수 자금을 어떻게 회수할지에 묻는 주주들에게 3년 내 트위터
재상장을 약속했다고 보도했다.

이외에도 머스크는 트위터에 수정·편집 기능을 추가하고 트위터의 알고리

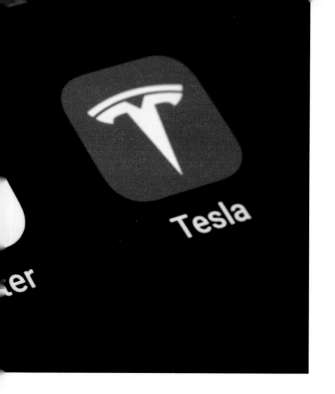

오피니언 리더들이 많이 쓴다. 그만큼 새로운 이슈와 소식이 실시간으로 올라오며 다양한 의견이 오가는데 이러한 사회적 의제 설정 기능은 다른 SNS 플랫폼이 따라잡기 어렵다.

극단적인 언론 자유 신봉자로 알려진 머스크는 앞서 트위터가 사용자의 트윗을 내리거나 영구정지를 결정할 때 좀 더 신중해야 한다고 말했다. **가짜뉴스와 혐오발언으로 트위터에서 쫓겨난 도널드 트럼프 전 미국 대통령의 영구정지 처분도 풀릴 가능성이 크다.** 이는 미국의 차기 대선에 엄청난 영향을 끼칠 수 있다고 CNN은 강조했다.

즘을 ■**오픈소스**로 공개하겠다는 의견을 피력했다. 트위터상에서 공해를 일으키는 스팸과 사기 계정을 제거하고 장문의 트윗도 게재할 수 있도록 했으면 하는 것으로 알려졌다.

CNN "머스크, 세계에서 가장 힘센 인물 됐다"

CNN은 "머스크가 트위터 인수를 계기로 세계에서 가장 힘센 사람이 됐다"며 "머스크를 좋아하든 싫어하든, 그는 세계에서 가장 부유하고 가장 강력한 인물"이라고 보도했다. 머스크의 트위터 인수는 단순히 세계 최고 부자라는 기존 수식어를 뛰어넘은 것으로서 SNS와 우주여행, 자율주행, 전기자동차, 인공지능(AI)과 같은 세계 경제의 미래를 정의할 수 있는 광범위한 산업 분야에서 그 누구도 머스크만큼 영향력을 행사하지 못한다는 설명이다.

트위터는 페이스북이나 인스타그램, 틱톡 등 다른 SNS 플랫폼과 비교하면 규모가 작지만 짧은 메시지의 임팩트가 크고 공유 전파 속도가 빠른 만큼 전 세계 주요 엘리트와 정치인, 언론인 등

■ **오픈소스 (open source)**

오픈소스는 무상으로 공개된 소스코드 또는 소프트웨어(SW)를 말한다. SW의 설계도에 해당하는 소스코드를 인터넷 등에 무상으로 공개해서 누구나 이를 개량하고 재배포할 수 있도록 한 것이다. 기업이 만든 SW는 대개 사용료(라이선스료)를 받지만 오픈소스는 기술이 SW 개선에 도움이 된다는 생각에 바탕을 두고 있다.

▌일론 머스크가 소유한 회사들

구분	설명
테슬라	세계 최대 전기자동차 기업
스페이스X	세계 최초 민간 우주탐사 기업
보링 컴퍼니	온라인 결제 서비스 회사
뉴럴링크	뇌·컴퓨터 인터페이스(BCI, Brain-Computer Interface) 개발 스타트업
트위터	SNS·마이크로블로그 서비스

POINT 세 줄 요약

❶ 일론 머스크 테슬라 CEO가 트위터를 인수했다.

❷ 머스크는 트위터를 재편할 방침이다.

❸ CNN은 "머스크가 트위터 인수를 계기로 세계에서 가장 힘센 사람이 됐다"고 평가했다.

FDA, 혈전 위험에 얀센 백신접종자 제한

미 식품의약국(FDA)이 혈전 부작용 위험을 이유로 5월 5일 존슨앤드존슨사의 제약 부문 자회사 얀센이 만든 코로나19 백신 접종 대상자를 제한하기로 했다. FDA는 통산 얀센 백신을 접종하고 2주 내 발생하는 '혈소판 감소성 혈전증'(TTS) 위험성에 대한 자료를 다시 살펴본 후 이같이 결정했다고 설명했다.

TTS는 mRNA 백신인 화이자·모더나 백신과 달리 아데노바이러스를 전달체로 사용하는 얀센 백신과 아스트라제네카 백신에서 드물게 보고되는 부작용이다. 아스트라제네카 백신은 미국에서는 사용되지 않고 있다.

얀센 백신은 작년 3월 미 당국의 ▪긴급사용승인을 받은 뒤 부작용 사례가 발생해 당국이 이를 조사하기 위해 그다음 달에 10일간 접종을 중단하기도 했다. 당시 당국은 백신의 효능이 위험보다 더 크다고 판단해 얀센 백신 접종 재개를 결정했다. 미 보건당국은 얀센 접종 시 혈전 위험이 드물게 나타나지만 여전히 발생하고 있는 상황이라고 전했다. 미국에서 올해 3월 18일 기준으로

60명이 확인됐고 이 중 9명이 사망했다.

한국에선 혈전증 사례 아직 없어
한국의 경우 5월 5일 기준 얀센 백신 누적 접종 횟수(1~4차)는 154만2994회분으로 전체 누적접종횟수 대비 1.23%에 불과하다. **현재 한국에 도입된 코로나19 백신은 ▲화이자 ▲모더나 ▲아스트라제네카 ▲얀센 ▲노바백스 등이다.**

얀센 기본접종의 경우 코로나19 예방접종 실시기준에 따라 18세 이상 성인 중 mRNA 백신 접종이 금지되거나 연기돼야 하는 대상이거나 mRNA 백신에 대한 접근성이 제한돼 접종받지 못하는 경우에 한해 권고하고 있다. 얀센 접종 후 TTS로 이상 반응이 신고된 건수는 5월 1일 기준 4건이다. 현재까지 이와 관련해 당국이 보상하거나 지원한 사례는 없다.

▪ 긴급사용승인 (緊急使用承認)

긴급사용승인이란 감염병 대유행에 적절히 대처하기 위해 긴급하게 사용이 필요한 의료기기 허가를 면제하여 국내 제조·수입업체에 국내 허가되지 않은 의료제품을 제조·수입해 공급하게 하는 제도를 말한다. 우리나라는 메르스 사태 이후 2016년에 최초로 도입했다. 긴급사용승인 신청을 하면 질병관리청과 식품의약품안전처는 방역 당국의 검사 방법과 동등한 수준의 성능 확보 여부를 사전 검증하며 승인 이후에도 지속적인 진단 정확도 확인 및 정도 관리를 수행한다.

스타트업 크롤링에 뿔난 네이버... "소송 끝까지 간다"

국내 플랫폼 '공룡'인 네이버가 한 스타트업의 ▪크롤링(온라인상 정보 수집 및 가공)을 막아달라고

소송을 제기했다. 법원은 화해권고를 결정했으나 네이버는 소송으로 끝까지 대응할 방침이다.

네이버는 지난 1월 온라인 부동산 중개 스타트업인 다윈중개(회사명 : 다윈프로퍼티)를 상대로 '데이터베이스(DB)권 침해금지 가처분' 소송을 냈다. 다윈중개는 네이버 중개 서비스인 '네이버부동산'에 올라온 매물 정보 웹페이지 링크를 아웃링크 방식으로 끌어와 다윈중개에 연결했다.

다윈중개는 네이버부동산에 나온 단지명·층·면적·가격 등 정보를 다윈중개에 게시하고 외부 사이트 매물도 저렴한 수수료로 중개한다고 안내했다. 이에 대해 네이버는 "(다윈중개가) 마치 전국 각지에서 상당한 양의 부동산 매물을 확보한 것처럼 꾸미기 위해 네이버부동산 DB를 무단으로 대량 복제해 게시하고 있다"며 "네이버부동산 정보의 무단 이용을 막아달라"고 주장했다.

수원지방법원 성남지원은 네이버와 다윈중개의 크롤링 분쟁에 대해 화해권고 결정을 내렸다. 이 결정에 따르면 다윈중개는 외부 매물을 저렴한 수수료로 중개한다는 내용을 게시하지 말아야 한다. **화해권고는 양측이 이의 제기를 하지 않은 채 14일이 지나면 확정되고 한쪽이라도 이의를 제기하면 소송으로 넘어간다.**

네이버는 화해권고를 받아들이지 않고 끝까지 소

송으로 가기로 했다. 네이버는 **"네이버부동산의 20년 투자와 노력이 담긴 DB인 만큼 저작권을 보호받아야 한다"**며 "다윈중개의 행위는 이를 침해한 무임승차"라는 견해다.

다윈중개는 **아웃링크 방식으로 정보를 연결했기 때문에 DB 저작권 침해가 아니라고 주장**한다. "다윈중개가 게시한 네이버 매물 정보는 가격 등 4가지뿐이고 네이버부동산에서 로그인 없이도 누구나 볼 수 있는 정보이므로 크롤링이라는 단어 자체가 적합하지 않다"는 것이다.

■ 크롤링 (crawling)

크롤링은 프로그램을 통해 웹 공간을 돌아다니며 데이터를 긁어와 수집·가공하는 것을 말한다. 데이터가 어디에 저장돼 있는지 위치를 분류하는 것이 주요 목적이며 구글, 네이버 등 검색 엔진의 핵심적인 기술이다. 검색엔진 이외에도 쇼핑몰의 최저가 비교라든지 인공지능(AI) 데이터 학습 등 웹 데이터가 필요한 분야에서 광범위하게 활용된다.

최근 DB를 구축한 선발 주자와 크롤링으로 이들의 DB를 재활용하는 후발 주자 간 분쟁이 늘고 있다. 숙박정보 플랫폼 여기어때와 야놀자가 소송 중이며 취업정보 플랫폼 사람인과 잡코리아는 10년간 소송전을 이어갔다. 다윈중개와 네이버 간 소송도 같은 맥락이지만 기존과 달리 아웃링크 방식이 문제가 된 최초의 소송이어서 주목된다.

"구글 인앱결제 강제에 앱 소비자 연간 2300억 추가 부담"

구글이 '■**인앱결제** 강제 금지법'을 무시한 채 인앱결제를 강요하면서 온라인동영상서비스(OTT)·음악 스트리밍 이용에 따른 소비자 추가 부담이 약 2300억원 가량으로 추정됐다. 대안 앱 마켓으로 국내 모바일 애플리케이션(앱)이 유입

될 수 있도록 인센티브 등을 제공해 국내 점유율 70%대 구글을 견제해야 한다는 목소리도 다시 나왔다.

5월 3일 국회 과학기술정보방송통신위원회 소속 양정숙 의원실에 따르면 국내 OTT 서비스 3개와 음악 스트리밍 서비스 5개 등 총 8개 모바일 콘텐츠 가격은 14.7~20% 인상되거나 인상을 앞두고 있다. 이에 따른 소비자 추가 부담 금액은 2300억원으로 추정됐다.

앞서 국회 과방위 소속 국민의힘 간사인 김영식 의원실에서도 비슷한 취지의 지적을 한 바 있다. 김영식 의원실에 따르면, 구글의 인앱결제 강제 정책 시행으로 올해 비(非)게임 콘텐츠 개발사가 구글에 내는 수수료는 최대 8331억원으로 나타났다. 이전처럼 다양한 결제방식을 허용할 경우 산출되는 수수료는 4193억원이다. 이 차액 4138억원은 고스란히 구글 몫이 된다.

국내에서는 세계 최초로 도입된 인앱결제 강제 금지법이 지난해 국회를 통과해 시행 중이지만, 구글이 형식적인 대안만 내놓고 사실상 정책을 유지하는 상황이다. 인앱결제 방침을 따르지 않을 경우 4월 1일부터 중요 보안 문제 해결을 위한 경우를 제외하고 앱 개발사가 업데이트를 제출할

수 없게 된다. 6월 1일 이후로는 아예 플레이스토어에서 퇴출된다. 국내 앱 기업들이 2021년 기준 76.8%에 달하는 점유율을 보유한 구글에 맞서 싸우기도 어려운 실정이다.

구글의 꼼수에 국회서도 추가 대책 마련에 나섰다. 양정숙 의원은 구글 견제를 위해 토종 앱마켓인 원스토어의 경쟁력을 키우는 '전기통신사업법 개정안'을 발의할 예정이다. 이는 '모바일 콘텐츠를 한 앱마켓에 등록하는 경우 다른 앱마켓에도 공정하고 합리적인 조건으로 등록하도록 권고한다'는 조항을 담고 있다.

■ 인앱결제 (in-app purchase)

인앱결제는 소비자가 유료 앱 콘텐츠를 결제할 때 앱마켓 운영 업체가 자체적으로 개발한 시스템을 활용해 결제하는 방식을 말한다. 앱 개발사는 이용자가 인앱결제로 결제한 금액의 10~30%를 구글이나 애플에 수수료로 내야 한다. 앱 개발사의 선택에 따라 6~26% 수수료가 부과되는 '개발자 제공 인앱결제' 시스템을 추가로 도입할 수 있다. 그 외 결제방식은 허용되지 않는다.

한국은 세계 최초로 인앱결제 강제행위를 금지하는 법(개정 전기통신사업법)을 시행했지만, 여전히 대형 플랫폼이 과도한 수수료를 물리는 '갑질'을 하고 있다는 주장이다. 한편, 구글은 이미 복수의 결제방식을 마련, 한국 법이 금지하는 '특정한 결제방식을 강제하는 행위'를 하지 않고 있다는 입장이다.

"여성 안전에 둔감"
영국 언론 삼성 갤럭시 광고 비판

새벽 2시에 조깅하는 여성이 등장하는 삼성전자의 갤럭시 광고가 여성 안전 문제에 둔감했다는 비판이 영국 매체를 중심으로 제기됐다. 영국 일간 가디언과 BBC 방송은 4월 28일(현지시간) 삼

▲ 삼성 갤럭시 광고 (자료 : Samsung IN 유튜브 캡처)

성전자의 '야행성인 사람'(Night Owls)이라는 이름의 갤럭시 광고가 비현실적이고 (여성 안전에) 둔감하다는 비판을 받고 있다고 보도했다.

지난 4월 온라인에 공개된 이 영상에는 갤럭시 워치와 무선 이어폰인 버즈를 착용한 젊은 여성이 새벽 2시에 도시를 조깅하는 모습이 나온다. 어둑한 도시를 달리는 여성은 잠시 한 무리의 여성과 함께하기도 하지만 대부분 장면은 인적이 드문 곳에서 혼자 있는 모습이다. 자전거를 탄 남성이 그녀를 따라다니는 장면도 있다.

하필이면 올해 1월 ▪**애쉴링 머피 사건**이 벌어져 여성 안전이 영국의 사회적 문제로 대두하던 상황이었다. **가디언은 이런 장면이 여성이 처한 현실과 거리가 있다고 주장하는 비판**을 전했다. 늦은 시간 혼자 도시에서 달리는 여성은 안전 문제를 걱정해야 하는데 이를 고려하지 않았다는 것이다.

이슬람 여성을 위한 달리기 클럽 창립자인 사흐라−이샤 무함마드−존스는 "흑인 무슬림 여성으로선 더욱 안전하지 않은 상황"이라며 "이 광고는 이상적인 세계에서나 벌어질 일이다"고 말했다.

비판이 고조되자 삼성 측은 "이번 광고는 개인의 개성과 언제든 운동할 수 있는 자유를 기리는 긍정적인 메시지를 염두에 뒀다. 여성의 안전에 대한 지속한 논의에 대해 둔감한 것은 우리의 의도가 아니었다"며 사과했다.

▪ 애쉴링 머피(Ashling Murphy) 사건

애쉴링 머피 사건은 2022년 1월 12일 아일랜드에서 대낮에 조깅하던 초등학교 여교사 애쉴링 머피가 살해된 사건이다. 용의자는 조지프 푸스카라는 이름의 슬로바키아 남성이다. 머피가 살해된 뒤 아일랜드와 영국은 물론 미국과 호주 등지에서도 수만 명이 모여 여성을 노린 '묻지마 살해'를 규탄하는 시위를 벌였다. 1월 18일 오펄리주 시골 성당에서 치러진 장례미사에는 추모객이 도로에까지 길게 줄을 설 정도로 몰렸고 영국의 대통령과 총리도 참석했다.

한국, 아시아 최초로 '나토 사이버방위센터' 가입

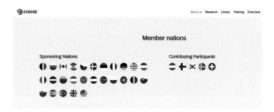
▲ 나토 사이버방위센터 회원국 (나토 사이버방위센터 홈페이지 캡처)

국가정보원은 5월 5일 한국이 나토(NATO·북대서양조약기구) 사이버방위센터(CCDCOE)에 정회원으로 가입했다고 밝혔다. 아시아 국가가 이 기구의 정회원이 된 것은 우리나라가 최초다. 국정원 사이버안보 책임자는 이날 에스토니아 수도 탈린시에 있는 사이버방위센터 본부에서 가입 행사에 참석했다.

세계 최고의 권위를 자랑하는 사이버안보 기구인 나토 사이버방위센터는 2007년 러시아의 해킹으로 에스토니아 국가 시스템이 마비된 것을 계기로 이듬해 5월 발족한 기구다. 사이버 공격·방어훈련, 전략·정책 연구 등 사이버안보 분야에서 세계 최고 역량을 보유하고 있다.

우리나라 국정원은 2019년 가입 의향서를 제출하고, **나토 사이버방위센터가 주관하는 세계 최대 규모의 사이버 훈련 '락드쉴즈**(Locked Shields)**'**에 2020년부터 2년 연속 참가하는 등 가입에 공을 들인 것으로 알려져 있다. 이후 회원국의 만장일치 승인이 있었고, 국정원의 기술협약서 제출 등을 거쳐 지난 2월 가입 절차가 완료됐다.

우리나라가 나토 사이버방위센터에 가입하면서 이 기구에 가입한 정회원은 총 32개국으로 늘어났다. 나토 회원국으로 이뤄진 후원국이 27개국, 우리나라와 같은 나토 비회원국이 소속된 기여국이 5개국이다.

나토 사이버방위센터는 각국 정보기관과 군이 실무기관으로 활동한다. 앞으로 한국을 대표해서 국정원이 훈련과 연구에 참여하게 된다. 국정원은 "사이버방위센터 파견 직원 증원, 합동훈련 범위 확대 등으로 사이버 대응 역량을 세계 최고 수준으로 강화해 나갈 계획"이라고 전했다.

➕ 나토 사이버방위센터 한국 가입에 중국 긴장

한국이 나토 사이버방위센터 정회원국으로 가입한 소식이 전해지자 중국은 예의주시하고 있다. 5월 9일(현지시간) 사우스차이나모닝포스트(SCMP)는 나토 사이버방위센터가 나토 사령부와는 별개로 운영되지만, 한국이 나토 안보 센터에 가입함으로써 중국 정부는 나토가 동북아시아로 확장할 수 있다고 우려하고 있다고 전했다.

중국 군사전문가인 니 렉시옹은 한국이 해당 센터에 가입하게 된 결정에 대해 중국 정부는 부정적 입장을 보였다면서 "한국은 이해관계가 상충되는 군사대국들에 둘러싸인 '소국'이기 때문에 관계를 손상시키려하지 않을 것"이라고 주장했다. 다만 그는 한국이 북한의 위협에 맞서 사이버 안보 능력을 강화해야 하는 한국의 현실을 인지하고 있다면서 "중국은 북한의 행동을 억제하기 위해 북한에 영향력을 행사하고 압력을 행사해야 한다"고 했다.

삼성, 5G 이어 글로벌 표준 선도... 6G 주파수 백서 공개

삼성전자가 이르면 2028년 상용화될 것으로 예상되는 **"6G 서비스용 주파수 확보를 위한 글로벌 연구를 제안**했다. 삼성전자는 이를 통해 지난 2019년 **"5G**를 세계 최초로 상용화한 데 이어 6G에서도 글로벌 표준화와 기술 생태계 구축을 주도한다는 계획이다.

삼성전자는 지난 5월 8일 삼성리서치(SR) 홈페

이지에 '6G 주파수 백서 : 주파수 영역의 확장'을 공개했다. 삼성전자는 이날 선보인 백서에서 6G 실현을 위한 주파수 확보 방안을 제시했다. 앞서 삼성전자는 지난 2020년 7월에 6G 백서를 선보이면서 '새로운 차원의 초연결 경험(The Next Hyper-Connected Experience for All.)'이라는 차세대 이동통신 기술 비전을 제시한 바 있는데, 이번 백서는 여기서 한발 더 나아간 것이다.

백서에서 삼성전자는 장기적 준비가 필요한 6G 상용화를 위해 지금부터 글로벌 차원에서 6G 주파수에 대한 논의와 관련 연구를 진행해야 한다고 제안했다. 홀로그램, XR(확장현실) 등과 같은 초고속 대용량 서비스들을 실현하기 위한 후보 주파수 대역을 발굴하고 이를 상용화하기 위해서는 약 10년의 시간이 필요하다는 판단에 따라 선제 대응에 나선 것이다.

삼성전자는 이 같은 서비스를 위해 수백 Mhz(메가헤르츠)에서 수십 Ghz(기가헤르츠)에 이르는 초광대역 폭의 연속적인 주파수가 필요할 것으로 보고 모든 가능한 대역을 고려할 것을 제안했다. 또 6G 상용화 시점에도 5G 망이 함께 운영되고 있을 점을 고려해 6G를 위한 별도 신규 대역을 확보하는 게 중요하다고 덧붙였다.

■ 6G (6th Generation)

6G는 6세대 이동통신을 의미한다. 6G는 초당 100기가비트(100Gbps) 이상의 전송 속도를 구현할 것으로 예상된다. 우리나라가 2019년 5G를 세계 최초로 상용화한 데 이어 이르면 2028년 6G의 세계 첫 상용화를 위해 가속도를 내고 있다. 중국은 상용화 목표 시기를 2027년으로 앞당길 수도 있다고 주장한 바 있다. 6G는 전파의 범위가 넓어지는 것 외에, 수중통신이 가능하게 된다. 6G의 이론적 다운로드 속도는 초당 1TB에 달하며 이를 통해 만물인터넷(IoE) 시대를 실현할 수 있다.

■ 5G (5th Generation)

5G는 5세대 이동통신을 의미한다. 5G는 ▲초고속 ▲초저지연 ▲초연결 등의 특징을 가지며, 이를 토대로 가상·증강현실(VR·AR), 자율주행, 사물인터넷(IoT) 기술 등을 구현할 수 있다. 5G는 2019년 4월 3일 오후 11시 우리나라에서 세계 최초로 시작됐다. 당초 4월 5일 상용화를 계획했던 SK텔레콤·KT·LG유플러스 등 이동통신 3사는 4월 3일 밤 11시 각각 5G 1호 가입자를 배출하며 세계 최초 5G를 선언했다.

기출TIP 각종 상식시험에서 5G의 특징 3개(▲초고속 ▲초저지연 ▲초연결)를 묻는 문제가 종종 출제된다.

'토종' 코로나19 백신 식약처 심사 착수...이르면 6월 허가

'토종' 코로나19 백신이 이르면 6월에 허가될 예정이다. 지난 4월 29일 식품의약품안전처는 SK바이오사이언스가 국내에서 개발·제조하는 코로나19 백신 '스카이코비원멀티주'(GBP510)의 제조판매 품목허가 심사에 착수했다고 밝혔다.

품목허가 심사에 착수한 해당 제품은 SK바이오사이언스와 미국 워싱턴대학이 공동 개발한 코로나19 예방 백신으로, 유전자재조합 방식을 활용했다. 이 백신은 4주 간격으로 2회 접종하면 되고, 초저온 보관이 필요한 메신저 리보핵산

(mRNA)과는 달리 달리 2~8도의 냉장 유통과 장기 보관이 가능하다.

아스트라제네카보다 우위성 입증

SK바이오사이언스는 우리나라를 포함해 베트남, 필리핀, 태국, 뉴질랜드, 우크라이나 등 총 6개국에서 만 18세 이상 성인 4037명을 대상으로 이 제품의 임상 3상 시험을 수행했다. 그 결과 대조백신인 아스트라제네카 백신과 비교해 면역원성과 안전성 모두 우위성을 입증했다.

SK바이오사이언스에 따르면 스카이코비원 2회 접종 시 코로나19 바이러스를 무력화해 감염을 예방할 수 있는 중화항체의 역가(力價 : 작용 강도)는 아스트라제네카 백신 접종 시 대비 2.93배였다.

또 임상 3상 대상자 중 스카이코비원 접종 후 중화항체 역가가 4배 이상 상승한 사람의 비율을 의미하는 '항체전환율' 역시 98%에 달했다. 대조백신의 항체전환율 87%에 비해 크게 높아 통계적으로 유의한 차이를 나타냈다. 회사는 65세 이상 고령자에게서도 스카이코비원을 접종했을 때의 항체전환율이 95%를 넘어 대조백신 대비 효과적이었다고 소개했다. 안전성 측면에서도 대조백신과 유사한 수준의 이상 반응률을 나타냈으며, 큰 문제는 보고되지 않았다.

식약처는 제출된 자료를 검토하고 코로나19 백신 안전성·효과성 검증 자문단, 중앙약사심의위원회, 최종점검위원회 3중 자문을 거쳐 허가 여부를 결정할 예정이다. 식약처는 기존에 허가한 코로나19 백신과 마찬가지로 허가·심사를 신속하게 진행할 계획이다. 식약처는 이르면 6월 중에 허가가 가능할 것으로 예상했다.

SK바이오사이언스는 허가 후 하반기 중에 백신을 상용화할 것으로 예상하고 있다. SK바이오사이언스는 지난 3월 질병관리청과 맺은 계약에 따라 국내에 신속하게 총 1000만 도즈(1회 접종량)를 공급할 방침이다.

유바이오로직스는 국내 임상 '포기'

한편, 지난 5월 11일 서울 코엑스에서 열린 '바이오코리아 2022' 행사에서 백영옥 유바이오로직스 대표는 국내에서 코로나19 백신 임상시험을 진행하는 것이 불가능하다고 밝히며 국내 임상 포기 선언을 했다.

유바이오로직스는 재조합단백질(합성항원) 방식의 코로나19 백신 후보물질 '유코백-19(EuCorVac-19)'을 개발하고 있다. 유바이오로직스는 지난 1월 식품의약품안전처로부터 국내 3상 임상시험을 승인받았다. **토종 코로나19 백신으로는 SK바이오사이언스에 이어 두 번째로 3상에 돌입하면서 주목**을 받았다.

그러나 백 대표는 국내에서 3상 임상시험을 진행하기 위한 대조백신(기허가 백신)을 확보하는 데 실패했다고 설명했다. SK바이오사이언스의 경우 아스트라제네카로부터 대조 백신을 제공받았다. 백 대표는 이날 정부의 지원 부재를 지적한 뒤 "해외에서 유코백-19 임상시험을 할 수 있도록 노력하고 있다"고 밝혔다.

▮ 국내 도입된 코로나19 백신

백신 종류	백신 플랫폼	개발 국가	접종 횟수
아스트라제네카	바이러스 벡터	영국	2회
화이자	mRNA	미국·독일	2회
얀센	바이러스 벡터	미국	1회

모더나	mRNA	미국	2회
노바백스	합성항원	미국	2회

기출TIP 2022년 이투데이 필기시험에서 mRNA 코로나19 백신을 모두 고르라는 문제가 출제됐다.

'MSI 2022' 부산 개막… LoL e스포츠 세계 최강 가린다

▲ '리그 오브 레전드' e스포츠 대회 'MSI 2022'가 부산에서 개최됐다. (자료 : 라이엇게임즈)

글로벌 게임사 라이엇 게임즈가 주최하는 '리그 오브 레전드(LoL)' **e스포츠** 대회 MSI(미드 시즌 인비테이셔널)이 5월 10일 부산에서 개막했다. **MSI는 전 세계 12개 지역의 봄 시즌 챔피언이 한 곳에 모여 최고의 지역을 가리는 LoL e스포츠 대회다.**

한국에서는 처음 열리게 된 이번 MSI는 2019년 말 월드챔피언십 이후 2년여 만에 관중과 함께하는 경기로 진행된다. 한국, 북미, 유럽, 중국, 브라질, 동남아, 터키 등 11개 지역 대표팀 33개국 선수와 스태프 등 600여 명이 참가했다. 러시아의 우크라이나 침공으로 독립국가연합(LCL)은 참가하지 못했다.

개막식은 이날 오후 5시 부산 진구에 있는 e스포츠 경기장에서 펼쳐졌다. 라이엇 게임즈 코리아는 "2015년 처음 시작한 MSI가 한국에서 처음으로 열리고 '한국 e스포츠의 성지'라고 불리는 부산에서 모든 일정을 소화한다"며 "다양한 게스트와 함께하는 방송 콘텐츠를 마련했고, 2년여 만에 오프라인 유관중으로 열리는 만큼 현장과 부산 일대를 아우르는 다양한 이벤트도 준비했다"고 말했다.

■ **e스포츠 (esports)**

e스포츠는 온라인에서 이뤄지는 컴퓨터게임 대회나 리그를 가리킨다. e스포츠 선수들은 스타크래프트, 리그 오브 레전드(LoL) 등의 게임으로 승부를 겨룬다. e스포츠는 그 영향력이 나날이 커지고 있다. 국제경기대회에서도 영향력을 보이고 있는데, 가령 e스포츠는 2018 자카르타−팔렘방 아시안게임에서 최초로 시범 종목으로 시행됐고, 2022 항저우 아시안게임부터는 정식 종목으로 승격됐다.
한편, 2018 아시안게임 e스포츠 종목에서는 리그 오브 레전드(LoL)·스타크래프트2·하스스톤·PES 2018·아레나 오브 발러·클래시로얄 등 6개 세부경기가 치러졌고, 한국은 스타크래프트2에서 금메달, 리그 오브 레전드(LoL)에서 은메달을 획득한 바 있다.

기출TIP 2019년 CJ E&M OGN 필기시험에서 LoL과 같은 유명한 게임을 제외하고, e스포츠로 활용할 수 있는 잠재력이 있는 게임을 선정한 뒤 선정 이유와 리그 구성안을 구체적으로 이야기 하라는 문제가 출제됐다.

분야별
최신상식

스포츠
엔터

Asian Spor
Competitio

OCA 공식 발표
"9월 항저우 아시안게임 연기"

**유니버시아드 코로
나19로 2년 연속 연기**

유니버시아드는 원래 격
년으로 열리지만, 코로
나19 확산 때문에 이번
청두 대회만큼은 2년 연
속 연기라는 유례없는
상황을 맞았다. 애초 청
두 하계 유니버시아드는
2021년 4월에 열 계획
이었다가 코로나19 탓
에 도쿄올림픽의 일정이
1년 미뤄진 2021년 7월
로 조정되면서, 2022년
6월 26일로 1년 연기됐
다. 이번에는 뒤늦게 터
진 중국 내 코로나19 확
산으로 다시 2023년으
로 밀렸다.

아시안게임 연기 최초

올해 여름과 가을 중국에서 열릴 예정이던 국제 종합스포츠대회인 하계 유
니버시아드와 하계 아시안게임이 중국 내 코로나19 확산에 따라 연기됐다.
아시안게임을 주관하는 아시아올림픽평의회(OCA)는 "중국올림픽위원회
(COC), 항저우 아시안게임 조직위원회(HAGOC), OCA 집행위원회의 협의
를 거쳐 올해 9월 10~25일 중국 항저우에서 열기로 한 19회 하계 아시안
게임을 연기하기로 했다"고 5월 6일 공식 발표했다.

1951년 인도 뉴델리에서 출범해 1954년 필리핀 마닐라에서 열린 2회 대회
부터 4년 주기로 짝수 해에 열리는 **하계 아시안게임이 연기되는 것은 이번
이 처음**이다. OCA의 발표 직후 대학생 스포츠인들의 축제인 동·하계 유니
버시아드를 주관하는 국제대학스포츠연맹(FISU)도 오는 6월 중국 청두에서
개최할 예정인 하계 유니버시아드를 2023년으로 연기한다고 선언했다.

항저우 아시안게임을 연기하기로 한 것은 중국 상하이 등에서 확산하는 코
로나19 영향으로 보인다. 코로나19 대유행 때문에 연기된 2020 도쿄하계
올림픽의 사례를 따른 것이다. 항저우는 상하이와 약 200km 떨어져 있는

데, 상하이는 오미크론 변이 확산으로 40일째 도시 봉쇄가 이어지고 있다.

선수들 '당혹', '연령 제한' 난감

아시안게임이 내년으로 연기되면서 선수들은 당혹감을 감추지 못했다. 특히 레슬링의 김현우 등 항저우 아시안게임을 은퇴 무대로 생각했거나, 병역특례(금메달)를 노리고 훈련해 온 남자 선수들에겐 1년 연기가 악재일 수밖에 없다.

선수들의 '연령 제한' 문제도 수면 위로 떠올랐다. 축구, 야구 등 출전 선수 연령대를 정해놓은 종목들은 연령 제한 문제로 대표팀을 재구성해야 할 가능성이 있다. 축구의 경우 23세 이하 선수들이 출전하며, 나이 제한 규정을 받지 않는 3명의 ■**와일드카드** 선수가 참가할 수 있는데, 대회가 내년에 열릴 경우 나이 제한도 1년 늘어날 것인지가 최대 관심사다.

전례는 있다. 2020 도쿄올림픽은 코로나19 확산 여파로 1년 뒤인 2021년에 열렸다. 당시 남자 축구의 나이 제한을 1년 늘려줘 이번에도 같은 기준이 적용될 가능성이 있다.

국내 스포츠계는 아시안게임 연기 가능성을 어느 정도 예상하고 있었다. 도쿄올림픽을 앞두곤 IOC와 조직위가 대회 수개월 전부터 플레이북(방역 규범집)을 내고 개정판을 통해 구체적인 지침을 제시했는데, 항저우는 최근까지도 플레이북을 발표하지 않았다. 도쿄올림픽 연기 선례를 겪었던 체육회와 각 종목단체는 일단 정부와 정보를 공유하며 차분하게 대처할 방침이다.

■ **와일드카드 (wild card)**

와일드카드는 축구, 테니스, 체조, 야구 등 일부 스포츠 종목에서 출전자격을 따지 못했지만 특별히 출전이 허용되는 선수나 팀을 뜻한다. 올림픽 축구에서는 23세 이하만 출전할 수 있지만 23세 이상인 선수를 3명까지 와일드카드로 쓸 수 있다.

스포츠 경기에서는 플레이오프에 진출하지 못한 팀이나 선수에게 기회를 주는 제도라는 뜻으로 사용된다. 해당 제도는 아쉽게 플레이오프 진출을 놓쳤으나 뛰어난 기량을 가진 팀이나 선수를 살리기 위해 시행한다.

POINT 세 줄 요약

❶ 올해 9월 10~25일 중국 항저우에서 열기로 한 19회 하계 아시안게임이 연기됐다.

❷ 항저우 아시안게임을 연기하기로 한 것은 중국 상하이 등에서 확산하는 코로나19 영향이다.

❸ 2023년으로 연기되면서 '연령 제한' 문제가 수면 위로 떠올랐다.

손흥민 EPL 18·19호골 폭발... 차범근 넘고 한국인 시즌 최다골

손흥민(30·토트넘)이 잉글랜드 프로축구 프리미어리그(EPL)에서 멀티 골을 폭발하며 시즌 19호골을 쐈다. 차범근 전 국가대표팀 감독의 한국인 유럽리그 한 시즌 최다 골 기록을 넘어섰다. 손흥민은 5월 1일(이하 국내시간) 영국 런던의 토트넘 홋스퍼 스타디움에서 열린 레스터 시티와의 2021-2022시즌 EPL 35라운드 홈 경기에 선발 출전해 전반전 해리 케인의 선제골을 돕고 후반전 연속골을 뽑아 토트넘의 3-1 승리에 앞장섰다.

이날 첫 득점으로 시즌 18호 골을 기록한 손흥민은 지난 시즌 자신과 36년 전 차 전 감독이 세운 한국 축구 선수의 유럽 정규리그 한 시즌 최다 17골 기록을 깼다. 차 전 감독은 1985-1986시즌 독일 분데스리가에서 레버쿠젠 소속으로 대기록을 쓴 바 있다.

이날 경기 전까지 크리스티아누 호날두(17골·맨체스터 유나이티드)와 EPL 득점 랭킹 공동 2위에 있던 손흥민은 이날 멀티 골로 단독 2위로 뛰어올랐다. 득점 선두 무함마드 살라흐(22골·리버풀)

와 격차는 3골로 줄어들었다.

한편, 5월 8일 리버풀의 안필드에서 열린 36라운드 리버풀과의 원정 경기에서 손흥민은 리그 20호골을 터뜨리며 유럽 프로축구 5대 리그에서 아시아 선수 최초로 단일 시즌 20득점 고지에 올랐다.

➕ 손흥민 트위터 계정 개설

영국 프리미어리그 토트넘 소속으로 활동하고 있는 손흥민이 5월 4일 트위터 계정을 개설했다. 손흥민은 "저의 공식 트위터를 오픈하게 되었다"라며 "팬 여러분들과 함께 할 수 있었으면 좋겠다"고 첫 트윗을 게재했다. 손흥민의 트위터 계정은 첫 트윗이 올라온 지 5시간 만에 15만 팔로워를 넘어섰다. 트위터 계정 개설을 요청하는 팬의 트윗에 "okay"라고 답하는 등 팬들과도 소통했다.

걸그룹 '에스파' 남고 축제서 봉변

▲ SM엔터테인먼트 소속 걸그룹 에스파 (에스파 인스타그램 캡처)

SM엔터테인먼트 소속 걸그룹 ■에스파가 SM엔터테인먼트를 설립한 이수만 회장의 모교 경복고

등교학교 행사를 찾았다가 봉변을 당했다. 5월 2일 온라인상에는 에스파가 경복고 행사에 참석한 인증샷들이 줄지어 올라왔다. 공개된 사진을 보면 **에스파 멤버들은 별다른 보호 장치나 경호 없이 방치돼, 경복고 남학생들에게 둘러싸여 제대로 이동하지도 못하며 난처**해했다. 이 과정에서 남학생들은 무리하게 에스파 멤버들과 사진을 찍었다.

이 가운데 **경복고 학생으로 추정되는 한 네티즌이 SNS에 에스파 사진과 함께 성희롱성 발언을 적어 문제**가 됐다. 해당 네티즌은 에스파 멤버의 뒷모습 사진을 올리며 "만지는 거 빼고 다했다"라는 글을 적었다. 이를 본 에스파 팬들과 네티즌들은 분노하며 행사에 참여한 아티스트를 제대로 보호하지 못한 주최 측과 경복고 학생들의 태도를 비판했다.

논란이 거세지자 경복고는 홈페이지에 사과문을 올렸다. 게재된 사과문에서 경복고는 "오늘 경복동창회 주최로 개교 101주년 기념식이 거행됐다. 기념식에는 에스파가 초대돼 공연을 해 줬다. 그러나 행사 후 본의 아니게 에스파 명예가 훼손되는 언론 보도가 있어서 사과의 말씀 올린다"고 했다.

경복고는 이어 성희롱성 게시물은 경복고 학생이 올린 것이 아니라고 주장하며 "학생들을 대상으로 교내 조사를 실시한 결과, 경복 학생이 아닌 외부 인사 몇 명이 행사장을 찾아왔으나 안전 관계상 출입을 허가하지 않았던 사실이 있었다. 그 일로 인해 일부 SNS에 결코 사실이 아닌 악의적인 글이 게재되지 않았나 유추할 수 있다"고 적었다. 경복고는 그러면서 "결과적으로 행사 후 SM

엔터테인먼트와 소속 가수 에스파의 명예를 실추시킨바 거듭 사과 말씀을 드린다"고 적었다.

■ 에스파 (aespa)

에스파는 2020년 11월 17일 데뷔한 SM엔터테인먼트 소속의 4인조 걸그룹으로, 멤버는 ▲카리나(리더) ▲윈터 ▲지젤 ▲닝닝 등이다. 에스파는 현실 세계의 멤버와 가상 세계에 존재하는 아바타 멤버가 현실과 가상의 중간 세계에서 소통하고 교감한다는 독특한 세계관을 가지고 있다. 이 때문에 에스파는 메타버스와 함께 자주 거론되기도 한다.

➕ 메타버스 (metaverse)

메타버스는 가공·추상을 의미하는 메타(meta)와 현실 세계를 의미하는 유니버스(universe)의 합성어로 3차원 가상세계를 의미한다. 가상현실(virtual reality)보다 진보된 개념으로 웹과 인터넷 등의 가상세계가 현실 세계에 흡수된 형태다. 메타버스라는 개념은 지난 1992년에 발표된 닐 스티븐슨의 SF 소설 『스노우크래쉬(Snow Crash)』에서 처음 등장했다. 아바타(Avatar)라는 용어를 처음 사용한 것으로 더 유명한 이 소설은 메타버스라는 가상의 나라에 들어가기 위해 사람들이 아바타라는 가상의 신체를 빌려 활동한다는 내용을 담았다. 한편, 코로나19 여파로 실생활에서 메타버스가 확산했다. 가령, 순천향대는 코로나19가 한창 기승일 당시 SK텔레콤과 협력해 신입생 입학식을 본교 대운동장을 실제와 흡사하게 구현한 메타버스 공간에서 진행한 바 있다.

기출TIP 각종 상식시험에서 메타버스에 대해 묻는 문제가 자주 출제된다.

임영웅, 첫 정규 앨범 발매... 밀리언셀러 등극

트로트 가수 임영웅이 5월 2일 오후 6시 첫 번째 정규 앨범 'IM HERO'를 발매했다. 트랙 순서 고

▲ 임영웅의 첫 정규 앨범 'IM HERO' (자료 : 물고기 뮤직)

민에만 수개월이 걸렸다는 이번 앨범에는 총 12곡이 담겼으며, 음반 작업에는 설운도, 자전거 탄 풍경의 송봉주, 박상철, 딕펑스 김현우, 윤명선 등이 참여했다.

이번 앨범의 타이틀곡은 '다시 만날 수 있을까'로 정해졌다. 이 곡은 이적이 작사·작곡한 곡으로, 정재일이 스트링 편곡에 참여한 명품 감성 발라드곡이다. **TV조선 '미스터트롯'에서 우승하며 트로트 장르로 일약 스타덤에 오른 임영웅**은 발라드곡을 타이틀곡으로 낙점하며, 트로트 장르에 구애받지 않는 폭넓은 장르 소화력을 보여주겠다는 각오를 내비쳤다.

정규 앨범 발매가 흔하지 않은 가요계에 정규 앨범을 내놓은 것을 두고 임영웅의 소속사는 "한층 더 짙어진 임영웅의 고품격 감성과 누구나 공감 가능한 가사가 듣는 순간 대중을 매료시킬 것"이라면서 "12곡을 골라 듣는 즐거움도 선사할 예정"이라고 했다.

선주문 서버 폭주

임영웅의 정규 1집 앨범은 선주문량만으로 100만 장을 돌파해 ▪밀리언셀러가 됐다. 임영웅의 앨범 유통사인 드림어스컴퍼니는 지난 4월 1일부터 판매하기 시작한 임영웅의 정규 1집 앨범의 국내외 선주문량을 집계한 결과, 5월 2일 기준으로 총 100만 장을 돌파했다고 발표했다.

특히 예약 판매를 시작한 첫날에는 앨범을 구매하고자 하는 팬들이 다수 몰려 판매 페이지의 서버가 폭주한 것으로도 알려지며, 임영웅의 인기를 증명했다. 한편, 임영웅은 5월 6일부터 고양을 시작으로 전국투어를 개최하며 활발한 활동을 이어갈 예정이다.

▪ 밀리언셀러 (million seller)

밀리언셀러는 본래 도서 시장에서 사용된 말로, 100만 부가 판매됐다는 의미다. 현재는 음반이나 DVD 등에도 확장되어 쓰이고 있다. 우리나라 음반 중에서는 공식 집계가 시작된 1989년 이후 가수 변진섭이 최초로 밀리언셀러에 등극했다. 음원 시장이 발달하면서 쇠퇴한 음반 시장은 2001년 김건모를 끝으로 디지털 음원 시장이 자리잡으면서 단일 앨범 밀리언셀러가 다양하게 등장하지 않았다. 그러다 2001년 이후 16년 만인 2017년에 방탄소년단(BTS)이 단일앨범 밀리언셀러를 달성했으며, 이후 블랙핑크, NCT 드림 등 아이돌 가수를 중심으로 밀리언셀러가 나왔다. 한편, 앨범이 1000만 장 이상 판매된 경우에는 플래티넘셀러라고 부른다.

레알 마드리드 안첼로티 감독, 유럽 5대 리그 우승 금자탑

▲ 카를로 안첼로티 감독

스페인 프로축구 레알 마드리드가 2021-2022 시즌 프리메라리가(1부 리그) 34라운드 에스파뇰

과의 홈경기에서 4 대 0으로 대승하며 남은 4경기 결과와 관계없이 조기 우승을 확정지었다. 2019~2020 시즌 이후 두 시즌만의 우승이자 통산 35번째 정상에 올랐다.

레알 마드리드를 우승으로 이끈 카를로 안첼로티 감독에게 스포트라이트가 쏟아졌다. 안첼로티 감독은 이번 우승으로 **유럽 5대 프로축구 리그**(▲독일 ▲잉글랜드 ▲스페인 ▲이탈리아 ▲프랑스)에서 모두 우승하는 업적을 달성했다.

이탈리아 출신 안첼로티 감독은 2003~2004 시즌 AC 밀란 지휘봉을 잡아 이탈리아 세리에 A 정상에 올랐고 2009~2010 시즌 첼시를 잉글랜드 프리미어리그(EPL) 우승으로 이끌었다. 2012~2013 시즌에는 파리 생제르맹 감독으로 프랑스 리그1 우승을 차지했고 2016~2017 시즌 바이에른 뮌헨에서 독일 분데스리가 우승을 지휘했다. 그는 지난해 7월 레알 마드리드 감독으로 부임했다.

유럽 5대 리그 우승은 유럽 최고 명장으로 통하는 펩 과르디올라 맨체스터 시티 감독이나 조제 모리뉴 AS 로마 감독도 달성하지 못한 대기록이다. 안첼로티 감독은 강한 카리스마를 갖춘 다른 명장과는 달리 온화한 성격이며 전술 구사 능력이 탁월하다고 평가받는다.

리버풀, EPL 팀 첫 쿼드러플 도전

한편, 위르겐 클롭 감독이 이끄는 리버풀은 영국 프리미어리그(EPL) 팀으로서는 최초로 **쿼드러플**(한 시즌 4개 대회 우승)에 도전한다. 리버풀은 잉글랜드 풋볼리그컵과 잉글랜드 축구협회컵에서 우승했고 챔피언스리그에선 결승에 올랐다.

리버풀은 EPL에서는 5월 15일 기준 승점 86으로 맨체스터시티에 4점 뒤진 2위를 기록하고 있다. **역대 유럽 프로축구 리그에서 쿼드러플은 1966~1967 시즌 스코틀랜드 리그 셀틱이 달성한 것이 유일**하다.

> **➕ 트레블·쿼드러플·퀸터플**
>
> 유럽 프로축구에서 트레블(treble)은 한 팀이 한 시즌에 3개 대회를 모두 우승하는 것을 지칭한다. 쿼드러플(quadruple)은 4개 대회, 퀸터플(quintuple)은 5개 대회를 우승하는 것이다. 그러나 아무 대회나 우승한다고 이를 달성했다고 하지 않는다. 일반적으로 트레블은 챔피언스리그, 자국 정규리그, FA컵(해당 국가 소속 프로·아마추어팀이 모두 참가하는 토너먼트 대회)을 우승하는 것을 의미한다. 쿼드러플은 여기에 자국 리그컵 우승이 포함된다. 최근에는 매년 12월 열리는 FIFA 클럽월드컵 우승을 포함해 퀸터플이란 말도 있지만 2000년대 탄생한 FIFA 클럽월드컵은 역사가 짧은 만큼 아직 쿼드러플 해당 대회만큼의 권위를 인정받지 못하고 있다.

정호연, 세계적 패션 행사 '멧 갈라'까지 섭렵

넷플릭스 오리지널 드라마 '오징어 게임'으로 글로벌 스타가 된 정호연이 세계적 패션 행사 **■멧 갈라**까지 섭렵했다. 정호연은 5월 2일(현지시간) 미국 뉴욕 메트로폴리탄 미술관에서 개최된 2022 멧 갈라 행사에 참석했다.

이날 정호연은 자신이 글로벌 엠버서더로 활동하고 있는 명품 브랜드 루이비통의 미니드레스를 착용하고 당당하게 포즈를 취했다. 정호연은 이

날 행사에 참여한 티모시 샬라메, 저스틴 비버, 아리아나 그란데, 리한나 등 세계적인 스타들과 함께 자리를 빛냈다.

▲ 루이비통 미니드레스를 입고 멧 갈라에 참석한 정호연 (루이비통 인스타그램 캡처)

한편, 정호연은 '오징어 게임'으로 미국배우조합상(SAG) 여우주연상을 받은 이후 활발한 글로벌 행보를 보이고 있다. 최근 정호연은 한국인 최초로 패션지 '보그' US 커버를 장식했으며, 프랑스 파리 오르세 미술관에서 열린 '루이비통 2022 가을-겨울 여성 컬렉션 패션쇼'에서 오프닝과 피날레를 장식했다.

또한, 정호연은 미국 최대 에이전시인 CAA(Creative Artists Agency)와 전속 계약을 체결하고, 알폰소 쿠아론 감독의 애플TV+ 새 스릴러 시리즈 '디스클레이머(Disclaimer)', 조 탈보트 감독의 신작 영화 '더 가버니스(The Governesses)' 등에 출연을 확정했다. 정호연이 계약을 맺은 CAA에는 스티븐 스필버그 감독을 비롯해 브래드 피트, 메릴 스트립, 조지 클루니 등 할리우드 톱스타들이 소속돼 있다. 정호연은 또, 최근 세계적인 팝스타 위켄드의 신곡 뮤직비디오에 출연하기도 하며 월드스타의 면모를 보이기도 했다.

■ 멧 갈라 (met gala)
멧 갈라는 뉴욕메트로폴리탄 뮤지엄 소속의 코스튬 인스티튜트에서 주최하는 연례행사로, 뮤지엄 전시를 위한 기금 모금을 목적으로 매년 5월 개최되는 행사다. 정식 명칭은 '메트로폴리탄 뮤지엄 코스튬 인스티튜트 갈라'이다. 1948년부터 시작됐으며 1972년 미국의 패션 잡지 '보그'가 참여해 미국을 대표하는 패션 행사로 자리 잡게 됐다. 또 1995년부터는 '보그'의 편집장인 안나 윈투어가 행사를 총괄하며 세계적인 이목을 끄는 행사로 거듭나게 됐다.
매년 특정한 주제를 가지고 행사를 개최하며 배우, 가수, 운동선수 등 다양한 분야의 유명 인사들이 주제에 맞는 의상을 입고 참석한다. 2022년 올해 주제는 '인 아메리카 : 패션 앤솔로지(In America : An Anthology of Fashion)'였다.

하이브 첫 걸그룹 '르세라핌' 공식 데뷔

▲ 하이브의 첫 걸그룹 '르세라핌' (자료 : 쏘스뮤직)

그룹 방탄소년단(BTS)의 소속사 하이브에서 최초의 걸그룹이 공식 데뷔했다. 하이브의 첫 걸그룹 '르세라핌'은 5월 2일 오후 6시 첫 번째 미니앨범 '피어리스(FEARLESS)'를 발매했다. 르세라핌은 ■아이즈원 출신 김채원과 사쿠라를 비롯해 허윤진, 카즈하, 김가람, 홍은채 등 멤버로 구성된 팀이다.

르세라핌은 '아임 피어리스(FEARLESS)'를 애너그램(anagram : 한 단어나 어구에 있는 단어 철자들의 순서를 바꾸어 원래의 의미와 논리적으로 연관이 있는 다른 단어 또는 어구를 만드는 일)한 것이다.

르세라핌의 첫 번째 미니앨범은 총 5곡으로 구성돼 있으며, 방시혁 총괄 프로듀서의 진두지휘 아래 얼터너티브 팝, 디스코-펑크, R&B 등 다양한 장르의 곡들이 실린 것으로 알려졌다. 타이틀곡 '피어리스'는 볼드한 베이스 리프와 그루브 있는 리듬이 조화를 이룬 펑크 기반의 얼터너티브 팝 장르의 곡으로, 과거에 연연하지 않고 흔들림 없이 앞으로 나아가는 르세라핌의 당찬 모습을 담았다.

데뷔하자마자 13개국 아이튠즈 차트 1위

르세라핌은 데뷔 음반으로 13개 국가 및 지역 아이튠즈 차트 정상에 오르는 성적을 거뒀다. 5월 3일 르세라핌의 소속사에 따르면 르세라핌의 데뷔앨범 '피어리스'는 이날 오전 9시 기준으로 일본, 브라질, 필리핀 등 13개 국가 및 지역 아이튠즈 톱(top) 앨범 차트 1위를 기록했다. 멕시코와 스웨덴 차트에서 각각 2위와 3위에 올랐고 미국과 독일 차트에서는 7위를 차지한 것으로도 알려졌다.

소속사는 "국내 음원 사이트 벅스에서도 모든 수록곡이 실시간 차트에 이름을 올리고 '피어리스'가 5위까지 기록했다"며 "트위터에서도 관련 키워드가 언급되면서 높은 화제성을 보인다"고 전했다.

▪ 아이즈원 (IZ*ONE)

아이즈원은 시청자의 투표로 멤버를 뽑는 엠넷의 서바이벌 오디션 프로그램 '프로듀스48'에서 선발돼 2018년 10월 29일에 데뷔한 한국·일본 합작 12인조 프로젝트 걸그룹이다. 그러나 '프로듀스48'의 투표 조작 논란이 사실인 것으로 밝혀지며 아이즈원은 활동을 중단했다. '프로듀스48'은 시청자 투표 전에 최종 순위를 자의적으로 정한 후, 마치 시청자 투표 결과인 것처럼 방송한 것으로 알려졌다.

논란이 된 뒤 활동을 중단한 아이즈원은 이후 비판 여론에도 불구하고 멤버들의 의견을 존중해 활동 재개를 강행했으나, 여론의 비판을 피하지 못했다. 그럼에도 얼마간 꾸준한 활동을 보이던 아이즈원은 2021년 공식 해체했다.

권라임, 여자 유도 48kg급 은메달... 데플림픽 한국 첫 메달

▲ 권라임 선수 (자료 : 한국농아인스포츠연맹)

브라질 카시아스두술 ▪데플림픽(청각장애인 올림픽)에서 마침내 대한민국의 첫 메달이 나왔다. 여자 유도 권라임(30·대구우리들병원)이 5월 4일 레크레이우 다 주벤투지에서 열린 여자 유도 48kg급 경기에서 은메달을 목에 걸었다.

여자 유도 48kg급은 출전선수가 5명에 불과해 **토너먼트 방식이 아닌 참가선수 모두 서로 한 번씩 맞붙는 라운드 로빈 방식으로 치러졌다.** 권라임은 3승 1패를 기록해 4전 전승을 거둔 마리아 휘이트론(멕시코)에 이어 은메달을 거머쥐었다.

세 살때 고열로 청력을 잃은 권라임은 고등학교 2학년 때부터 유도를 시작했다. 핸드볼 선수 출신인 어머니의 조력에 힘입어 10여 년 만에 데플림픽 메달리스트의 꿈을 이뤘다.

권라임이 첫 메달 물꼬를 트자 한국 메달 소식
이 이어졌다. 여자 유도 57kg급에 출전한 이현아
(18·우석고)도 은메달을 목에 걸었다. 생애 처음
으로 이 대회에 나선 이현아는 첫 출전에 값진 결
과를 얻었다. 남자 73kg에 나선 황현(24·세종시장
애인체육회)도 은메달을 획득했다.

▪ 데플림픽 (Deaflympics)

데플림픽은 4년마다 개최되는 청각장애인들을 대상으로 한
올림픽과 같은 국제 스포츠 대회. 1924년 프랑스 파리에서
처음 열렸다. 우리나라는 1985년 미국 로스앤젤레스에서 개
최된 제15회 하계 데플림픽에 처음으로 선수단을 파견했다.
데플림픽에서는 육상 출발용 화약총, 호루라기, 마이크 등을
사용할 수 없다. 대신 깃발을 흔들거나 빛을 쏘아 경기 시작을
알린다. 관중도 함성 대신 '파도타기 응원'을 한다. 데플림픽
은 '월드 사일런트 게임(world silent game)'이라고도 불린다.

▍데플림픽 종목

구분	종목
하계 데플림픽 종목	가라테, 골프, 비치발리볼, 육상, 배드민턴, 농구, 배구, 볼링, 사이클, 축구, 핸드볼, 유도, 태권도, 오리엔티어링(지도와 나침반을 이용하여 정해진 지점들을 빠르게 찾아가는 것을 겨루는 경기), 사격, 수영, 탁구, 태권도, 테니스, 수구, 레슬링
동계 데플림픽 종목	알파인 스키, 크로스컨트리 스키, 컬링, 아이스 하키, 스노우보드

'김치' 유니폼 입고 경기 뛴
MLB 야구팀

▪ **미국 프로야구(MLB)**팀이 2년째 한글로 '김치'라
고 적힌 유니폼을 입고 경기를 치렀다. MLB 마
이너리그 더블A 팀인 몽고메리 비스킷츠 구단은

▲ 김치 유니폼 (몽고베리 비스킷츠 인스타그램 캡처)

4월 29일 하루 '김치'라고 적힌 주황색 유니폼과
모자를 입고 경기에 나섰다. 이 팀이 '김치 유니
폼'을 입은 것은 지난해에 이어 올해가 2년째다.

**주황색 유니폼 상의 가운데엔 큰 한글로 '김치'가,
등번호에는 김치를 시각화한 이미지가 새겨져 있
다.** 이 팀은 MLB 탬파베이 레이스 산하 마이너
리그 더블A 팀으로 앨라배마주 주도인 몽고메리
시를 연고지로 한다. 이곳은 **2005년 현대차 앨
라배마 제조법인 진출을 계기로 한국 기업들이 대
거 진출하며 한인 유입이 크게 늘어난 지역**이다.
이에 한국에 대한 관심도 커지고 있다. 이 팀은
오는 7월 8일 다시 김치 유니폼을 입고 두 번째
경기를 치를 예정이다.

두 번에 걸친 '김치 유니폼' 경기는 한국과 앨라배
마주의 교육·경제 교류를 추진해온 비영리단체
'A-KEEP'(Alabama Korea Education and Economic
Partner)과 구단이 손잡고 개최한 '한국 문화유산
의 밤' 행사의 일환이다.

구단 측은 김치 유니폼은 경기 종료 후 경매에 부
쳐지며, 수익금은 A-KEEP에 전달된다고 밝혔
다. 구단 홈페이지에는 "음식은 새로운 문화를
접할 수 있는 좋은 계기"라며 "남부에서는 비스

킷츠가 주식인 것처럼 한국에서는 김치가 빼놓을 수 없는 음식"이라고 소개했다.

▪ 미국 프로야구 (MLB, Major League Baseball)

미국 프로야구 (MLB·메이저리그 베이스볼)는 미국과 캐나다에서 최고 수준의 프로 야구 리그를 말한다. 명확하게 따지자면, MLB는 내셔널리그와 아메리칸리그를 운영하는 조직으로, 공통의 조직 구성에 의해 1901년부터 서로 발전해왔다. 2000년, 커미셔너의 MLB 운영에 대한 모든 책임을 가정해서, 두 리그는 분리된 법인을 중지했고 MLB는 사실상 한 리그로 운영된다. MLB는 NFL, NBA, NHL과 함께 미국과 캐나다에서 거대 프로페셔널 스포츠 리그 중 하나로 여겨진다. 각 팀의 162경기로 이루어진 각 시즌은 일반적으로 4월의 첫 일요일에 시작해 10월의 첫 일요일에 끝나고, 포스트 시즌은 10월, 또는 가끔씩 11월 초에 시작한다. 두 리그에서 같은 규칙을 적용하는데, 한 가지의 예외가 있다. 아메리칸리그는 지명 타자 제도를 실시하는 반면, 내셔널리그는 실시하지 않는다. 인터리그와 월드시리즈에서 지명 타자제의 실시는 홈팀의 리그에 따라 결정된다.

ISU, '베이징 쇼트트랙 판정 항의'
최용구 국제심판 자격 박탈

2022 베이징 동계올림픽 쇼트트랙 편파 판정에 대해 항의성 목소리를 낸 최용구 ▪**국제빙상경기연맹(ISU)** 국제 심판이 ISU로부터 심판 자격 박탈 통보를 받았다. 대한빙상경기연맹 관계자는 4월 26일 "ISU는 4월 8일 최용구 국제심판의 자격을 취소했다고 통보했다"고 전했다.

쇼트트랙 한국 대표팀 지원단장 자격으로 베이징 올림픽에 참가한 최용구 심판은 쇼트트랙 남자 1000m 준결승에서 한국 선수들이 편파 판정으로 탈락하자 윤홍근 대표팀 선수단장과 긴급 기자회견에서 소신 발언을 했다.

당시 최용구 심판은 "이번 심판 판정은 오심을 넘어 고의적일 수 있다"며 "황대헌(강원도청)과 이준서(한국체대)는 모두 실격성 플레이를 하지 않았다"고 밝혔다. **최 심판은 해당 경기 상황과 ISU의 규정, 심판 판정을 꼼꼼하게 설명하면서 공개적으로 문제를 제기하기도 했다.**

그러나 ISU는 최근 기술위원회를 통해 최용구 심판의 공개 발언에 관해 심의했고, 국제 심판 자격 박탈 징계를 결정했다. ISU는 국제심판이 특정 국가를 대변하는 행위를 엄격하게 금지하고 있다. 한국의 ISU 심판은 3명에서 2명으로 줄었다.

▪ 국제빙상경기연맹 (ISU, International Skating Union)

국제빙상경기연맹은 피겨 스케이팅, 싱크로나이즈드 스케이팅, 스피드 스케이팅, 쇼트트랙 스케이팅 등의 경기를 관장하는 국제 스포츠 기구이다. 1892년, 네덜란드 슈베닝겐(Scheveningen)에서 설립되었는데, 국제적인 스포츠 연맹으로서는 가장 오래된 조직 중의 하나이다. ISU는 스케이팅 종목에 대한 경기의 규칙과 규정을 제정하고, 이를 따르는 국제 경기를 개최하는 것을 목적으로 하고 있다. 현재는 스위스 로잔에 본부를 두고 있다.

**분야별
최신상식**

인물
용어

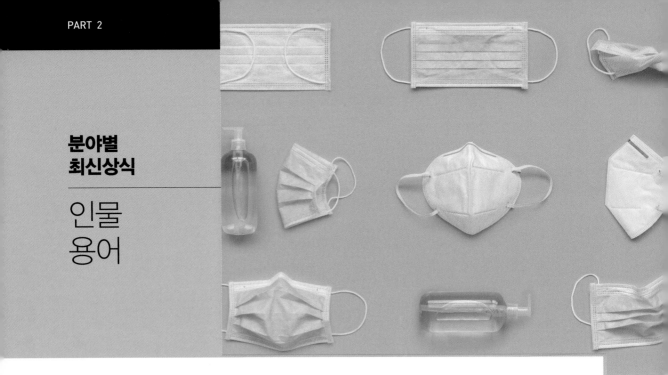

코로나 엥겔지수

코로나 엥겔지수란 **생활비 가운데 방역 비용이 차지하는 비중을 뜻하는 신조어로 가계 소비 지출 중 식비가 차지하는 비율인 엥겔지수**(Engel coefficient)**를 차용해 만들어졌다.** 여기엔 정부의 지원 감축이 영향을 미쳤다. 코로나19 누적 확진자 수가 1000만 명을 웃돌면서 정부는 예산 부족 등을 이유로 생활지원금을 축소하고 자가진단키트와 응급상비약 지급을 중단하는 등 각종 지원을 축소했다. 중증 환자들은 격리 의무기간 단축으로 자비로 병원 입원비나 치료비를 지불해야 하는 기간이 늘어 부담이 가중됐다.

재택 치료자는 확진자 숙소에 들어가야 하는 경우 어쩔 수 없이 숙박료를 지불해야 했다. 또, 외출이 불가해 끼니를 배달로 해결하는 경우가 늘며 식비가 불어나 엥겔지수와 코로나 엥겔지수 모두 증가했다. 나아가 격리 기간 무급 휴가일 경우 근로 급여를 받지 못한다. 기본적으로 발생하는 손세정제 구입 비용이나 마스크 구입 비용 등도 만만치 않은 부담이다.

한편, 점점 높아지는 코로나 엥겔지수를 감당하기 어려운 사람들이 감염 의심 증상이 있어도 검사를 받지 않고 확진 판정을 회피하거나, 자가키트를 통해 코로나19 양성 반응이 나왔음에도 코로나19 확진 사실을 숨기는 사례도 늘어나고 있어 사회적 우려가 커지고 있다.

엔데믹 블루
endemic blue

엔데믹 블루란 코로나19 확산 이전 생활로 복귀하면서 발생하는 우울감, 불안을 말한다. 이는 풍토병으로 굳어진 감염병을 뜻하는 엔데믹(endemic)과 우울감(blue)을 합친 신조어로서 **코로나19 장기화로 인한 비대면, 사적모임 제한 등으로 사회적 고립을 겪으며 느끼는 우울감을 뜻하는 코로나 블루(corona blue)와 반대되는 개념**이다. 코로나19로 인한 사회적 거리두기가 해제되면서 외부와의 교류가 다시 늘어나고 각종 모임에 참석해야 하는 경우가 늘어나면서 대두했다.

정부가 코로나19를 풍토병처럼 관리하는 엔데믹 체제로 전환하면서 엔데믹 블루를 호소하는 사람이 늘어나고 있다. 코로나19 확산으로 늘어난 개인 시간을 중시해 온 사람들이 이전의 일상으로 회복하는 데 오히려 우울감과 불안을 느끼는 것이다. 특히 코로나19 확산을 전후로 입사한 이른바 '코세대 직장인'은 재택근무, 거리두기로 인한 회식 제한 등으로 퇴근 후 자기개발 등 자유로운 시간을 보냈지만 개인 시간이 줄어들 것을 우려하고 있다. 일상회복은 반갑지만 재택근무 종료와 출근, 등교 시작으로 지난 2년간 굳어진 생활 패턴이 깨질까 봐 걱정인 사람들이 많다.

저크벅스
Zuck Bucks

저크벅스란 **메타**(옛 페이스북)**가 준비 중인 독자적인 암호화폐**로, 창업자이자 최고경영자(CEO)인 마크 저크버그의 이름과 화폐 단위인 달러를 뜻하는 '벅(buck)'을 합성한 것이다. 지난 4월 6일(현지시간) 외신에 따르면 메타는 페이스북과 인스타그램, 왓츠앱 등 자사 앱에서 대출 등의 금융 서비스를 제공하고 크리에이터에게 보상으로 지급할 수 있는 암호화폐를 준비 중이다. 저크벅스는 메타가 3차원 가상세계인 메타버스를 주력 신사업으로 삼고, 대규모 투자를 진행하는 과정에서 나온 것이다.

저크벅스는 특히 메타버스를 겨냥한 가상화폐가 될 예정이며, 블록체인을 기반으로 삼지 않을 수도 있는 것으로 알려졌다. 메타는 또 이와 별개로 인앱(in-app) 토큰을 도입할 계획이다. 메타는 꾸준히 금융 서비스 진출에 대한 의지를 드러내 왔다. 앞서 '디엠(Diem)'이란 이름으로 독자 암호화폐를 발행해 전 세계 이용자들이 수수료 없이 상품 결제·송금 등에 쓰도록 하는 사업을 추진하다가 각국 정부의 규제와 비판을 이기지 못하고 포기하기도 했다. 저크벅스가 디엠의 실패를 딛고 시장의 선택을 받을 수 있을지 관심이 쏠린다.

뮨파

▲ 정운현 전 국무총리 비서실장이 SNS에 올린 '뮨파' 한자(왼쪽) 와 커뮤니티에 올라온 뮨파 패러디물 (SNS 캡처)

뮨파는 **문재인 대통령과 윤석열 대통령의 성(姓)인 문(文)과 윤(尹)을 합친 '뮨'과 집단을 뜻하는 한자어 '파(派)'가 합쳐진 신조어**다. 최근 친문(親文) 유권자 가운데 대선에서 윤석열 대통령을 지지했던 사람들이 온라인상에서 스스로를 '뮨파'라고 부르기 시작하면서 '뮨파'가 온라인을 뜨겁게 달구었다. 문 대통령과 윤 당선인을 동시에 지지하는 이들은 이 글자를 '평안할 뮨'이나 '조화로울 뮨'이라고 부르고 있다. 지난 4월 16일에는 이낙연 전 더불어민주당 대표 측근으로 당내 경선 뒤 윤 당선인 지지로 돌아섰던 정운현 전 국무총리 비서실장이 직접 '뮨파'를 한자로 써 소개하기도 했다.

정치권에선 이 같은 현상에 대해 민주당 지지층의 균열을 보여주는 단편적인 예라는 지적이 나온다. 친문 핵심들은 20대 대선을 앞두고 민주당 경선과정에서 이낙연 전 대표를 지지해왔으나 이후 이낙연 전 대표가 경선에서 패배하자 일부 친문 지지층은 탈민주당 행보를 보였다.

곤충겟돈

곤충겟돈이란 **곤충의 감소가 인류에 끔찍한 영향을 끼칠 것이라는 뜻의 신조어**로, 곤충과 지구 종말을 의미하는 아마겟돈을 합친 말이다. 최근 전 세계 곤충 생태계가 붕괴 위험에 놓였다는 연구 결과가 나왔다. 주요 원인으로는 자연 서식지를 파괴하는 집약적 농업과 기후변화로 인한 이상기후가 꼽혔다. 지난 4월 20일(현지시간) 영국 유니버시티칼리지런던(UCL) 생물다양성환경연구센터 연구진은 전 세계 6000개소의 토지이용 현황과 해당 지역에 서식하는 곤충 1만8000종의 개체 수가 지난 20년간 어떻게 변화했는지 분석한 결과를 국제학술지 네이처에 게재했다고 밝혔다.

연구진은 곤충 개체 수와 다양성 급감이 식량 안보를 위협하는 결과로 이어질 가능성을 제기했다. 연구진은 기후변화와 집약농업에 따른 서식지 파괴로 지구 곳곳의 곤충 생태계가 차례로 붕괴 위험에 몰렸고 꽃가루를 옮겨 식물이 열매를 맺도록 하는 곤충의 역할 등을 고려할 때, 이 같은 현상이 인간 건강과 식량 안보를 위협하는 결과로 이어질 수 있다고 우려했다. 올해 초 국내에서도 100억 마리가량의 꿀벌이 사라져 기상이변 재앙의 경각심을 준 바 있다.

골푸어
golf poor

골푸어란 **스포츠 '골프(golf)'와 가난한 사람을 뜻하는 '푸어(poor)'의 합성어로, 자신의 수입 대비 골프를 즐기는 데 쓰는 지출이 많아 경제적인 어려움을 겪는 사람**을 일컫는다. 고가의 자동차를 유지하며 궁핍한 생활을 면치 못하는 '카푸어(car poor)'에 빗댄 신조어다. 한국레저산업연구소에 따르면 지난해 골프 인구는 사상 처음 500만 명을 넘은 515만 명으로 추산된다. 특히 20~30대 골프 인구는 2020년보다 35% 늘어난 115만 명으로 집계됐다. 코로나19로 해외여행 대신 골프를 즐기는 사람이 늘고, 거기에 2030세대까지 유입되면서 골프 인구가 늘었다.

이처럼 골프 인구가 늘자 골프 패션에 대한 관심도 커지고 있다. 국내 골프웨어시장 규모는 지난해 5조1000억원대로 올해엔 6조3000억원대까지 커질 것이란 전망이 나온다. SNS에 인증샷 올리는 것을 중요 시 여기는 MZ세대를 중심으로 고가의 골프 패션이 강세다. 기존에 기능성 위주의 골프옷이 많았다면 최근엔 다양한 색과 디자인을 겸비한 다양한 상품이 많아졌다. 이처럼 골프 입문에 드는 비용에 패션을 신경 쓰는 비용까지 들면서 골푸어가 양산되고 있다.

선거 후 스트레스 장애
PESD, Post Election Stress Disorder

선거 후 스트레스 장애(PESD)란 **선거 후유증 때문에 일상생활에 지장을 겪는 것**을 말한다. 충격적인 일을 겪은 뒤 발생하는 정신·신체장애를 뜻하는 외상 후 스트레스 장애(PTSD, Post Traumatic Stress Disorder)에 빗대어 '선거 후(Post Election) 스트레스 장애'라는 신조어가 등장했다. 이는 2017년 미국 대선 이후 등장한 신조로, 당시 도널드 트럼프 전 미국 대통령의 당선 이후 CNN 등 외신이 "새 정부에 대해 심리적으로 불안을 느끼는 사람이 급증하고 있다"고 보도하면서 널리 퍼졌다.

'역대급 비호감 선거'라는 오명이 씌워진 지난 한국 대선의 특성이 5년 전 미국의 대선 이후와 비슷한 현상으로 이어지고 있다는 전문가들의 분석이 나온다. 선거 막판 양강 후보 지지자들이 결집하면서 박빙 승부가 벌어졌고, 개표 결과 윤석열 대통령(48.56%)과 이재명 후보(47.83%)의 득표율 격차는 0.73%p(24만여 표)로 역대 최소치를 기록하며 특정 후보를 지지했던 유권자들의 스트레스가 과거보다 더 커질 수밖에 없었다.

워세션
war-cession

워세션은 **전쟁(war)과 경기 침체(recession)의 합성
어로, 전쟁으로 인한 경기 침체를 의미**한다. 최근
러시아의 우크라이나 침공이 세계경제를 일반적
인 경기 침체인 리세션이 아니라 전쟁에 따른 공
급충격이 더해진 워세션으로 몰고 갈 것이라고
월가 베테랑 전문가인 인디펜던트 스트래터지의
투자전략가 데이비드 로슈가 말했다. 보통의 경
기 침체 국면에서는 생산과 수요가 감소하고 인
플레이션도 하락하지만, 워세션의 경우는 비용과
인플레이션이 상승하는 동시에 생산이 감소한다
는 게 로슈 전략가의 설명이다.

코로나19 이후 공급망 차질로 물가가 치솟는 가
운데 미국 연방준비제도가 통화 긴축에 들어가며
국채 수익률이 치솟고 있고, 중국의 코로나19 봉
쇄로 공급 차질이 심화하고 있다. 여기에 러시아
의 우크라이나 침공이 세계 경제 상황을 더 악화
시켰다. 로슈 전략가는 러시아와 우크라이나 간
전쟁이 오래 지속될 가능성이 높다고 봤다. 러시
아의 우크라이나 침공 이후 더 가파르게 뛰고 있
는 곡물·에너지·금속 등 원자재 가격이 앞으로도
한동안 상승 흐름을 지속할 것이라고 지적했다.

엠제코
MZEco

엠제코란 **MZ세대와 환경을 뜻하는 Eco의 합성
어로, 기후위기 대응과 환경을 삶의 주요한 가치
관으로 삼는 MZ세대**를 일컫는다. MZ세대는 기
성세대가 발생시킨 기후위기의 피해 당사자이면
서 인터넷을 통해 세계 환경 문제를 발 빠르게 접
해 환경 문제에 민감하게 반응한다. 플로깅(조깅
하면서 쓰레기를 줍는 행동), 용기(容器) 내 챌린지
(일회용품 사용을 줄이는 캠페인), 제로웨이스트(쓰
레기, 일회용품을 최소화하고 자원을 최대한 재활용
하자는 사회 운동) 등 각종 환경 캠페인을 주도하
고, 기업과 정부에 대책을 주도적으로 요구한다.

기업은 이들 세대의 요구에 발맞춰 친환경 자재
를 사용하거나, 일회용품 줄이기, 불필요한 포장
재 줄이기 등 환경 친화적인 활동을 이어가고 있
다. 더 나아가 기후위기와 환경오염이 우울증이
나 출산 거부의 이유가 될 만큼 엠제코의 삶에서
환경이 중요해졌다. 미국이나 유럽 등에선 기후
위기로 만성적 두려움을 느끼는 증상인 기후 우
울증이 MZ세대에 집중되고 있다는 점에 주목한
다. 영국에선 기후위기 극복 대책이 없는 한 아이
를 낳을 수 없다는 출산파업 등 환경 문제가 저출
산에 여파를 끼친다는 분석도 있다.

라시즘
Rashism

▲ 러시아 국기

라시즘이란 러시아와 파시즘(fascism·극우 전체주의)의 합성어로, 러시아가 파시스트 국가로 변모했다는 주장이자 러시아의 군사 팽창주의 이념을 일컫는 단어이다. 러시아의 우크라이나 침공이 장기화하는 가운데 우크라이나 키이우 외곽 부차 등에서 러시아군의 민간인 학살 증거가 속속 나오며 집단학살 의혹이 불거지고 있다. 이에 우크라이나에선 러시아군의 잔혹한 행태를 빗댄 라시즘이란 신조어가 유행하고 있다.

뉴욕타임스(NYT)는 지난 4월 22일(현지시간) 예일대학교 사학과 티모시 스나이더 교수의 '우크라이나에서의 전쟁이 새로운 단어를 불러일으켰다'는 기고문을 보도했다. 기고문에 따르면 러시아군이 키이우 지역에서 철수한 뒤 살해된 민간인 시신 수천 구가 언론을 통해 보도되자, 우크라이나인들은 라시즘이란 표현으로 공포와 비난의 뜻을 표현했다. 이 단어는 인터넷, SNS, 심지어는 우크라이나 정부의 공식 성명에서도 사용됐다.

마해자

마해자란 **마스크와 피해자를 합친 말로, 마스크가 미모를 가려 손해를 입는 사람을 뜻한다. 마스크와 사기꾼을 합친 마기꾼과 함께 코로나19의 장기화로 인해 탄생한 신조어다.** 마기꾼은 마스크를 벗은 모습이 마스크를 쓴 상태에서 상상한 얼굴과 완전히 다르다는 뜻으로 보통 마스크를 벗은 모습을 보고 실망했을 때 사용한다. 코로나19 사태 이후 일상화된 마스크 착용으로 인해 사람의 안면을 제대로 볼 수 없는 현실을 유머 있게 표현한 말들이다. 방송매체나 SNS 등을 통해 마해자와 마기꾼을 소재로 한 다양한 콘텐츠가 인기를 끌고 있다.

코로나19로 마스크 쓴 얼굴이 일상이 되면서 얼굴형에 맞는 마스크 착용법, 마스크 모양 고르기 등도 큰 관심을 끌었다. 마스크에 묻어나지 않는 파운데이션과 립스틱, 마스크 착용할 때 화장법 등도 유행하기도 했다. 한편, 정부가 사회적 거리두기를 해제하고 실외 마스크 착용 의무를 없애면서 2년여 만에 마스크에서 벗어날 수 있게 되면서 그동안 주춤했던 화장품과 야외활동 제품에 대한 수요가 급속히 증가하고 있다.

한승헌

韓勝憲, 1934~2022

▲ 고(故) 한승원의 저서 『그분을 생각한다』

한승헌은 **유신 독재 시절 군부에 대항하며 굵직한 시국 사건들을 도맡고, 양심수와 시국 사범을 변론했던 '1세대 인권 변호사'다.** 지난 4월 20일 별세했다. 향년 88세. 고인의 장례는 5일 동안 민주사회장으로 진행됐다. 고인의 유해는 4월 25일 국립 5·18 민주묘지에 안장됐다. 고인은 1957년 고등고시 사법과에 합격한 뒤 1960년 법조계에 입문, 검찰에서 5년간 근무하다 사직하고 변호사가 됐다. 군사 정권 당시 동백림 사건(1967), 통일혁명당 사건(1968), 민청학련 사건(1974), 인혁당 사건(1975), 김대중 내란음모 조작사건(1980) 등을 변론하며 '시국사건 1호 변호사'로 불렸다. 이 과정에서 옥고를 치르기도 했다.

고인은 1988년 1·2세대 인권 변호사들과 함께 '민주사회를 위한 변호사 모임'(민변) 창립을 이끌었다. 김대중 정부가 출범한 이후 1998년에서 1999년까지 제12대 감사원장을 지냈다. 노무현 정부에서는 사법제도개혁추진위원회 위원장을 맡았고, 2004년 노무현 대통령이 국회에서 탄핵 소추된 당시 노 대통령의 변호를 맡았다. 인권변호사로서 국민의 기본권 보장을 위해 헌신한 점을 높이 평가받아 2018년 국민훈장 무궁화장(1등급) 받기도 했다. 또, 『그분을 생각한다』 등의 저서를 남기기도 했다.

이외수

李外秀, 1946~2022

▲ 고(故) 이외수 (트위터 캡처)

이외수는 **시대를 풍미한 베스트셀러 작가이자 정치·사회적 소신을 밝히며 대중과 활발히 소통하고 예능 등 지상파 방송에서도 활발히 활동한 문화계 인사다.** 지난 4월 25일 투병 중 별세했다. 향년 76세. 강원일보 신춘문예에 단편소설 '견습 어린이들'로 당선되면서 문단에 데뷔한 고인은 이후 장편소설 『들개』, 『칼』, 『장수하늘소』, 『벽오금학도』 등과 시집 『풀꽃 술잔 나비』, 등, 에세이 『하악하악』 등 왕성한 집필을 이어갔다.

긴 머리의 외양과 각종 기행 그리고 2000년대 중반부터 지상파 예능 프로그램과 시트콤, 케이블TV, 광고계를 넘나들며 대중적인 인지도가 높아졌다. 특히 2010년대 이후에는 활발한 트위터 활동을 통해 170여만 명의 트위터 팔로워를 거느리며 강경한 정치적 발언을 SNS에 쏟아내 '트위터 대통령'으로도 불렸다. 특히 김진태 전 의원, 이명박 전 대통령 등을 정면 비판하며 정치·사회적 소신을 밝히는 데 주저함이 없었고 최근까지도 병상에서 제20대 대통령선거 더불어민주당 후보였던 이재명 상임고문에 대한 지지 선언을 하기도 했다.

소버 큐리어스
sober curious

소버 큐리어스란 **자신의 신체나 정신건강을 생각해 의식적으로 술을 마시지 않는 사람들을 가리키는 말이다.** 일본에는 이와 비슷한 말로 술을 못마시는 사람이라는 '게코'와 술자리라는 '노미', '이코노믹스'의 일본식 발음이 합쳐진 '게코노미쿠스'가 있다. 코로나19로 인한 봉쇄 조치로 술을 마시지 않기로 하는 사람들이 늘면서 젊은 세대 사이에서 소버 큐리어스가 유행이다. 코로나19 팬데믹으로 집에 있는 시간이 늘면서 인도와 브라질, 미국, 그리고 몇몇 유럽 국가들에서는 주류 판매량이 눈에 띄게 증가하기도 했지만 같은 기간 절제된 음주 또는 술을 일절 마시지 않는 금주도 트렌드로 자리 잡았다.

소버 큐리어스는 특히 1996년 이후 태어난 Z세대에서 두드러지게 나타난다. 사회가 점점 건강의 의식하면서 이전처럼 술 마시는 것을 합리화하는 경향이 줄어들고 있다는 분석이다. 소버 큐리어스가 유행하면서 무알콜 음료 시장이 커지고 있다. 팬데믹 기간 중 저알콜과 무알콜 음료의 판매량이 상승하자 하이네켄에서 무알콜 맥주인 하이네켄 제로를 출시하는 등 **거대 주류 기업들이 무알코올 제품 생산에 박차**를 가하고 있다.

랩서스
LAPSUS$

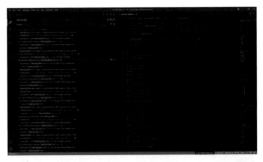

▲ 랩서스가 공개한 삼성전자 데이터 (자료 : 랩서스 텔레그램 계정)

랩서스는 **최근 삼성전자, LG전자, 마이크로소프트, 엔비디아 등 글로벌 기술기업의 소스코드를 연이어 해킹한 해킹그룹**이다. 10대 해커들이 주축을 이룬 것으로 알려진 이 해킹그룹은 인증 관리 대행 분야의 세계 1위 기업인 옥타와 마이크로소프트를 뚫어냈다고도 공개했다. 랩서스는 지난해 12월 텔레그램 계정을 만들어 브라질 보건부를 해킹했다고 밝히며 이름을 알렸다. 전자업계에선 이들이 텔레그램 채널에 포르투갈어(브라질어)와 영어를 사용하고, 초기 표적이 브라질에 몰린 점을 들어 브라질을 기반으로 활동 중이란 추정이 나온다.

한편, 데이터 인텔리전스 기업인 S2W의 분석 결과 랩서스가 **외부에 공개된 취약한 서버에서 빼낸 계정정보**(크리덴셜)**를 무작위 대입하는 '크리덴셜 스터핑**(Credential Stuffing)**' 기법**을 해킹 공격에 활용한 것으로 추정됐다. 다른 곳에서 유출된 아이디와 비밀번호 등 로그인 정보를 서버에 무작위 대입해 로그인 정보가 들어맞을 경우 해당 서버에서 정보를 탈취하는 이른바 '크리덴셜 스터핑' 기법을 랩서스가 활용했다는 분석이다.

오타니 룰
Ohtani Rule

▲ 오타니 쇼헤이

오타니 룰이란 **선발 투수가 물러나도 지명 타자**(야구에서 타격만 하고 수비는 하지 않는 선수)**로 경기에 남을 수 있도록 한 미국프로야구 메이저리그(MLB)의 새 규정**이다. 투타를 겸업하는 오타니 쇼헤이가 타석에 더 많이 나설 수 있게 하는 규칙 변경이라 '오타니 룰'이란 이름이 붙었다. 지난 3월 MLB 사무국과 선수노조가 오타니 룰에 합의해 올 시즌부터 적용됐다. 오타니 룰이 적용되면 오타니처럼 타자와 투수를 병행하는 '이도류 선수'가 더욱 늘어날 것으로 전망됐다.

오타니는 일본 출신의 프로야구 선수로 2017년 미국 메이저리그에 진출해 LA에인절스에서 활동하고 있으며 투수와 외야수를 겸하고 있다. 그는 완벽한 투타 활약으로 지난 시즌 만장일치로 아메리칸리그 최우수선수(MVP)에 뽑힐 만큼 뛰어난 기량을 인정받았다. 리그 145년 역사랑 전례가 없을 정도로 투타 겸업에 빼어난 성적을 거둔 오타니의 활약이 리그 규칙까지 바꿔 놓은 것이다. 또한 메이저리그는 올 시즌까지 2년간 시행한 **연장전 승부치기**(연장전 이닝 시작과 함께 주자를 2루에 두고 경기를 이어가는 방식)**를 유지**하는 방안도 합의했다.

3C
Comprehensive · Consistent · Coordinated

▲ 이창용 한국은행 총재 (자료 : 한국은행)

3C는 ▲Comprehensive(종합적인)와 ▲Consistent(일관된, 조화로운), ▲Coordinated(조율하는)의 앞글자 'C'를 따 만든 용어로, **이창용 한국은행 총재가 최근의 통화정책 트렌드로 언급하며 사용**했다. 지난 3월 한은 총재 후보자로 지명된 이창용 한은 총재는 이후 정부와의 관계를 '3C'를 통해 적절히 유지해 나가겠다고 밝힌 바 있다. 그는 최근 국제통화기금(IMF)에서 논의되는 통화정책 트렌드는 3C로 정의된다며 통화정책뿐만 아니라 재정과 구조조정 정책 등을 종합적(Comprehensive)으로 보고 정부와 협력해(Coordinated) 각각의 정책이 서로 다른 방향으로 가지 않게 일관된(Consistent) 정책을 펼쳐가야 한다는 것이라고 설명했다.

이 총재는 이후 인사청문회에서도 3C를 재차 언급했다. 3C의 개념은 2016년 IMF 보고서(When Policy Space Is Constrained : A Comprehensive, Consistent, and Coordinated Approach to Economic Policy)에서도 언급되고 있는데 경기침체기에 3C를 통해 경제를 향상할 수 있음을 주장하고 있다.

플렉시테리언
flexitarian

플렉시테리언이란 '유연한'을 뜻하는 플렉시블(flexible)과 '채식주의자'를 뜻하는 베지테리언(vegerarian)의 합성어로, 채식주의자이지만 완전한 채식주의자보다는 낮은 단계의 채식주의자를 말한다. '완전 채식'과 같은 엄격한 수준의 채식을 실천하지 않으면서 채식주의자 중 가장 유연한 식습관을 가졌다. 식물성 음식을 주로 섭취하지만 때에 따라 고기류도 함께 먹는다. 이와 달리 **비건(vegan)은 완전 채식주의자로, 육류와 생선은 물론 우유와 동물의 알 등 동물에게서 얻은 식품을 일절 먹지 않는다.**

친환경에 대한 관심이 높은 MZ세대를 중심으로 환경을 고려해 채식 위주의 식습관을 형성하려는 트렌드가 자리 잡았다. 육류 소비가 탄소 배출량을 늘려 환경을 오염시키기 때문이다. 미국을 필두로 플렉시테리언은 현재 식품업계의 가장 뜨거운 이슈이기도 하다. 한편, 한국농수산식품유통공사(aT)의 '2021 가공식품 세분 시장 현황·비건식품' 보고서에 따르면 지난해 12월 한국 성인 5510명을 대상으로 조사한 결과 7.6%인 418명이 채식주의자였고 채식주의자 중 플렉시테리언은 333명으로 79.7%를 차지했다.

AI 콘택트 센터
AICC, AI Contact Center

AI 콘택트 센터(AICC)란 **자연어 이해(NLU), 음성 인식(STT), 텍스트 분석(TA) 등 AI 기술 기반 가상 상담, 상담 지원, 상담 분석 기능을 적용한 지능형 고객센터**다. AICC로 문의 사항이 접수되면 AI 상담원(챗봇)이 문의 응대, 가입 심사, 서비스 신청 접수 등의 업무를 수행한다. 이 외의 어려운 문의는 전문 상담사로 자동 연결되고, AI가 대화를 해석해 상황에 맞는 최적의 답변이나 콘텐츠를 자동 추천해 준다. 이후 AI가 상담 내용을 실시간 분석하고, 평가해 품질도 향상시킨다.

기업은 고객 접점인 콘택트센터에 AI를 접목해 고객 맞춤 서비스와 유연성을 높일 수 있다. 기존 고객센터로는 어려운 24시간 고객 응대가 가능해지고, 상담사 감정노동 강도와 업무 환경 개선에도 효과적이다. KT는 지난해부터 자사 콜센터를 AICC로 전환하고 관련 비즈니스 상품도 선보였다. 삼성SDS 역시 AICC 솔루션을 자체 개발해 고객센터에 적용했다. KT와 삼성SDS 등은 올해 안에 기업용 클라우드 기반의 AICC 상품을 내놓을 예정이다.

로코노미
loconomy

로코노미란 'Local(지역)'과 'Economy(경제)'의 합성어로, 도심의 거대 상권이 아닌 동네 상권에서 소비가 이뤄지는 현상을 말한다. 코로나19 확산으로 사람이 붐비는 도심보다 집과 가까운 골목 상권을 이용하는 사람이 늘며 주목받게 됐다. 더 나아가 **슬리퍼를 신고 갈 수 있는 거리에서 주로 소비를 하는 하이퍼 로컬**까지 등장했다. 이러한 로코노미는 골목 상권에 새로운 기회를 부여, 지역에 긍정적인 경제 효과를 가져왔다고 평가받고 있다. 전통주나 와인을 파는 주류 판매점, 정육점 등 직접 상품을 보고 살 수 있는 소매점들이 로코노미의 수혜를 입었다. 코로나19로 비대면 주문이 늘면서 온라인으로까지 확대돼 산지 직송 플랫폼도 활발해지는 추세다.

로코노미는 신한카드가 올해 초 꼽은 2022년의 소비 트렌드 중 하나이기도 하다. 신한카드는 라이프스타일과 취향이 세분화되면서 지역 및 동네 고유의 희소성을 담은 상품·서비스와 콘텐츠에 대한 관심이 증가할 것으로 내다봤다. 희소 가치를 찾는 소비자가 늘어남에 따라 로컬 콘텐츠는 더욱 강해질 것으로 보인다고 신한카드는 전망했다.

어린이날

어린이날은 **미래의 주역인 어린이들이 잘 자랄 수 있도록 하고, 어린이 사랑 정신을 함양하기 위해 1923년 방정환을 포함한 일본 유학생 모임인 '색동회'가 주축이 되어 지정한 날**이다. 소파 방정환은 아이들이 사회에서 제대로 보호받지 못하는 현실에 눈뜨고, 아이들 인격을 위한 운동을 시작했다. 어린이날은 처음에는 5월 1일이었다가, 1945년 광복 이후에는 5월 5일에 행사가 열렸다. 본격적으로 1961년에 제정, 공포된 아동복지법에서는 '어린이날'을 5월 5일로 하였고, 1975년부터는 공휴일로 제정했다.

한편, **올해 어린이날은 코로나19로 인한 사회적 거리두기 해제 후 처음 맞는 어린이날이자 100번째 어린이날로 의미가 깊었다.** 거리두기가 풀리면서 다양한 어린이날 기념행사가 열렸다. 어린이날 100주년을 기념해 경복궁은 무료 개방됐고, 강원도 춘천에는 '레고랜드 코리아 리조트'가 정식 개장했다. 한편 이날 청소년 단체인 촛불청소년인권법제정연대는 100번째 어린이날을 맞아 아동·청소년 인권 보장을 위한 입시경쟁 폐지, 차별금지법 제정, 청소년 노동인권 보장 등을 주장했다.

키캉스

키캉스란 **키즈**(Kids)**와 호텔**(Hotel), **바캉스**(Vacance)**가 합쳐진 신조어로 아이들과 함께 호텔 등지에서 보내는 여름휴가**를 뜻한다. 코로나19 장기화로 외부 활동이 제한받으면서 생겨난 휴가 트렌드다. 코로나19로 해외여행이 막히고 국내여행이 활성화하면서 호텔의 주 이용층인 비즈니스 고객이 줄어들자 업계에서는 키캉스족이 주요 고객으로 떠올랐다. 어린 자녀를 둔 부모들은 코로나19로부터 안전하면서도 아이들을 돌보기 수월하면서 편안하게 쉴 수 있는 곳으로 호텔을 꼽는다.

5월 가정의 달 특수를 앞두고 거리두기가 해제되면서 호텔업계는 체험과 학습을 접목한 다양한 키즈 프로그램을 운영하며 고객 유치 마케팅에 열을 올리고 있다. 일반 객실을 아이들이 생활하기 편리한 '키즈룸'으로 리모델링하는 사례도 이어지고 있다. 자녀에게 아낌없이 투자하는 젊은 부모들이 늘고, 식당과 카페에 노키즈존(아이를 동반한 고객의 출입이 제한된 곳)이 확산한 것이 키캉스 수요 증가에 영향을 미쳤다는 분석이 나온다.

라두 루푸
Radu Lupu, 1945~2022

라두 루푸는 '**은둔의 연주자**'로 **불린 루마니아 출신의 세계적 피아니스트로 지난 4월 17일**(현지시간) **별세**했다. 향년 77세. 그는 '피아니스트들의 피아니스트'로 많은 음악가의 존경을 받은 인물이다. 한국인 최초로 제17회 쇼팽 국제 피아노 콩쿠르에서 우승을 차지한 피아니스트 조성진은 가장 좋아하는 피아니스트 중 한 명으로 루푸를 꼽았으며 그에게 직접 레슨을 받기도 했다. 1945년 루마니아에서 태어난 루푸는 6살 때 피아노를 시작했고 이후 플로리카 무지체스쿠, 첼라 델라브란체아 등 전설적인 피아니스트들을 사사했다.

1966년 미국 반 클라이번 콩쿠르, 1967년 조지 에네스쿠 콩쿠르, 1969년 리즈 콩쿠르를 연달아 석권하며 세계적인 스타로 등극했다. 1996년에는 슈베르트 피아노 소나타 음반으로 그래미상을 받았다. 그는 언론 노출과 인터뷰를 극도로 꺼리고 자신의 연주가 방송되는 것을 허용하지 않는 등 은둔자적 성향으로도 유명했다. 연주 때는 통상적인 피아노 벤치가 아니라 등받이가 있는 의자를 요구했고, 연주 횟수도 제한해 무대에 자주 서지 않았다.

나오미 저드
Naomi Judd, 1946~2022

▲ 고(故) 나오미 저드와 딸 와이노나가 공연을 하는 모습

나오미 저드는 미국 대중음악계의 최강 모녀 듀엣이자 **컨트리 음악**(넓게 펼쳐진 미국의 산간, 초원 지대를 배경으로 한 백인들의 삶이 녹아있는 미국 고유의 풍토와 정서를 대변한 음악)의 전설 '더 저드스(The Judds)'의 멤버이다. 지난 4월 30일(현지시간) 세상을 떠났다. 향년 76세. 17세 때 첫 딸을 출산한 뒤 남편의 폭력으로 이혼하고 혼자 가족을 부양한 나오미는 기타 연주에 흥미를 보였던 사춘기 큰딸 와이노나 저드와 화음을 맞추며 음악을 시작했다.

'더 저드스'라는 이름으로 데뷔한 모녀는 미국 대중음악계의 깜짝 스타가 됐다. 싱글맘이었던 나오미의 개인사가 여성 팬들의 마음을 당겼고, 더 저드스가 음악에서 다룬 가족생활의 고독, 현대 사회의 공동체 붕괴 등이 큰 호응을 얻었다. 모녀의 자연스러운 화음과 솔직한 가사가 그들의 성공 비결로 꼽힌다. 모녀는 2000만 장 이상의 앨범을 판매했고, 14곡이 컨트리 뮤직 차트 정상에 올랐다. 5번의 그래미상과 9번의 컨트리 뮤직상을 수상했다. 더 저드스는 올해 컨트리 뮤직 명예의 전당에 헌액됐다.

다나카 가네
田中力子, 1903~2022

다나카 가네는 **현존하는 세계 최고령자로 기네스 세계기록에 이름을 올린 일본의 할머니로, 지난 4월 19일 119세를 일기로 세상**을 떠났다. 다나카 할머니는 1903년 후쿠오카의 한 농가에서 9남매 중 7째로 태어났다. 그가 태어난 1903년은 라이트 형제가 인류 최초로 유인 동력 비행에 성공, 마리 퀴리가 여성 최초 노벨 물리학상을 받은 해이다. 다나카 할머니는 19세에 쌀가게 사장과 결혼해 가정을 꾸렸으며 103세가 되던 해까지 우동 가게를 운영했다. 그는 1·2차 세계대전과 1918년 스페인 독감, 코로나19 팬데믹과 같은 역사적 사건을 모두 목격했다. 지난해에는 도쿄올림픽 성황 봉송 주자로 나설 예정이었으나 코로나19 감염 우려로 취소됐다.

다나카 할머니가 116세 되던 2019년 영국 기네스월드레코드는 남녀 통틀어 '생존해 있는 사람 중 세계 최고령자'로 그를 공인했다. 다나카 할머니는 지난해 현지 매체 보도에서 장수 비결을 묻자 "맛있는 것을 먹고 공부하는 것"이라고 답한 바 있다. 고인은 생전 곱셈, 나눗셈 등 연산 문제 푸는 일을 즐겨했다. 음식으로는 초콜릿과 탄산음료를 좋아했다고 알려졌다.

임비
Yimby, Yes in my backyard

임비는 'Yes in my backyard(우리 집 뒷마당에 들어와도 된다)'의 줄임말로, 어떤 형태의 주택이든 많이 짓는 것을 반기는 움직임을 뜻하는 용어다. 자신이 사는 지역에 특정 시설이 건립되는 것을 반대하는 '님비'(Nimby, Not In My Back Yard)의 반대말이다. 최근 미국에서 천정부지로 집값이 치솟으면서 집값이 비싼 샌프란시스코만 연안 지역 등에서 임비 운동이 확산하고 있다. 임비는 약 10년부터 시작된 운동이지만, 최근 임대료 등 집값 폭등에 분노한 미국 젊은이들이 주도하고 있다.

월스트리트저널(WSJ)에 따르면 임비 관련 운동 단체는 미국 29개 주에 140개가 넘게 있다. 임비를 주장하는 사람들은 집값 상승, 노숙자 문제 등을 해결할 최선의 방안이 고급 아파트든 정부 보조 임대주택이든 집을 더 쉽게 건설할 수 있도록 하는 것이라고 주장한다. 임비를 주창하는 단체들이 많아지자 민주당 집권 지역의 여론도 바뀌었다. 과거 민주당 지지층은 개발을 비판했지만 기류가 달라지는 추세다. 한편 이를 반대하는 쪽에서는 과도한 건설이 교통량을 늘리고 기존 주민이 밀려나는 '젠트리피케이션' 현상을 야기할 수 있다는 입장이다.

셀피노믹스
selfinomics

셀피노믹스는 '개인(self)'과 '경제학(economics)'을 합성한 신조어로, 유튜버·틱톡커·인스타그램 인플루언서처럼 개인이 자신의 강점을 활용해 콘텐츠를 만들고, 이를 이용해 수익을 내는 자주적·독립적인 경제 활동을 말한다. 대표적인 셀피노믹스로는 유튜버나 블로거 같은 개인 크리에이터, 연예인 같은 일반인을 칭하는 '연반인' 등이 있다. 이들은 기업이나 집단에 소속되지 않고 주체적으로 수익을 내는 경우도 많다.

이른바 셀피노믹스 전성 시대가 열렸다. 유튜브 등 콘텐츠를 바탕으로 수익을 낼 수 있는 플랫폼의 막강한 영향력 때문이다. 셀피노믹스 시대에는 자신의 강점을 내세워 직접 콘텐츠를 만들고 콘텐츠 시청 수익을 올린다. 기업들은 유튜브나 SNS에서 많은 팔로워를 보유한 인플루언서에게 신상품 협찬과 광고를 의뢰하는 경우가 많아지고 있다. 온라인 발달과 코로나19 장기화 등으로 셀피노믹스 관련 시장 규모도 급격히 커지고 있다. 미국 마케팅 기업 미디어킥스에 따르면 소셜 인플루언서 마케팅 시장 규모는 2016년 25억달러에서 지난해 100억달러로 성장한 것으로 추정됐다.

누리캅스

누리캅스란 **누리꾼의 '누리'와 'cops(경찰)'의 합성어로, 인터넷상 불법·유해정보 모니터링·신고를 통해 사이버범죄 예방활동을 하는 '사이버 명예경찰'이다.** 경찰청 사이버수사국에서 위촉한 무보수 명예직으로, IT업계 종사자·대학생 등 일반인들로 구성됐다. 2007년 5월 인터넷상 각종 불법유해정보에 대한 모니터링 및 예방활동 등 건전한 사이버 공간 조성을 위한 민경 협력체제 강화를 위해 발족됐다. 시도청별 자체 운영세칙을 제정하여 운영되며, ○○시도청 누리캅스로 칭한다. 가입신청서를 제출한 자에 대하여 시도청별 심사위원회를 구성하여 선발한다.

누리캅스로 선정되면 시도청별 일정에 맞추어 분기·반기별 정기 간담회를 개최하며, 모니터링 대상 정보 및 신고방법 등에 대한 교육을 실시하고, 활동사항에 대한 정보 등을 공유한다. 임기는 위촉일로부터 1년을 원칙으로 하되 연임할 수 있으며, 언제든지 자진 탈퇴가 가능하다. 주요 활동은 인터넷상 각종 불법·유해정보에 대한 모니터링을 실시하고, 누리캅스 홈페이지를 통해 신고하는 것 등이다.

에코 웨딩
eco wedding

에코 웨딩이란 **'eco(생태, 환경)'와 'wedding(결혼)'의 합성어로, 환경오염을 줄이고 비용을 절약하는 결혼식을 말한다.** 친환경적인 천으로 만든 드레스를 입고, 친환경 종이로 청첩장을 제작하거나 이메일·스마트폰으로 결혼 소식을 알리며, 피로연 음식도 최소의 비용으로 마련하는 등 청첩장부터 웨딩촬영, 웨딩드레스, 부케, 예식장, 웨딩카까지 결혼식 전 과정에서 발생하는 온실가스를 줄이고 친환경적으로 진행하는 결혼식이다.

생에 한 번뿐인 결혼식은 주인공인 신부와 신랑을 빛나게 해주고, 찾아와 주신 손님을 푸짐하게 대접하는 것이 관례였다. 하지만 결혼식 한 번에 청첩장, 피로연 음식, 예식꽃 등 많은 폐기물이 생겨 환경오염이 발생하자 에코 웨딩에 대한 관심이 높아지고 있다. 결혼식 비용도 줄일 수 있다는 장점이 있다. 대표적으로 서울시 서부공원녹지사업소에서 2015년부터 운영해 온 '소풍 결혼식'은 일회성 꽃장식 자제, 다회성 용기 사용 및 비가열식 피로연 음식(도시락 등), 친환경 캠페인 등을 통해 에코 웨딩을 진행해 환경을 생각하는 젊은 예비부부들에게 호응을 얻고 있다.

비트코인 도미넌스
Bitcoin dominance

비트코인 도미넌스란 전 **세계 가상자산 중 비트코인 시가총액이 차지하는 비율을 뜻하는 것으로 비트코인의 시장 지배력을 수치로 나타낸 것이다.** 쉽게 말해 시총 1위인 비트코인 대비 나머지 모든 가상화폐가 차지하는 비율로, 초장기 비트코인 도미넌스는 100%에 가까웠다. 하지만 이더리움을 포함해 새로운 알트코인들이 등장하자 투자자들과 트레이더들이 다양한 포트폴리오를 구축하기 시작하면서 비트코인 도미넌스는 하락하기 시작했다. 2020년 초만 해도 72% 수준이었던 비트코인 도미넌스는 올해 초 39.2%까지 내려갔다.

암호화폐 시장에 2017년 3월 이후부터 알트코인이 등장했고 2018년 비트코인이 가격 급등과 거래량 급증으로 움직임이 무거워지자 점차 투자 자금이 알트코인으로 흘러갔다. 비트코인의 대체재가 되는 알트코인에 대한 투자가 늘어나자 자연스레 비트코인 도미넌스가 줄어들었다. 통상적으로 비트코인 도미넌스는 비트코인 가격이 강세를 나타내 전반적인 가상자산 시장이 '불(bull) 장'일 때, 시총이 큰 알트코인 가격이 오를 때, 메타버스나 대체불가능토큰(NFT) 등 새로운 블록체인 관련 트렌드들이 부상할 때 하락하는 경향이 있다.

우토로 평화기념관

우토로 평화기념관은 **일제강점기 비행장 건설에 강제 동원된 조선인들이 살던 일본 우토로 마을의 역사를 알리고 평화를 기원하기 위한 기념관이다.** 일본 교토 우지시에 지상 3층, 연면적 461m² 규모로 4월 30일 개관했다. 우토로 마을은 1940년대 초반 일본 교토 군사비행장 건설에 동원된 조선인들의 집단 거주지로, 광복 후에도 임금 체불 등의 사정으로 귀국하지 못한 한국인들이 1980년대까지 상수도 시설이 없을 정도로 열악한 환경과 차별 속에서 살아온 곳이다. 1989년에는 토지 소유권이 일본 부동산 업자에게 넘어가 주민들이 퇴거 위기에 몰리기도 했고, 지난해에는 한국이 싫다는 일본인이 불을 내 큰 피해를 입기도 했다.

하지만 일본 시민단체와 한국 정부의 지원, 우토로민간기금재단의 노력으로 거주권을 지켜낸 주민들은 한때 없어질 위기까지 처했던 우토로 마을을 지켜내고 기념관까지 설립했다. 기념관에는 다듬이, 방망이 등 우토로 주민이 쓰던 생활용품과 퇴거 당시 소송 자료 등이 진열돼 있고, 1940년대 노동자 숙소로 지어진 이른바 함바라고 불린 건물도 옮겨 설치됐다.

SNS 톡! 톡!

해야 할 건 많고, (이거 한다고 뭐가 나아질까) 미래는 여전히 불안하고 거울 속 내 표정은 (정말 노답이다) 무표정할 때! 턱 막힌 숨을 조금이나마 열어 드릴게요. "톡!톡! 너 이 얘기 들어봤니?" SNS 속 이야기로 쉬어가요.

#이 정도는 알아야 #트렌드남녀

디올 패션쇼에 이화여대 '과잠' 깜짝 등장

세계적인 명품 브랜드 크리스챤 디올의 패션쇼에 이화여대 학생들이 입는 학교 단체복, 이른바 '과잠'(과 잠바)이 등장해 화제가 됐다. 디올의 수석 디자이너 마리아 그라치아 치우리가 이화(EWHA) 영문 이니셜이 크게 새겨진 점퍼를 입고 나와 인사했다. 한편, 디올은 지난 4월 30일 이화여대 캠퍼스에서 '2022 가을 여성 컬렉션' 패션쇼를 열었다. 이번 패션쇼는 세계적인 명품 브랜드의 쇼가 국내 대학 캠퍼스에서 열려 관심이 집중됐다.

▲ 디올의 수석 디자이너 마리아 그라치아 치우리가 이화여대 '과잠'을 입고 런웨이에 등장했다. (디올 유튜브 캡처)

@ 크리스챤 디올(Christian Dior)
크리스챤 디올이 1947년에 창립한 프랑스의 럭셔리 패션 브랜드로, 의류·가방·구두·스카프 등의 제품을 제작·판매한다.

#이대과잠입은_디올_수석디자이너라니 #힙하다_힙해

절친 멤버 결혼에 다비치 강민경 반응 "꺼져줄게 잘살아"

절친 듀오 '다비치'의 강민경이 멤버 이해리의 결혼 소식에 재미난 반응을 보여 관심을 끌었다. 지난 5월 11일 이해리는 SNS에 결혼 소식을 알렸다. 이 게시글에 절친한 멤버 강민경이 "꺼져줄게 잘 살아"라고 유쾌한 답글을 달아 이목을 끌었다. 강민경은 나아가 '시간아 멈춰라', '너 없는 시간들', '나의 오랜 연인에게' 등의 노래가 포함된 플레이리스트를 자신의 SNS에 올리며 누리꾼에게 웃음을 선사했다.

▲ 다비치

@ 다비치(Davichi)
2008년 데뷔한 우리나라의 대표적인 여성 듀오다. '미워도 사랑하니까', '8282' 등의 히트곡을 보유하고 있다.

#사이좋아_보기도좋은_다비치 #이해리_결혼_뒤에도_좋은음악_기대할게요!

BTS, 빌보드 뮤직 어워드 6년 연속 수상

▲ BTS

BTS가 미국 빌보드 뮤직 어워드(BBMA)에서 3관왕을 차지하며 6년 연속 수상 기록을 세워 화제가 됐다. 미국 음악 매체 빌보드는 5월 15일(현지시간) 본 시상식에 앞서 공식 SNS를 통해 '2022 빌보드 뮤직 어워드' 부문별 수상자를 발표했다. BTS는 '톱 듀오/그룹'(Top Duo/Group), '톱 송 세일즈 아티스트'(Top Song Sales Artist), '톱 셀링 송'(Top Selling Song) 등 3개 부문에서 수상의 영광을 안았다.

@ 빌보드 뮤직 어워드(BBMA, Billboard Music Awards)
빌보드지의 주관으로 열리는 미국의 대중음악 시상식으로, 아메리칸 뮤직 어워드 · 그래미 어워드와 함께 미국의 3대 대중음악 시상식으로 꼽힌다.

#톱 · 톱 · 톱! #수상_축하해요_BTS!

5년 만에 컴백한 싸이에 누리꾼 환호

▲ 싸이의 정규 9집 '싸다9' 수록곡 'That That' (피네이션 인스타그램 캡처)

가수 싸이가 5년 만에 정규 9집 '싸다9'로 돌아왔다. BTS의 슈가와 함께한 'That That'을 타이틀곡으로 선보인 싸이는 특유의 신나는 음악으로 코로나19에 잔뜩 지친 사람들에게 기쁨을 선사했다. 한편, 싸이의 'That That'은 빌보드 차트 'HOT 100'에 80위로 진입하며, 싸이의 글로벌 인기를 증명했다. 이로써 'That That'은 '강남스타일', 'GENTLEMAN', 'Hangover', 'DADDY'에 이어 다섯 번째로 빌보드 차트 'HOT 100'에 오른 싸이의 곡이 됐다.

@ 빌보드 차트(Billboard chart)
빌보드 차트는 미국의 권위 있는 대중음악 순위 차트이다. 다양한 종류의 차트가 있는 가운데, 메인 차트로는 싱글 차트인 '핫 100'과 앨범 차트인 '빌보드 200'이 꼽힌다.

#너무_신나요 #흠뻑쇼도_기대합니다!

페이스북에서 이벤트도 참여하세요.

· 페이스북
facebook.com/eduwillnet

· 에듀윌 도서몰
book.eduwill.net

· 시사상식 App
에듀윌 시사상식

구글 플레이스토어 or 애플 앱스토어에서 에듀윌 시사상식을 검색하세요.

* **Cover Story**와 분야별 **최신상식**에 나온 중요 키워드를 떠올려보세요.

01 미국 중앙은행인 연방준비제도(Fed·연준)가 기준금리를 0.50% 인상하는 것을 의미하는 용어는?　　　　　　p.16

02 국내 첫 특별지역자치단체는?　　　　　　p.22

03 특정 테러 조직이나 이념이 아니라 정부나 사회에 대한 개인적인 반감을 이유로 테러를 자행하는 자생적 테러리스트는?　　　　　　p.24

04 2020년 12월 발표한 전기요금 체계 개편안의 핵심으로, 유가 등락에 따라 전기요금을 조정하는 제도는?　　　　　　p.32

05 정부의 재정이 대규모로 투입되는 사업의 정책적·경제적 타당성을 사전에 면밀하게 검증·평가하는 제도는?　　　　　　p.37

06 구글, 애플 등 플랫폼을 주도하는 대형 정보기술(IT) 기업을 뜻하는 용어는?　　　　　　p.40

07 제2차 세계대전 이후 소련 및 동유럽의 사회주의 진영에 대항하기 위해 만든 군사 동맹은?　　　　　　p.66

08 시각 예술에서 종이, 헝겊, 비닐, 타일, 나뭇조각 등 질이 다른 여러 가지 소재를 붙여 화면을 구성하는 방법은?   p.86

09 적대적 인수·합병(M&A)이나 경영권 침해 시도 등 특정 사건이 발생하였을 때 기존 주주들에게 회사 신주를 시가보다 훨씬 싼 가격으로 매입할 수 있는 콜옵션을 부여하는 기업의 경영권 방어수단은?   p.92

10 감염병 대유행에 적절히 대처하기 위해 긴급하게 사용이 필요한 의료기기 허가를 면제하여 국내 제조·수입업체에 국내 허가되지 않은 의료제품을 제조·수입해 공급하게 하는 제도는?   p.94

11 중국 내 코로나19 확산으로 연기된 아시안게임이 개최되는 도시는?   p.102

12 코로나19 확산 이전 생활로 복귀하면서 발생하는 우울감, 불안을 나타낸 용어는?   p.113

13 장편소설 『들개』, 『칼』, 『장수하늘소』, 『벽오금학도』, 시집 『풀꽃 술잔 나비』, 에세이 『하악하악』 등을 집필한 작가는?   p.118

14 어떤 형태의 주택이든 많이 짓는 것을 반기는 움직임을 뜻하는 용어는?   p.125

작은 성공부터 시작하라.

성공에 익숙해지면 무슨 목표든지 이룰 수 있다는
자신감이 생긴다.

– 데일 카네기(Dale Carnegie)

에듀윌 9급 공무원, 공BTI 직렬 추천 테스트 무료 제공...합격 다짐 공유 이벤트 진행

종합교육기업 에듀윌 공무원이 직렬 선택에 어려움을 겪는 초시생을 지원하는 공BTI 직렬 테스트를 무료로 제공한다.

에듀윌 공무원 관계자는 "공무원 시험에서 전문 과목이 중요해지고, 시험 개편으로 다양한 직렬을 한 번에 준비하기 어려워짐에 따라 시험 준비를 시작하기 전 나에게 꼭 맞는 직렬을 준비하는 것이 필수"라고 말했다.

이에 에듀윌 공무원은 시험 준비 전 직렬 선택을 하지 못한 수험생을 지원하는 공BTI 직렬 테스트 서비스를 무료로 제공한다. 이미 직렬 선택을 마쳤거나, 공무원 시험에 재도전하는 수험생들 역시 재미로 참여해 볼 수 있다는 것이 에듀윌 공무원 관계자의 설명이다.

에듀윌 회원이라면 공BTI 서비스 페이지에서 간단한 테스트에 참여해 나에게 꼭 맞는 직렬 정보를 확인해 볼 수 있다. 더불어 직렬 확인 후 공무원 학습 기본서 무료 제공 이벤트 등도 에듀윌 공무원 홈페이지에서 만나볼 수 있다.

공BTI 테스트에 응시해 나의 직렬을 선택한 후,

합격을 위한 다짐을 남기면 경품이 제공된다. 8월까지 진행되는 이벤트로 합격을 위한 다짐을 남겨준 분들 중 추첨을 통해 매월 초 경품을 제공한다.

이외에도 에듀윌 공무원은 초보 수험생들을 지원하는 다양한 이벤트와 무료 설명회 등을 진행 중이다.

공BTI 테스트를 포함해 에듀윌이 진행하는 다양한 공무원 수험생 지원 서비스는 에듀윌 공무원 홈페이지에서 만나볼 수 있다.

취업상식
실전TEST

취업문이 열리는 실전 문제 풀이

최근 출판된 에듀윌 자격증·공무원·취업
교재에 수록된 문제를 제공합니다.

01 개정된 검찰청법에 따라 검찰이 수사할 수 있는 범죄는?

① 선거 범죄
② 부패 범죄
③ 공직자 범죄
④ 방위사업 범죄

해설 검찰 수사권을 박탈하는 법안인 검찰청법 개정안이 통과됨에 따라 검찰의 수사 대상 범죄는 기존 6대 범죄(부패·경제·공직자·선거·방위사업·대형참사) 가운데 부패와 경제 범죄로 한정됐다.

📂 검수완박 핵심 법안 검찰청법 국회 통과

이른바 검수완박(검찰 수사권 완전 박탈) 법안의 핵심 법안인 검찰청법 개정안이 4월 30일 국회 본회의를 통과했다. 국회는 이날 본회의를 열어 검찰의 수사 대상 범죄를 기존 6대 범죄에서 부패·경제 범죄로 축소하는 내용의 검찰청법 개정안을 의결했다. 법안은 찬성 172명, 반대 3명, 기권 2명으로 가결됐다. 국민의힘은 필리버스터를 통해 저지하려고 했지만 역부족이었다.

민주당은 검찰 대신 주요 범죄 수사를 맡을 중대범죄수사청을 1년 6개월 내 출범시키기로 했다. 국민의힘은 "171석의 민주당이 단 한 번의 공청회나 토론 없이 국민 반대가 거센 검수완박 악법을 강행하고 있다"고 비판했다. 검찰 측은 "고도의 법적 전문성과 노하우가 필요한 선거·공직자 범죄 등이 사실상 배제돼 수사 역량 위축이 불가피하다"고 반발했다.

정답 ②

02 행정적으로 구분돼 있으나 경제 등이 기능적으로 연결된 인구 1000만 명 이상의 거대 도시는?

① 메가시티
② 어반시티
③ 스마트시티
④ 스페셜시티

해설 메가시티(megacity)에 대한 설명이다. 4월 19일 공식 출범한 부울경 특별연합은 메가시티의 꿈을 안고 출범한 국내 첫 특별지자체다.

📂 전국 첫 특별지자체 '부울경 특별연합' 공식 출범

▲ 부울경 특별연합 광역플랫폼 개념도 (자료 : 경남도)

인구 1000만 명을 목표로 한 '부울경(부산·울산·경남) 특별연합'이 공식적으로 출범했다. 부울경 3개 시·도는 지난 4월 13일부터 4월 15일 사이 부울경 의회를 통과한 '부울경 특별연합 규약'이 행정안전부 승인을 받아 고시됨으로써 부울경 특별연합이 출범했다고 4월 19일 밝혔다. 지역경제 발전과 균형발전을 위해 탄생한 국내 첫 특별지자체 부울경 특별연합은 내년 1월 1일부터 공식 사무를 수행할 예정이다.

문재인 대통령은 부울경 특별연합 출범을 두고 "초광역협력은 지자체의 경계를 넘어 수도권처럼 경쟁력을 갖춘 광역 경제생활권을 만들어 나감으로써 대한민국을 다극화하고 수도권과 지방이 모두 상생하고자 하는 담대한 구상"이라고 평가했다. 또, "오늘의 결실을 맺기까지 관계부처와 3개 광역지자체의 노고가 많았다. 출범을 진심으로 축하한다"고 말했다.

정답 ①

03 정부의 재정이 대규모로 투입되는 사업의 정책적·경제적 타당성을 사전에 면밀하게 검증·평가하는 제도는?

① 매니페스토
② 예비타당성조사
③ 오픈 프라이머리
④ 총사업비관리제도

해설 예비타당성조사에 대한 설명이다. 1999년 김대중 정부 때 도입된 제도이며 이전의 부실한 타당성 조사로 무리한 사업들이 다수 추진됐던 사례가 재발하지 않기 위한 목적에서 시행됐다. 예비타당성조사 대상은 국가재정법상 총사업비가 500억원 이상이고, 국가의 재정지원 규모가 300억원 이상인 사업이다.

🗂 가덕신공항, 첫 해상공항으로 건설

▲ 가덕신공항 조감도 (자료 : 국토교통부)

부산 지역의 숙원이던 가덕도신공항 건설사업의 밑그림이 나왔다. 총사업비 13조7000억원을 투입해 국내 최초의 '해상공항' 형태로 짓고, 2035년 개항하는 내용이다. 국토교통부는 '가덕도신공항 건설 추진계획'이 4월 26일 국무회의에서 의결됐다고 밝혔다. 정부는 가덕도신공항을 국가 정책으로 속도감 있게 추진하기 위해 예비타당성조사(예타) 면제를 추진한다.

다만 개항 시기나 건설 방식 등을 놓고 부산 지역사회에서 크게 반발하는 데다 일각에서는 사업 자체의 경제성이 낮아 재검토해야 한다는 주장까지 나오고 있어 논란이 이어질 것으로 전망된다. 후속 절차가 순조롭게 진행된다면 가덕도신공항은 2025년 하반기 착공해 2035년 6월 개항할 것으로 전망된다.

정답 ②

04 주식처럼 거래가 가능하고, 특정 주가지수의 움직임에 따라 수익률이 결정되는 펀드는?

① ETF
② ETN
③ ELF
④ ELS

해설 ETF(Exchanged Traded Fund·상장지수펀드)에 대한 설명이다.
② ETN : 거래소에 상장돼 쉽게 사고팔 수 있는 상장지수채권
③ ELF : ELS를 기초자산으로 하는 펀드
④ ELS : 개별 주식의 가격이나 주가지수에 연계되어 투자 수익이 결정되는 유가증권

🗂 키움투자자산운용, 세계 최초 ETF 산업에 투자하는 ETF 출시

키움투자자산운용은 4월 26일 전 세계 최초로 상장지수펀드(ETF) 산업 자체에 투자하는 'KOSEF 미국ETF산업STOXX' ETF가 상장했다고 밝혔다. 이 상품은 미국 ETF 산업과 관련된 자산운용사, 지수 산출 회사, 거래소 등에 투자한다. 지수 'STOXX USA Total Market Index'를 이루는 종목 중 시가총액과 거래대금 기준을 충족하고 ETF 관련 매출 비중이 50%가 넘는 시총 상위 기업들을 편입한다.

키움투자자산운용은 이날 기자간담회에서 향후 ETF 출시 전략에 대해서도 밝혔다. 김종협 키움투자자산운용 멀티에셋운용본부장은 "벤치마크로 온전히 담아낼 수 없는 시장이 많기 때문에 회사 내 다른 부서 또는 다른 회사와의 협업을 통해 액티브 ETF를 적극적으로 상장할 예정"이라며 "5월 중에는 부동산 운용사인 이지스자산운용과 협업해 '히어로즈 리츠이지스액티브 ETF'를 상장할 예정"이라고 밝혔다.

정답 ①

05 조각투자에 대한 설명으로 옳지 않은 것은?

① 뮤직카우, 뱅카우 등이 대표적인 조각투자 플랫폼이다.
② 소액으로 큰 규모의 자산에 투자할 수 있다.
③ 해당 자산에 대한 직접 소유권을 가진다.
④ 자산에 대해 여러 투자자들이 함께 투자하고 이익을 분배받는 투자 기법이다.

해설 조각투자는 해당 자산에 대한 직접 소유권이 아닌, 자산에서 발생하는 수익을 나눠 가질 권리를 얻는다.

📁 '뮤직카우' 음악 저작권 조각투자 증권 규정

금융 당국이 4월 20일 음악저작권 조각투자 플랫폼인 '뮤직카우'의 상품을 증권으로 규정하기로 했다. 이에 따라 뮤직카우는 자본시장법상 규제 대상이 됐고 조각투자는 제도권으로 편입됐다. 금융 당국이 음악 저작권 투자 플랫폼인 뮤직카우의 상품을 증권으로 판단하면서 미술품·부동산 등 다른 조각투자 시장도 영향을 받을 전망이다.

조각투자 플랫폼은 고가 자산을 지분 형태로 쪼갠 뒤 다수의 투자자가 공동 투자하는 방식이다. 투자자들이 지분 비율에 따라 매월 저작권 수익을 받게 되는 구조로, 뮤직카우는 지난해 누적 회원만 91만5000명, 거래액이 2742억원에 이른다. 4월 현재 한 번이라도 실제 투자에 참여한 회원만 17만 명에 달한다. 뮤직카우는 자본시장법에 따라 과징금과 과태료를 부과하는 등 제재 대상에 오르게 됐지만, 투자자 보호책 마련 등을 조건으로 관련 제재를 일단 보류하면서 당장 시장의 혼란은 피하게 됐다.

정답 ③

06 반도체 제조 공정 중 설계와 개발을 전문으로 하는 기업을 뜻하는 용어는?

① 파운드리
② 팹리스
③ IDM
④ OSAT

해설 팹리스(fabless)에 대한 설명이다.
① 파운드리 : 반도체 생산을 전문으로 하는 회사
③ IDM : 도면 설계 및 생산을 모두 담당하는 종합반도체회사
④ OSAT : 파운드리가 생산한 반도체의 패키징과 검사 수행

📁 세계 3위 반도체장비 기업 램리서치, 용인에 R&D 센터 구축

세계 3위의 미국 글로벌 반도체장비 기업인 램리서치가 국내에 최첨단 연구개발(R&D) 센터를 구축했다. 4월 26일 산업통상자원부에 따르면 램리서치는 이날 경기도 용인 지곡산업단지에서 코리

▲ 램리서치 코리아테크놀로지 센터 (자료 : 램리서치코리아)

아테크놀로지 센터(KTC) 개관식을 진행했다. 램리서치 측은 KTC를 100여 명의 인재가 근무하는 최첨단 연구시설로 운영하고 자사 글로벌 R&D 네트워크의 중요 거점으로 활용한다는 계획이다.

팀 아처 램리서치 회장은 "코리아테크놀로지 센터는 이러한 투자 중 하나로, 현지 생산 역량의 성장을 돕는 역할을 할 것"이라며 "최근 2년간 램리서치는 한국에서의 생산량을 두 배 늘렸으며 전 세계 모든 램리서치 생산 시설의 역량을 확장하거나 추가했다"고 소개했다. 박진규 산업통상자원부 1차관은 사전에 배포한 축사에서 램리서치 측에 감사와 환영의 뜻을 전하며 "한국이 글로벌 반도체 소재·부품·장비(소부장) 기업의 안정적이고 매력적인 투자처가 될 수 있도록 정부가 적극 지원해 나가겠다"고 강조했다.

정답 ②

07 경제불황 속에서 물가상승이 동시에 발생하는 현상은?

① 디플레이션
② 인플레이션
③ 애그플레이션
④ 스태그플레이션

해설 스태그플레이션(stagflation)에 대한 설명이다.
① 디플레이션(deflation) : 통화량의 축소에 따라 물가가 하락하고 경제 활동이 침체되는 현상
② 인플레이션(inflation) : 통화량이 팽창하여 화폐가치가 떨어지고 물가가 계속 올라 일반 대중의 실질적 소득이 감소하는 현상
③ 애그플레이션(agflation) : 곡물 가격의 상승으로 인하여 일반 물가가 상승하는 현상

🗂 인도네시아 팜유 수출 중단에 먹거리 물가 비상

인도네시아가 식용 팜유 수출을 금지하기로 하면서 먹거리 물가에 비상이 걸리고 스태그플레이션 압력이 확대됐다. 팜 나무의 열매를 쪄서 압축 채유해 만든 식물성 유지인 팜유는 식용유는 물론 가공식품 제조, 화장품·세제·바이오디젤 등의 원료 등으로 광범위하게 쓰이는데, 전 세계 팜유 공급량의 절반 이상을 차지하는 인도네시아가 수출을 금지하면 결국 원재룟값 상승으로 이어지기 때문이다.

조코 위도도 인도네시아 대통령은 지난 4월 22일 "4월 28일부터 식용유와 식용유 원료물질 수출을 추후 고지할 때까지 금지하기로 했다"고 발표했다. 국내 식품 업계 대다수는 얼마간 소화할 수 있는 팜유 물량을 비축해둔 상황이다. 이들은 당장 팜유 공급에 차질이 빚어질 가능성은 크지 않다고 말하면서도, 사태가 장기화하면 원가 부담으로 작용할 수 있다고 우려했다.

정답 ④

08 '감염병의 예방 및 관리에 관한 법률' 제2조에 규정되어 있는 제2급 감염병이 아닌 것은?

① 결핵
② 수두
③ 홍역
④ 디프테리아

해설 '감염병의 예방 및 관리에 관한 법률' 제2조에 따르면 ④디프테리아는 제1급 감염병으로 규정돼 있다. 제1급 감염병이란 생물테러감염병 또는 치명률이 높거나 집단 발생의 우려가 커서 발생 또는 유행 즉시 신고하여야 하고, 음압격리와 같은 높은 수준의 격리가 필요한 감염병을 말한다. 한편, 제2급 감염병은 전파 가능성을 고려하여 발생 또는 유행 시 24시간 이내에 신고하여야 하고, 격리가 필요한 감염병을 말하는데, ①결핵·②수두·③홍역 등이 여기에 포함된다.

🗂 코로나19 감염병 등급 1급에서 2급으로 하향

지난 4월 25일 정부가 코로나19 감염병 등급을 최고 단계인 1급에서 결핵 등과 같은 2급으로 낮추고 방역·의료체계의 일상 회복을 본격화하기로 했다. 정부의 이 같은 방침은 코로나19 유행이 엔데믹(endemic : 종식되지 않고 주기적으로 발생하거나 풍토병으로 굳어진 감염병)에 접어들고 있다고 보고, '포스트 오미크론 대응'으로 체계 전환에 착수한다는 계획이다.

코로나19가 2급 감염병으로 분류됨에 따라 1급 감염병일 때 적용되던 확진 시 7일간의 격리 의무와 의료기관의 환자 즉시 신고 의무가 없어진다. 따라서 확진자는 개인 방역수칙을 준수하면서 일반 의료기관을 이용할 수 있다. 다만, 정부는 의료 현장이 대비할 수 있도록 4월 25일부터 4주간을 '이행기'로 정하고, 확진자 7일 격리 의무와 현행 관리체계를 그대로 유지하기로 했다.

정답 ④

09 마스크를 쓰면 얼굴이 더 매력적으로 보이는 현상과 관계있는 신조어는?

① 확찐자
② 마기꾼
③ 코파라치
④ 어퍼웨어

해설 마기꾼이란 마스크와 사기꾼을 합성한 신조어로 마스크를 쓰면 실제 외모와 달라 보이는 현상을 일컫는다. 이는 뇌가 보이지 않는 부분을 이상적인 형태로 착각하는 데서 비롯된 것이다.
① 확찐자 : 코로나19 팬데믹으로 외부 활동이 줄어 체중이 증가한 사람을 이르는 말
③ 코파라치 : 코로나19 방역 수칙을 지키지 않는 개인이나 사업장을 신고해 포상금을 노리는 이들
④ 어퍼웨어 : 재택근무를 하는 직장인들이 화상회의를 할 때 화면에 보이는 허리 위의 옷만 잘 갖추어 입는 것

📁 565일 만에 실외 마스크 해제...버스·지하철에선 착용해야

코로나19 중앙재난안전대책본부가 5월 2일부터 실외 마스크 의무 착용 방침을 해제했다. 지난 2020년 10월 13일 실외 마스크 의무 착용이 실시된 지 566일만이다. 앞으로 실외에서는 마스크를 의무적으로 착용하지 않아도 된다. 단 실내로 규정된 버스·택시·기차 등 이동수단과 50인 이상이 밀집하는 집회나 공연장 등 야외에서는 마스크 착용 의무화가 유지된다.

또한 ▲발열·기침 등 코로나19 의심 증상자 ▲고령층이나 면역저하자, 만성 호흡기 질환자·미접종자 등 코로나19 고위험군 ▲50인 미만의 스포츠 등 경기·관람장, 놀이공원·워터파크 등 유원시설과 체육시설 등 50인 이상 좌석을 보유한 실외 다중이용시설 ▲다수가 모인 상황에서 타인과 최소 1m 거리를 15분 이상 지속적으로 유지하기 어렵거나 함성·합창 등 비말 생성이 많은 경우는 실외 마스크 착용 의무화가 권고된다.

정답 ②

10 나토 가입국이 아닌 국가는?

① 미국
② 그리스
③ 루마니아
④ 우크라이나

해설 집단방위기구인 나토(NATO·북대서양조약기구)는 2022년 5월 기준으로 ▲미국 ▲캐나다 ▲벨기에 ▲덴마크 ▲프랑스 ▲아이슬란드 ▲이탈리아 ▲룩셈부르크 ▲네덜란드 ▲노르웨이 ▲포르투갈 ▲영국 ▲그리스 ▲터키 ▲독일 ▲스페인 ▲체코 ▲폴란드 ▲헝가리 ▲에스토니아 ▲라트비아 ▲리투아니아 ▲슬로베니아 ▲슬로바키아 ▲불가리아 ▲루마니아 ▲알바니아 ▲크로아티아 ▲몬테네그로 ▲북마케도니아 등 30개국이 가입돼 있다.

📁 러시아 긁어 부스럼...스웨덴·핀란드 나토 가입 추진

▲ 나토 깃발

북유럽의 중립국 스웨덴과 핀란드가 나토(NATO·북대서양조약기구) 가입을 추진하고 있다. 그간 스웨덴과 핀란드는 유럽연합(EU) 회원국이지만 나토에는 가입하지 않고 군사적 중립을 지켜왔다. 러시아는 나토 가입을 희망하는 우크라이나를 저지하고, 나토의 동진(東進)을 저지하겠다는 명분을 내세워 우크라이나를 침공했으나, 오히려 나토 확장이라는 역풍을 맞게 됐다.

스웨덴과 핀란드는 5월 17일(현지시간) 나토 가입 신청서에 공식 서명했다. 이후 6월 말 스페인 마드리드에서 열리는 나토 정상회의에서 이 문제가 정식 의제에 오를 것으로 예상된다. 한편, 러시아 외무부는 성명을 통해 스웨덴 대사관 외교관 3명을 '페르소나 논 그라타'(외교상 기피인물)로 지정하는 등 나토 가입을 추진하는 스웨덴에 보복을 가했다.

정답 ④

11 역대 프랑스 대통령 중 최연소로 당선된 대통령은?

① 샤를 드골
② 조르주 퐁피두
③ 에마뉘엘 마크롱
④ 프랑수아 올랑드

해설 2017년 5월 당선된 에마뉘엘 마크롱(Emmanuel Macron, 1977~) 프랑스 대통령은 당선 당시 39세로, 역대 최연소 프랑스 대통령이라는 기록을 세웠다.

12 동성 간 성행위를 처벌하는 내용을 담은 법은?

① 고모라법
② 로런스법
③ 소도미법
④ 포비아법

해설 '소도미법(Sodomy law)'에 대한 설명이다. 성경에서 성적 음란죄로 하나님의 심판을 받게 된 '소돔'과 '고모라'라는 두 마을의 이름에서 유래한 것이다. 역사적으로 소도미법은 오랫동안 유지됐으나 20C 중반부터 대부분 폐지된 상태이다. 우리 군형법의 모태가 된 미국에서도 동성애에 대한 사회적 인식이 바뀌어 소도미법이 폐지된 지 오래다.

13 섬세한 감수성과 개성적인 작품 세계를 보여줬던 소설가로, 소설 『벽오금학도』, 에세이 『하악하악』 등을 쓴 인물은?

① 이외수
② 황석영
③ 김동리
④ 조정래

해설 이외수에 대한 설명이다. 이외수 소설가는 1972년 강원일보 신춘문예에 단편소설 '견습 어린이들'로 문단에 데뷔했으며, 이후 장편소설 '들개', '칼', '장수하늘소', '벽오금학도' 등을 비롯해 시집 '풀꽃 술잔 나비', '그리움도 화석이 된다', 에세이 '내 잠 속에 비 내리는데', '하악하악', '청춘불패' 등 왕성한 집필을 이어갔다.

📂 **소설가 이외수 폐렴으로 별세...향년 76세**

▲ 소설사 고(故) 이외수 (인스타그램 캡처)

강원 화천군 감성마을 촌장으로 활동하던 소설가 이외수 씨가 폐렴으로 4월 25일 별세했다. 향년 76세. 1946년 경남 함양에서 출생한 고인은 1965년 춘천교대에 입학한 뒤 8년간 다녔으나 1972년 결국 중퇴하고 같은 해 강원일보 신춘문예에 단편소설 '견습 어린이들'로 당선되면서 문단에 데뷔했다. 3년 뒤인 1975년 중편소설 '훈장'으로 '세대'지 신인문학상을 수상했고, 장편소설 '들개', '칼', '장수하늘소', '벽오금학도' 등을 비롯해 시집 '풀꽃 술잔 나비', '그리움도 화석이 된다' 에세이 '내 잠 속에 비 내리는데', '하악하악', '청춘불패' 등 왕성한 집필을 이어갔다.

특히 고인은 170여만 명의 트위터 팔로워를 거느리며 '촌철살인'의 정치적 발언을 사회관계망서비스(SNS)를 통해 쏟아냈다. 2008년 뉴라이트 교과서 문제를 비롯해 김진태 전 의원의 "촛불은 바람이 불면 꺼진다" 발언, 이명박 전 대통령의 "도덕적으로 완벽한 정권" 발언 등에 대해 SNS로 정치적 발언을 가감 없이 쏟아냈다.

정답 ①

---

14 기존 통신·방송사업자 이외 제3 사업자들이 온라인을 통해 드라마, 영화 등 다양한 미디어 콘텐츠를 TV, PC, 스마트폰 등에 제공하는 서비스는?

① OTT
② VOD
③ IPTV
④ OSMU

해설 OTT(Over The Top·온라인동영상서비스)에 대한 설명이다.
② VOD : 사용자가 필요로 하는 영상을 원하는 시간에 제공해주는 맞춤 영상정보 서비스
③ IPTV : 인터넷으로 실시간 방송과 VOD를 볼 수 있는 서비스
④ OSMU : 하나의 자원을 토대로 다양한 사용처를 개발하는 전략

📂 **넷플릭스, 11년 만에 가입자 첫 감소...주가 26% 폭락**

세계 최대의 온라인 동영상 서비스(OTT) 넷플릭스가 11년 만에 처음으로 가입자 감소를 기록했다. 넷플릭스는 4월 19일(현지시간) 이러한 내용의 1분기 실적을 발표했다. 월스트리트저널(WSJ)과 버라이어티 등에 따르면 넷플릭스의 1분기 유료 회원은 2억2160만 명으로, 작년 4분기와 비교해 20만 명 줄었다. 넷플릭스는 실적 발표 이후 시간외거래에서 26% 넘게 폭락해 250달러대로 주저앉았다.

넷플릭스는 앞서 유료 회원 250만 명 증가를 예상했고 월가 애널리스트들은 270만 명 증가를 예측치로 제시했다. 하지만, 러시아의 우크라이나 침공 사태, 가입자들의 계정 공유 확산, 스트리밍 업계 경쟁 격화가 발목을 잡았다. 또 유료 회원과 계정 공유를 통해 신규로 가입하지 않고 서비스를 이용하는 가구 수가 1억 개에 달하는 것으로 나타났다. 이와 관련, 넷플릭스는 이날 주주에게 보낸 서한에서 공유 계정에 과금을 추진하겠다고 밝혔다.

정답 ①

15 일론 머스크와 관련된 기업이 아닌 것은?

① 트위터
② 테슬라
③ 스페이스X
④ 블루 오리진

블루 오리진은 아마존 창업자 제프 베이조스가 설립한 민간 우주 기업이다.

머스크, 55조원에 트위터 인수 합의

억만장자이자 전기차 업체 테슬라 최고경영자(CEO)인 일론 머스크가 4월 25일(현지시간) 소셜미디어 트위터를 440억 달러(약 55조원)에 인수하기로 합의했다. 트위터 이사회는 이런 매각안을 만장일치로 승인했으며, 인수는 앞으로 주주들의 표결과 규제 당국의 승인 등을 거쳐 올해 중 마무리될 전망이다. 시장조사 업체 딜로직이 집계한 데이터에 따르면 이번 인수는 상장 기업을 비(非)상장사로 전환하는 거래로는 최소한 최근 20년 새 이뤄진 것 중 가장 규모가 큰 것이다.

머스크는 앞서 트위터를 인수·합병(M&A)하겠다고 공개 제안하면서 회사를 사들인 뒤 비상장사로 전환하겠다고 밝힌 바 있다. 트위터가 비상장사가 되면 투자자나 규제 당국 등의 감시 시선을 피해 서비스를 변경할 수 있기 때문이다. 머스크는 성명을 통해 "표현의 자유는 제대로 작동하는 민주주의의 기반이며 트위터는 인류의 미래에 필수적인 문제들이 논의되는 디지털 광장"이라며 "트위터를 그 어느 때보다 더 낫게 만들고 싶다"고 밝혔다.

정답 ④

16 미국 최대 음악 축제 코첼라 페스티벌 무대에 선 경험이 없는 한국 아티스트는?

① 빅뱅
② 2NE1
③ 에픽하이
④ 블랙핑크

지난 2020년에 빅뱅이 코첼라에서 재결합할 것으로 알려져 화제가 되기도 했으나, 코로나19 상황으로 축제가 취소돼 무대에 서지 않았다.

美 최대 음악 축제 '코첼라' 달군 한국 아티스트들

▲ 코첼라에서 재결합 무대를 선보인 2NE1
(CL 인스타그램 캡처)

지난 4월 15일부터 4월 24일(현지시간)까지 이어진 미국 최대 음악 축제 '코첼라 밸리 뮤직&아츠 페스티벌'(코첼라)에 국내 아티스트들도 참여해 무대를 달궜다. 이번 코첼라에는 CL, 투애니원, 비비, 윤미래, 에스파, 갓세븐 잭슨, 에픽하이, 에스파 등의 한국 가수들이 참여했다. 특히 2NE1은 6년 만에 재결합 무대를 선보이며 팬들을 열광하게 했다.

비욘세, 레이디 가가, 빌리 아일리시 등 세계적인 뮤지션들이 참석하는 코첼라는 그간 한국 가수들과 적지 않은 인연을 맺어왔다. 지난 2016년에 에픽하이가 최초로 진출했으며, 2019년에는 블랙핑크가 서브 헤드라이너로 무대를 선보였다. 2020년에는 빅뱅이 코첼라에서 재결합할 것으로 알려져 화제가 되기도 했으나, 코로나19 상황으로 축제가 취소돼 무대에 서지 않았다. 업계 전문가들은 K팝의 북미 인기가 높아진 최근 3~4년 사이 한국 아티스트들에 대한 호응이 두드러지고 있다고 전했다.

정답 ①

01 국회에서 중요한 안건을 심사하거나 필요한 정보를 입수하기 위해 증인이나 참고인 등을 채택해 진상을 규명하는 것은?

① 청문회
② 국정감사
③ 국정조사
④ 윤리특별위원회

해설 청문회는 국회가 의정활동을 수행하는 과정 중, 관련인의 의견을 청취함으로써 사실이나 진상을 규명하고 입법 정보를 수집하는 제도이다. 청문회는 그 내용에 따라 입법청문회·조사청문회·인사청문회로 구분된다. ▲입법청문회는 입법 현안과 관련 있는 전문적 지식을 청취하며 ▲조사청문회는 쟁점 현안의 사실이나 진상 규명이 목적이다. ▲인사청문회는 대통령이 행정부의 고위 공직자를 임명할 때 공직에 지명된 사람의 직무 능력과 자질을 검증하는 절차다.

정답 ①

02 주변 사람들과의 관계를 얼마나 잘 운영할 수 있는가를 나타내는 지수는?

① IQ
② NQ
③ EQ
④ SQ

해설 공존지수(NQ, Network Quotient)에 대한 설명이다. NQ가 높은 사람은 주변 사람들과 융화가 잘 되며 이러한 능력을 통해 인맥을 형성함으로써 개인의 성공에도 긍정적인 영향을 준다는 개념이다. NQ는 개인의 성공과 출세만을 위한 인맥관리나 처세술과는 달리 더불어 행복한 공존의 네트워크를 만드는 능력으로서 인맥지수, 행복지수라고도 한다.

정답 ②

03 〈보기〉의 빈칸에 들어갈 내용을 바르게 연결한 것은?

┌─ 보기 ┐
( )은(는) 음주운전으로 인명 피해를 낸 운전자에 대한 처벌 수위를 높이는 내용의 법안이다. 이 법에 따르면 혈중알코올 농도가 ( )일 경우 운전면허가 정지된다.
└────┘

① 김용균법 – 0.01%~0.06%
② 윤창호법 – 0.03%~0.08%
③ 김용균법 – 0.05%~0.1%
④ 윤창호법 – 0.08%~0.1%

해설 윤창호법은 음주운전으로 인명 피해를 낸 운전자에 대한 처벌 수위를 높이는 내용의 '도로교통법 및 특정범죄 가중처벌 등에 관한 법률 개정안'을 말한다. 윤창호법 시행에 따라 운전면허 정지 기준은 기존 혈중알코올농도 0.05%~0.1%에서 0.03%~0.08%, 면허 취소 기준은 기존 혈중알코올농도 0.1% 이상에서 0.08% 이상으로 강화됐다.

정답 ②

04 배추나 대추를 세는 단위성 의존명사는?

① 쌈
② 접
③ 쾌
④ 축

해설 접은 채소나 과일 등을 묶어 세는 단위로 1접은 100개를 이른다.
① 쌈 : 바늘 24개
③ 쾌 : 북어 20마리
④ 축 : 오징어 20마리

정답 ②

05 공소시효에 대한 설명으로 옳은 것은?

① 대통령은 재직 중에 공소시효의 진행이 정지되지 않는다.
② 살인죄로 사형에 해당하는 범죄에 대한 공소시효는 25년이다.
③ 공소시효가 지나면 수사 단계에서 검사가 '혐의없음' 처분을 한다.
④ 공소시효가 지나면 해당 범죄행위에 대해 국가의 형벌권이 소멸된다.

해설 공소시효(公訴時效)는 일정한 기간의 경과로 형벌권을 소멸시키는 제도다. 공소가 제기된 범죄는 판결의 확정 없이 공소를 제기한 때로부터 범죄에 따라 정해진 시간을 경과하면 공소시효가 완성한 것으로 간주한다.

정답 ④

06 영국에서 출간된 영어 소설 중 최고의 작품을 선정하는 최고 권위의 문학상은?

① 공쿠르상
② 칼데콧상
③ 부커상
④ 프리츠커상

해설 부커상(Booker Prize)은 영국에서 그해 출간된 영어 소설 중 최고의 작품을 수상작으로 선정하는 문학상으로 노벨 문학상, 프랑스 공쿠르상과 더불어 세계 3대 문학상이라고 불릴 정도로 세계적 권위를 인정받고 있다. 부커상은 영연방 국가 작가에게 주어지는 부커상과 비(非)영연방 작가 및 번역가에게 수여되는 부커상 인터내셔널 부문으로 나뉘어 수여된다. 소설가 한강은 소설 『채식주의자(The Vegetarian)』를 통해 한국인 최초로 영국 부커상(인터내셔널 부문)을 수상했다.

정답 ③

07 일찍 많이 벌어서 40대에 은퇴해 인생을 즐기려는 사람들을 일컫는 신조어는?

① 노케미족
② 네스팅족
③ 파이어족
④ 로하스족

파이어(FIRE, Financial Independence Retire Early)족은 젊었을 때 임금을 극단적으로 절약해 노후자금을 빨리 확보한 다음 늦어도 40대에는 퇴직하고자 하는 사람을 일컫는 말이다. 미국에서 파이어족의 극단적인 소비 축소 행태가 금융위기로 이어질 수 있다는 사회문제로 대두됐다.

정답 ③

08 물에 떠 있는 꽃가루에서 나온 작은 입자가 수면 위를 끊임없이 불규칙적으로 움직이는 현상은?

① 도플러 효과
② 브라운 현상
③ 마그누스 효과
④ 체렌코프 현상

해설 작은 입자가 액체 혹은 기체 안에 떠서 불규칙하게 움직이는 현상을 브라운 현상(Brownian motion)이라고 한다.
영국의 식물학자 로버트 브라운이 물에 떠 있는 꽃가루에서 나온 작은 입자가 수면 위를 끊임없이 돌아다니는 것을 발견한 것에서 비롯됐다. 물질의 작은 입자들이 그것을 둘러싸고 있는 액체나 기체 분자들과의 충돌에 의해 불규칙하게 움직이며 나타나는 현상이다.

정답 ②

09 인구 50만 명 이상의 기초자치단체로서 광역시가 아니지만 행정과 재정 분야에서 폭넓은 재량권이 인정되는 도시는?

① 중핵시
② 특례시
③ 특정시
④ 거점도시

해설 특례시(特例市)는 우리나라 행정구역에서 특별시나 광역시가 아닌 일반시 가운데 법적인 특례를 받는 도시를 말한다.
인구 50만 명 이상, 또는 인구 30만 명 이상에 면적이 1000km2인 도시는 특례시가 되며 인구 100만 명 이상인 특례시의 경우 더 광범위한 특례를 받을 수 있다. 인구 100만 이상 특례시는 경기도 수원시·고양시·용인시, 경남 창원시 등이 있다.

정답 ②

10 재활용품에 디자인이나 활용도를 더해 가치를 높이는 것은?

① DIY
② 프로슈머
③ 리사이클링
④ 업사이클링

11 도심이 공동화되는 현상을 무엇이라고 하는가?

① 도넛 현상
② J턴 현상
③ U턴 현상
④ 스프롤 현상

12 다음 직책 중 임기가 다른 것은?

① 감사원장
② 대법원장
③ 헌법재판소 소장
④ 중앙선거관리위원회 위원장

한국폴리텍대학 2022년 4월 5일

01 빅토르 위고의 소설이 원작인 뮤지컬은?

① 캣츠
② 맘마미아!
③ 위키드
④ 레미제라블
⑤ 오페라의 유령

해설 『레미제라블』은 프랑스 소설가 빅토르 위고(Victor Hugo, 1802~1885)의 장편소설이다. 뮤지컬로 재탄생한 '레미제라블'은 피끓는 혁명정신, 노동자와 농민들의 거친 저항 정신, 가난한 사람들의 인간애를 다룬 웅장한 오페라형 뮤지컬로 평가받는다. '레미제라블'은 '미스 사이공', '오페라의 유령', '캣츠'와 함께 이른바 브로드웨이 4대 뮤지컬로 꼽힌다.

02 어떠한 일에 몰두하다가 결국 신체적·정신적 스트레스가 계속 쌓여 무기력증이나 심한 불안감과 자기혐오, 분노, 의욕 상실 등에 빠지는 상태는?

① 번아웃 증후군
② 파랑새 증후군
③ 리플리 증후군
④ 피터팬 증후군
⑤ 서번트 증후군

해설 번아웃 증후군(burnout syndrome)에 대한 설명이다.
② 파랑새 증후군 : 급변하는 현대 사회에 발맞추지 못하고 현재의 일에는 흥미를 못 느끼면서 미래의 막연한 행복만을 추구하는 현상
③ 리플리 증후군 : 현실 세계를 부정하고 허구의 세계만을 진실로 믿으며 상습적으로 거짓된 말과 행동을 일삼는 반사회적 인격 장애
④ 피터팬 증후군 : 성인이 되어서도 현실을 도피하기 위해 스스로를 어른임을 인정하지 않은 채 타인에게 의존하고 싶어 하는 심리
⑤ 서번트 증후군 : 사회성이 떨어지고 의사소통 능력이 낮으며 반복적인 행동 등을 보이는 뇌 기능 장애를 갖고 있지만 기억, 암산, 퍼즐이나 음악적인 부분 등 특정한 부분에서 우수한 능력을 가지는 증후군

03 다음 중 4대 보험이 아닌 것은?

① 국민연금
② 고용보험
③ 산재보험
④ 국민건강보험
⑤ 공무원연금

해설 4대 보험은 사회보험으로서 ▲국민연금 ▲국민건강보험 ▲산업재해보상보험(산재보험) ▲고용보험을 말하며, 근로자를 사용하는 사업장(예외 있음)은 4대 보험에 가입해야 한다.

❖ 사회보험과 민영보험의 구분

구분	사회보험	민영보험
운영주체	국가	민간
정의	국민이 미래 직면할 수 있는 사회적 위험에 대비해 국민의 건강과 생활 보전을 위해 국가에서 제공하는 사회 보장 제도	개인이나 기업이 위험에 대비해 자유롭게 가입하는 보험 상품으로서 민간단체가 영리를 목적으로 운영하는 개인 생활 보장 보험
종류	▲국민연금 ▲국민건강보험 ▲산재보험 ▲고용보험	▲생명보험 ▲손해보험 ▲제3보험 ▲퇴직연금 단체보험 등

04 국회가 국무총리나 국무위원에 대한 해임건의안을 대통령에게 전달하기 위해 필요한 정족수는?

① 재적의원 3분의 1 이상 발의, 재적의원 과반 찬성
② 재적의원 3분의 1 이상 발의, 출석의원 과반 찬성
③ 재적의원 3분의 2 이상 발의, 재적의원 과반 찬성
④ 재적의원 3분의 2 이상 발의, 출석의원 과반 찬성
⑤ 재적의원 2분의 1 이상 발의, 출석의원 과반 찬성

해설 헌법 제63조에 따르면 국무총리나 국무위원에 대한 해임건의안 제출은 재적의원 3분의 1 이상의 발의로 이뤄지며, 재적의원 과반의 찬성으로 가결된다.

05 〈보기〉에서 틀린 부분은?

| 보기 |

중대재해기업처벌법(중대재해법)은 ①사업주나 경영책임자가 안전조치 의무를 소홀히 해 사망사고를 유발하면 1년 이상의 징역 또는 10억원 이하의 벌금에 처하며 법인 또는 기관에는 50억원 이하의 벌금이 부과된다. ②사망 이외 부상자나 직업성 질병자가 발생한 중대재해의 경우에는 5년 이하 징역 또는 1억원 이하 벌금이 부가된다. ③법 적용 대상은 산업체, 일반 사무직 등 업종과 관계없이 상시 근로자가 5인 이상인 모든 사업장이며 다만 현장의 혼란을 줄이고자 상시 근로자 ④50인 미만 사업장이나 공사 금액 50억원 미만 공사 현장은 다시 2년의 유예기간을 주고 2024년 1월 27일부터 법을 적용할 예정이다. 한편, ⑤삼표산업은 경기도 양주 채석장에서 골재 채취 작업 중 토사 붕괴로 중장비 운전원 3명이 사망하면서 중대재해법 적용 1호의 불명예를 얻었다.

해설 사망 이외 부상자나 질병자가 발생한 중대재해의 경우에는 7년 이하 징역 또는 1억원 이하 벌금이 부가된다.
중대재해기업처벌법은 기업 등의 각종 안전·보건 의무를 강화해 중대재해를 예방하고 시민과 노동자들의 생명과 신체를 보호하자는 취지다. 해당 법령이 정한 안전·보건 조치 의무를 위반해 중대재해에 이르게 한 경우 법인과 사업주, 경영책임자 등 권한과 책임이 있는 사람에게 형사 책임을 묻고 고의성이 입증되면 민사 손해배상 책임도 무겁게 지우는 것이 주요 내용이다.

06 다음 중 국회의 임명 동의가 필요한 공직자는?

① 감사원장
② 검찰총장
③ 방송통신위원장
④ 공정거래위원장
⑤ 대통령 비서실장

해설 국회의 임명 동의가 필요한 공직자는 ▲대법원장 ▲헌법재판소장 ▲국무총리 ▲감사원장 ▲대법관 ▲국회에서 선출하는 헌법재판소 재판관 ▲국회에서 선출하는 중앙선거관리위원회 위원 등이며 이들은 국회 인사청문특별위원회에서 인사청문회도 실시한다.

07 2002년 출범한 세계 최초의 상설 전쟁범죄 재판소는?

① 유엔인권이사회
② 국제사법재판소
③ 국제인권재판소
④ 국제형사재판소
⑤ 유엔인권고등판무관실

해설 국제형사재판소(ICC, International Criminal Court)는 세계 최초의 상설 전쟁범죄재판소로 2002년 7월 1일 정식 출범했다. 집단살해죄, 전쟁범죄, 반인도적 범죄를 저지른 개인을 형사 처벌하기 위해 설립됐다. ICC는 해당 국가가 대량학살과 반인도주의 범죄, 전쟁범죄에 대한 재판을 거부하거나 재판할 능력이 없을 때 개입하게 된다.
우리나라는 2003년 2월 ICC 정식 가입국이 됐으나, 미국·중국·일본 등 주요국은 아직 비준하지 않았다. 특히 미국은 자국 평화유지군의 면책특권을 주장하며 해외 주둔 미군의 사기 저하 등을 이유로 국제 ICC 가입을 미뤘다. 이로 인해 ICC가 아프리카 국가 이외 주요국의 전쟁범죄를 처벌하지 못한다는 지적이 있다.

❖ 유엔인권고등판무관실 (OHCHR, Office of the United Nations High Commissioner for Human Rights)

유엔인권고등판무관실(OHCHR)은 세계 각국의 인권보호와 계몽을 목적으로 활동하는 유엔 내 인권 관련 최고 기구이다. 유엔인권최고대표사무소라고도 한다. OHCHR은 국제 인권 전문 기구 설치를 요구하는 미국 등의 제안에 따라 1993년에 유엔 총회에서 결의를 통해 설립이 결정된 이후 역할과 기능이 꾸준히 증대됐다. 국제 인권 상황 개선을 위해 만든 상설위원회인 유엔인권이사회(UNHRC, United Nations Human Rights Council)와 협력하여 유엔의 인권 문제 관련 활동을 지휘한다.

08 다음 중 사물인터넷의 활용 사례로 보기 어려운 것은?

① 차량을 인터넷으로 연결해 편리한 운전을 돕는 것
② 가전제품을 통합해 제어함으로써 주거 환경의 편의를 높이는 것
③ 고객들의 구매 기록을 분석해 소비자의 소비 취향과 관심사를 예측하는 것
④ 작업 공정을 분석하고 시설물을 모니터링하여 작업 효율과 안전을 제공하는 것
⑤ 건물에 센서를 붙여 전력량을 원격으로 관리하면서 에너지 효율성을 증대하는 것

해설 사물인터넷(IoT, Internet of Things)은 사람과 사물, 사물과 사물끼리 인터넷으로 연결돼 정보를 생성·수집·공유·활용하는 기술·서비스를 통칭한다.
고객들의 구매 기록을 분석해 소비자의 소비 취향과 관심사를 예측하는 것은 사물인터넷이라기보다는 빅데이터 기술의 활용 사례다. 사물인터넷을 통해 쌓이는 데이터는 기존 기술로 분석할 수 없을 정도로 방대해지므로 이러한 빅데이터를 분석하는 효율적인 알고리즘 개발 필요성이 사물인터넷의 등장과 함께 대두되고 있다.

09 고성장을 이루고 있으면서도 물가상승이 없는 이상적인 상태는?

① 골디락스
② 파레토 최적
③ 리플레이션
④ 스태그플레이션
⑤ 디스인플레이션

해설 고성장을 이루고 있으면서도 물가상승이 없는 이상적인 상태를 골디락스(Goldilocks)라고 한다. 이는 영국의 전래 동화에 등장하는 금발 머리 소녀 골디락스에서 유래한 말이다. 골디락스는 숲속의 곰 가족이 사는 집에 무단침입한 뒤 곰이 끓인 뜨겁고 차갑고 적당한 수프 중 적당한 것을 먹고 기뻐한다. 각국 정부는 성장을 하면서도 물가 안정을 이루는, 너무 뜨겁거나 차갑지 않은 골디락스 경제 상태를 추구하지만 이러한 이상적인 경제 발전 상태를 달성하기란 대단히 어렵다.

② 파레토 최적(pareto optimum) : 어떤 사람의 효용을 감소시키지 않고서는 다른 사람의 효용을 증가시킬 수 없는, 자원 배분이 가장 효율적으로 이루어진 최적의 상태
③ 리플레이션(reflation) : 디플레이션으로부터 벗어났지만 심각한 인플레이션까지는 이르지 않은 상태
④ 스태그플레이션(stagflation) : 경기 침체에도 불구하고 오히려 물가가 오르는 현상
⑤ 디스인플레이션(disinflation) : 인플레이션을 극복하기 위해 통화 발생을 억제하고 재정금융 긴축을 실시하는 조정 정책

10 영화나 방송에서 상품을 소품으로 활용하여 그 상품을 노출시키는 형태의 광고는?

① POP
② PPL
③ 인포머셜
④ 애드버토리얼
⑤ 버추얼 광고

해설 PPL(Products in PLacement advertising)은 영화나 드라마 등 방송에서 특정 제품을 소품으로 노출시켜 광고 효과를 노리는 간접 광고다. PPL은 영상물 제작 시 중요한 수입원이 되고 협찬사도 브랜드 홍보 효과가 크다. 그러나 콘텐츠 내용과 전혀 상관없는 제품이 등장하거나 부자연스러울 정도로 과도하게 노출되면 시청자에게 거부감을 일으키며 역효과가 나타날 수 있다.
① POP(Point Of Purchase advertisement) : 소비자가 최종적으로 상품을 구입하는 판매점 주변에서 전개되는 옥외간판, 윈도 디스플레이, 카운터 진열 등과 같은 광고
③ 인포머셜(informercial) : 정보를 뜻하는 'information'과 광고를 뜻하는 'commercial'의 합성어로 상표나 상품 관련 정보를 10~30분 단위로 구체적으로 충분하게 제공하여 소비자의 이성적인 구매 욕구를 유발하는 정보 광고
④ 애드버토리얼(advertorial) : 광고를 뜻하는 'advertisement'와 논설을 뜻하는 'editorial'의 합성어로 신문·잡지 등에 기사형태로 실리는 광고
⑤ 버추얼 광고(virtual advertising) : 컴퓨터 그래픽을 이용해 가상의 이미지를 방송 프로그램 도중에 끼워 넣는 광고

11 준공과 동시에 해당 시설의 소유권이 국가 또는 지방자치단체에 귀속되며, 사업시행자에게 일정 기간의 시설관리운영권을 인정하는 방식은?

① BTO
② BOT
③ BLT
④ BTL
⑤ ROT

해설 BTO(Build Transfer Operate)에 대한 설명이다. BTO는 민자 사업 방식 가운데 하나로서 준공(Build)이 되면 소유권을 정부에게 넘기고(Transfer) 사업시행자가 20~30년간 운영권(Operate)을 갖는 방식이다. 시행자는 기간 만료 전에 운영권을 팔 수도 있는데, 이를 리파이낸싱이라고 한다.
② BOT(Build Own Transfer) : 사회기반시설 준공 후 일정 기간 동안 소유권은 사업시행자에게 인정되며 기간 만료 후 국가 또는 지자체에 귀속되는 방식
③ BLT(Build Lease Transfer) : 사회기반시설의 준공 후 일정 기간 동안 정부 또는 제3자에게 시설을 임대해 관리·운영토록 한 후 국가 또는 지자체에 소유권이 귀속되는 방식
④ BTL(Build Transfer Lease) : 사회기반시설의 준공과 동시에 국가 또는 지자체에 소유권은 귀속되나 사업시행자가 관리 및 운영권을 갖는 협약기간 동안 국가 또는 지자체가 시설의 임대료를 지불하는 방식
⑤ ROT(Rehabilitate Own Transfer) : 국가 또는 지자체 소유의 기존시설을 정비한 사업시행자에게 일정 기간 동안 시설에 대한 운영권을 인정하는 방식

12 다음 중 노동쟁의와 관계가 없는 것은?

① 보이콧
② 피케팅
③ 프로보노
④ 준법투쟁
⑤ 사보타지

해설 프로보노(pro bono)는 지식이나 기술을 활용한 사회공헌 활동으로서 재능기부와 비슷한 뜻이다. '공익을 위하여'라는 의미의 라틴어 '프로보노 퍼블리코(pro bono publico)'에서 유래한 말이다. 변호사들이 사회 공헌 활동으로서 무료 변론이나 법률상담 서비스를 해주는 것을 프로보노의 사례로 들 수 있다.
① 보이콧(boycott) : 사용자 또는 그와 거래관계가 있는 제3자의 상품구입 또는 시설이용을 거절하거나 그들과의 근로계약 체결을 거절할 것을 호소하는 행위
② 피케팅(picketing) : 다른 근로자나 시민들에게 쟁의 중임을 알리고 근로자 측에 유리한 여론을 형성하거나, 파업에 동조하도록 호소하는 행위
④ 준법투쟁(遵法鬪爭) : 작업장에서 필요한 업무를 최소한으로만 유지하거나 보안·안전 규정을 필요 이상으로 아주 엄격하게 준수함으로써 작업·생산능률을 일부러 저하시키는 쟁의 방식
⑤ 사보타지(sabotage) : 생산·사무활동을 방해하거나 원자재나 생산시설을 파괴하는 행위

13 다음 중 용어의 설명이 잘못된 것은?

① LTV는 주택을 담보로 돈을 빌릴 때 인정되는 자산가치의 비율이다.
② LTI는 자영업자의 소득에 비해 대출이 얼마나 되는지 판단하는 지표다.
③ DTI는 주택담보대출의 연간 원리금의 상환액과 기타 부채에 대해 연간 상환한 이자의 합을 연소득으로 나눈 비율이다.
④ RTI는 부동산임대업 이자상환비율로서 담보가치 외에 임대수익으로 어느 정도까지 이자상환이 가능한지 산정하는 지표다.
⑤ DSR은 대출을 받으려는 사람의 3년간 소득 대비 전체 금융부채의 원리금 상환액 비율이다.

해설 DSR은 대출을 받으려는 사람의 연간 소득 대비 전체 금융부채의 원리금 상환액 비율이다.

14 다음 중 단체교섭에서 다루는 사항은?

① 임금과 근로조건
② 기업의 생산성 향상
③ 노무 관리의 합리적 운영
④ 작업환경 개선
⑤ 근로자의 복지 증진

해설 단체교섭에서 임금 및 근로조건을 교섭한다. ②기업의 생산성 향상, ③노무 관리의 합리적 운영, ④작업환경 개선, ⑤근로자의 복지 증진 등은 노사협의회에서 다루는 사항이다.
단체교섭의 당사자는 노조와 사용자로서 노조가 있음을 전제로 하며 노사협의회의 당사자는 근로자 위원과 사용자 위원이다. 교섭 결렬 시 쟁의 행위가 가능하다. 노사협의회의 당사자는 근로자 위원과 사용자 위원으로서 노조 조직 여부와 관계없으며 쟁의 행위를 수반하지 않는다.

15 다음 중 하이브리드 자동차에 해당하는 것은?

① EV
② HV
③ NEV
④ SUV
⑤ PHEV

해설 PHEV(Plug-in Hybrid Electric Vehicle)는 내연기관과 배터리 기반의 전기모터가 함께 탑재돼 있고 전기 플러그가 장착된 하이브리드 자동차이다.
① EV(Electric Vehicle) : 내연기관 없이 배터리와 모터로 화석연료의 역할을 대신하는 완전한 전기자동차
② HV(Hydrogen Vehicle) : 수소를 연료로 이용하는 수소자동차
③ NEV(Neighborhood Electric Vehicle) : 가까운 동네에서 사용할 수 있도록 한 저속·소형 전기자동차
④ SUV(Sports Utility Vehicle) : 트렁크 공간이 실내와 연결된 2박스 구조로 각종 스포츠 활동에 적합한 다목적 차량

16 G7에 포함되지 않는 나라는?

① 일본
② 러시아
③ 캐나다
④ 프랑스
⑤ 이탈리아

해설 G7은 ▲미국 ▲프랑스 ▲영국 ▲독일 ▲일본 ▲이탈리아 ▲캐나다 등 서방 선진 7개국의 모임이다.

17 일본군의 위안부 강제 동원 사실을 일본 정부가 처음으로 인정한 담화는?

① 고노 담화
② 무라야마 담화
③ 미야자와 담화
④ 간 나오토 담화
⑤ 한일 파트너십 공동선언

해설 1993년 일본 내각 관방장관을 맡고 있던 고노 요헤이는 "위안부의 설치, 관리 및 이송에 관해 옛 일본군이 직접, 간접적으로 관여했다. 군의 요청을 받은 민간업자가 위안부를 모집했지만 감언, 강압에 의하는 등 대체로 본인들의 의사에 반해 이뤄졌다"고 담화를 발표했다. 일본군의 위안부 강제 동원 사실을 일본 정부가 처음으로 인정한 이 담화를 고노 담화라고 한다.

❖ **무라야마 담화 (村山談話)**

무라야마 담화는 일본 종전 50주년인 1995년 8월 15일 무라야마 도미이치 당시 일본 총리가 제국주의 일본의 식민지배에 대해 공식적으로 사죄의 뜻을 표명한 담화이다. 무라야마 총리는 "식민지 지배와 침략으로 아시아 제국의 여러분에게 많은 손해와 고통을 줬다. 의심할 여지없는 역사적 사실을 겸허하게 받아들여 통절한 반성의 뜻을 표하며 진심으로 사죄한다"고 발표했다. 이는 강제동원 피해자 배상 문제나 군 위안부 문제 등은 언급하지 않았지만 일본이 과거사 문제와 관련해 가장 적극적으로 사죄한 것으로 평가된다. 종전 60주년인 2005년 8월 15일 당시 고이즈미 준이치로 일본 총리가 무라야마 담화를 되풀이 했지만 이후 일본 정치권이 우경화되면서 무라야마 담화는 계승되지 않았다.

18 영구정지된 원전으로 묶인 것은?

① 고리 3호기, 한울 1호기
② 고리 3호기, 한빛 1호기
③ 고리 1호기, 한빛 1호기
④ 고리 1호기, 월성 1호기
⑤ 월성 1호기, 한빛 1호기

해설 2017년 6월 고리 1호기에 이어서 2019년 12월 월성 1호기의 영구정지가 확정됐다.

19 다음 중 한국거래소에서 거래하지 않는 상품은?

① ETF
② ELS
③ 개별 주식 상품
④ 달러 선물 옵션
⑤ 코스피200 주가지수 선물

해설 주가연계증권(ELS, Equity Linked Security)은 개별 주식의 가격이나 특정 주가지수의 변동에 연계돼 특정조건 충족 시 약정된 투자손익이 결정되는 금융투자상품으로서 증권사에서 발행·판매한다. 만기, 수익 구조 등을 다양하게 설계할 수 있는 장점이 있으나 유가증권시장에 상장되지 않음에 따라 유동성이 낮고 발행증권사의 신용 리스크에 노출되는 단점이 있다.

20 은행이 건전성과 안전성을 확보할 수 있도록 자기자본을 일정 수준 이상으로 유지하도록 한 비율은?

① BSI 자기자본비율
② SBI 자기자본비율
③ BIS 자기자본비율
④ IBS 자기자본비율
⑤ ISB 자기자본비율

해설 BIS 자기자본비율은 스위스 바젤에 위치한 국제결제은행(BIS, Bank for International Settlement)이 일반 은행에 권고하는 위험자산(부실채권) 대비 자기자본비율을 말한다. 은행이 건전성과 안정성을 확보할 수 있도록 한 국제기준으로서, BIS에서는 보통 자기자본비율의 8% 이상을 유지하라고 권고하고 있다. 자기자본은 은행이 갖고 있는 순수한 은행 돈을 말하며 위험자산은 은행이 빌려준 돈을 위험성에 따라 분류한 자산을 의미한다.

21 대중의 인기에 영합한 선심성 정책을 내세워 권력을 쟁취하려는 정치형태는?

① 마오이즘
② 아나키즘
③ 포퓰리즘
④ 생디칼리즘
⑤ 딜레탕티즘

해설 포퓰리즘(populism)은 정책의 실현가능성이나 옳고 그름 등의 가치판단 등 본래의 목적을 외면하고 대중의 인기에만 영입해 정치적 목적을 달성하려는 정치행태로서 대중주의, 인기영합주의, 대중영합주의라고도 한다.

정답 **14** ① **15** ⑤ **16** ② **17** ① **18** ④ **19** ② **20** ③ **21** ③

22 〈보기〉의 빈칸에 들어갈 말은?

| 보기 |

러시아의 우크라이나 침공과 관련해 유럽연합(EU)은 러시아 주요 은행을 ( )에서 배제하기로 했다. ( )은(는) 전 세계 1만1000개 이상 금융기관들이 안전하게 결제 주문을 주고받는 전산망으로, 이곳에서 퇴출당하면 수출이 사실상 막히게 돼 가장 강력한 제재 수단으로 꼽혔다.

① VPN
② 3GPP
③ SWIFT
④ IETF
⑤ BOA

해설 '국제은행간통신협회'를 뜻하는 SWIFT(Society for Worldwide Interbank Financial Telecommunication·스위프트)에 대한 설명이다.

❖ 3GPP (3rd Generation Partnership Project)

3GPP는 전 세계 이동통신 표준을 제정하는 국제 이동통신 표준화 협력기구다. 무선 접속망, 핵심 전송망, 서비스 요건 등 이동 통신망 기술 표준을 공동 개발하고 있다. 1998년 유럽전기통신표준협회(ETSI)를 중심으로 한국정보통신기술협회(TTA)와 미국, 유럽, 중국, 일본 표준기관이 공동으로 창립했다. 인도 표준기관까지 총 7개 표준화 기구가 참여하고 있다. 3G 표준 규격인 WCDMA(광대역 코드분할 다중접속)도 이곳에서 정해졌다. 참여 표준화 기관을 통해 유럽, 미주, 아시아 지역의 총 770여 개 회원사가 포함돼 있다. 우리나라에서도 SK텔레콤·KT·LG유플러스 등 이동통신 3사를 비롯해 삼성전자·LG전자·현대자동차 등이 참여 중이다.

23 COFIX에 대한 설명으로 옳지 않은 것은?

① 은행이 대출 재원으로 활용 가능한 자금의 잔액과 금리를 가중평균하여 산출한다.
② 신규취급액기준 COFIX는 한 달간 신규로 취급한 수신상품 금액의 가중평균금리다.
③ 은행이 대출에 쓸 자금을 조달하는 데 얼마나 비용(금리)을 들였는지 나타내는 지표다.
④ 후순위채 및 전환사채를 포함한 금융채가 CO-FIX 산출 대상 수신상품에 포함된다.
⑤ 은행은 고객들에게 대출할 때 코픽스를 기준으로 일정한 가산금리를 더한 금리를 적용한다.

해설 COFIX(Cost of Funds Index)는 은행들의 자금조달 관련 정보를 기초로 산출되는 자금조달비용지수로, '신규취급액기준 COFIX', '잔액기준 COFIX', '신(新) 잔액기준 COFIX', '단기 COFIX'로 구분해 은행연합회에서 공시된다.
신규취급액기준 COFIX, 잔액기준 COFIX, 단기 COFIX는 정보제공 은행이 실제로 취급한 다음 수신상품의 금액과 금리를 가중평균하여 산출한다. 산출 대상 수신상품은 ▲정기예금 ▲정기적금 ▲상호부금 ▲주택부금 ▲양도성예금증서 ▲환매조건부채권매도 ▲표지어음매출 ▲금융채 등 8개이며 금융채에서 후순위채와 전환사채는 제외된다. COFIX 정보 제공 은행은 ▲신한은행 ▲우리은행 ▲SC제일은행 ▲하나은행 ▲KB국민은행 ▲한국씨티은행(이상 시중은행) ▲NH농협은행 ▲IBK기업은행(이상 특수은행) 등 8곳이다.

24 MZ 세대에 대한 설명으로 옳지 않은 것은?

① 밀레니얼 세대와 Z세대를 의미한다.
② 신선함과 재미를 소비 요소로 꼽는 성향이 있다.
③ 한국에서 MZ 세대는 전체 인구에서 약 35%를 차지한다.
④ 1990년대부터 2000년대 초반 출생한 세대들을 일컫는다.
⑤ 공정성에 민감해 나쁜 기업을 불매하고 착한 기업에 호응하는 경향을 보인다.

해설 MZ 세대는 1980년대 초와 2000년 사이 출생한 밀레니얼 세대와 1990년대 중반~2000년대 초반 출생한 Z세대를 합친 말이다.

25 다음 중 공유경제의 사례로 보기 어려운 것은?

① 우버
② 따릉이
③ 당근 마켓
④ 에어비앤비
⑤ 넷플릭스

해설 공유경제는 이미 생산된 제품을 여럿이 공유해 쓰는 협업 소비를 기본으로 한 경제 방식이다. 넷플릭스는 공유경제라기보다는 일정 기간 구독료를 지불하고 서비스를 이용하는 구독경제에 해당한다.

26 남북한이 사상 첫 정상회담을 통해 도출한 공동 합의문은?

① 4·27 판문점선언
② 7·4 남북공동성명
③ 6·15 남북공동선언
④ 10·4 남북공동선언
⑤ 9·19 평양공동선언

해설 2000년 6월 15일 남북한 분단 55년 만에 최초로 정상회담이 열렸다. 당시 김대중 전 대통령과 북한 김정일 국방위원장은 6·15 남북공동선언을 도출하고 ▲자주적 통일 ▲남북 연합제와 북측 연방제의 공통성 인정 ▲이산가족 등 인도적 문제 해결 ▲남북 경제협력 방침에 합의했다.

① 4·27 판문점선언 : 2018년 문재인 대통령과 김정은 국무위원장이 남측 판문점 남북정상회담에서 남북관계 개선·전쟁위험 해소·항구적 평화체제 구축 등에 합의해 발표한 선언
② 7·4 남북공동성명 : 1972년 통일의 원칙에 대해 남북한이 동시에 발표한 공동성명
④ 10·4 남북공동선언 : 2007년 노무현 전 대통령과 김정일 국방위원장이 평양 남북정상회담에서 합의한 선언
⑤ 9·19 평양공동선언 : 2018년 문재인 대통령과 김정은 국무위원장이 평양 남북정상회담에서 비핵화·군사·경제·이산가족·문화체육 분야 등에 합의해 발표한 선언

27 〈보기〉에서 가장 나중에 일어난 일은?

보기		
• 아관파천	• 을미사변	• 강화도 조약
• 을사조약	• 운요호 사건	

① 아관파천
② 을미사변
③ 강화도 조약
④ 을사조약
⑤ 운요호 사건

해설 운요호 사건(1875)－강화도 조약(1876)－을미사변(1895)－아관파천(1896~1897)－을사조약(1905) 순으로 일어났다. 을사조약은 1905년 8월 9일 포츠머스 조약으로 조선의 독점 지배권을 인정받은 일본이 1905년 11월 7일 대한제국과 강제적으로 체결한 조약이다. 이 조약으로 대한제국은 외교권을 박탈당했다.

정답 22 ③ 23 ④ 24 ④ 25 ⑤ 26 ③ 27 ④

01 (가), (나) 사이의 시기에 있었던 사실로 옳은 것은?

(가) 영락 6년 병신(丙申)에 왕이 친히 군사를 이끌고 백제[百殘]를 토벌하였다. …… 백제가 의(義)에 복종치 않고 감히 나와 싸우니 왕이 크게 노하여 아리수를 건너 정병(精兵)을 보내 그 도성에 육박하였다. …… 이에 백제왕[殘主]이 …… 이제부터 영구히 고구려왕의 노객(奴客)이 되겠다고 맹세하였다.

(나) 고구려의 대로 제우, 재증걸루, 고이만년 등이 북쪽 성을 공격한 지 7일 만에 함락시키고 남쪽 성으로 옮겨 공격하자, 성 안이 위험에 빠지고 개로왕이 도망하여 나갔다. 고구려 장수 재증걸루 등이 왕을 보고 …… 그 죄를 책망하며 포박하여 아차성 아래로 보내 죽였다.

① 의자왕이 대야성을 함락하였다.
② 미천왕이 서안평을 점령하였다.
③ 동성왕이 나·제 동맹을 강화하였다.
④ 성왕이 한강 하류 지역을 수복하였다.
⑤ 장수왕이 국내성에서 평양으로 천도하였다.

해설 (가) 자료에서는 영락 6년(396)이라는 연호를 통해 광개토 대왕 시기의 일임을 알 수 있다. 반면 (나) 자료에서는 백제의 개로왕이 도망하여 나갔고, 그를 잡아 죽였다는 사실을 통해 5세기 장수왕 때에 한성을 함락(475)한 후 개로왕을 죽인 사건임을 알 수 있다.
고구려 장수왕은 적극적인 남진 정책을 추진하기 위해 수도를 국내성에서 평양으로 옮겼고, 그 결과 한성을 함락하여 개로왕을 죽이기도 하였다. 이에 백제는 수도를 한성에서 웅진으로 옮겨 항전하였다.
⑤ 장수왕이 국내성에서 평양으로 천도한 것(427)은 백제의 한성 함락(475) 이전의 일이다.

오답 피하기
① 백제 의자왕은 신라를 공격하여 대야성을 비롯한 40여 성을 함락시켰다(642).
② 미천왕은 광개토 대왕 이전의 고구려 국왕이다. 미천왕이 서안평을 점령한 것은 4세기의 사실이다.
③ 동성왕이 나·제 동맹을 강화(493)한 것은 백제가 웅진으로 천도(475)하고 난 이후의 사실이다.
④ 성왕은 신라와 연합하여 일시적으로 한강 유역을 수복하였으나(551), 곧 신라 진흥왕에게 빼앗기고 관산성 전투에서 전사하였다(554).

02 (가) 국가의 문화유산으로 옳은 것은?

(가) 은/는 마한의 족속이다. …… 도성을 고마(固麻)라 하였다. 읍(邑)을 일컬어 담로라 하였는데, 중국의 군현과 같았다. 22담로를 두었는데, (왕의) 자제와 종족을 보내 다스렸다.
– 「양직공도」 –

①

②

③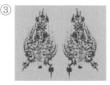

④

⑤

해설 자료에서 (가)가 마한의 족속이라고 한 점, 22담로에 왕의 자제와 종족을 보낸다는 점을 통해 (가)가 백제임을 알 수 있다. 백제는 무령왕 때 22담로를 설치하여 지방에 왕족을 파견하였다.
③ 공주 송산리 고분군 내에 있는 무령왕릉에서 출토된 금제 관식이다.

오답 피하기
① 발해의 돌사자상이다.
② 고구려의 연가 7년명 금동 여래 입상이다.
④ 고령 지산동 고분군에서 출토된 가야의 금동관이다.
⑤ 경주 천마총에서 발견된 천마도이다.

03 다음 사실이 있었던 시기를 연표에서 옳게 고른 것은?

> o (왕이) 선정전 남문에 거둥하여 (사신) 요불과 사현 등 6인을 접견하고 입조한 연유를 묻자 요불 등이 아뢰기를, "…… 만약 9성을 되돌려주어 우리의 생업을 편안하게 해주시면, 우리는 하늘에 맹세하여 자손대대에 이르기까지 공물을 정성껏 바칠 것이며 감히 기와 조각 하나라도 국경에 던지지 않겠습니다."라고 하였다.
> – 『고려사』 –
>
> o (왕이) 선정전 남문에 거둥하여 요불 등을 접견하고 9성의 반환을 허락하자, 요불이 감격하여 울며 감사의 절을 올렸다. ……
> – 『고려사』 –

1019	1104	1232	1270	1356	1380
(가)	(나)	(다)	(라)	(마)	
귀주 대첩	별무반 조직	처인성 전투	개경 환도	쌍성총관부 탈환	진포 대첩

① (가) ② (나) ③ (다)
④ (라) ⑤ (마)

해설 자료에서 요불 등의 사신이 9성을 되돌려 주어 자신들의 생업을 편하게 해달라고 요구하고 있고, 고려의 왕이 이를 허락한다는 내용으로 보아 여진에게 동북 9성을 되돌려 준 1109년의 사실임을 알 수 있다. 고려는 윤관의 건의를 받아들여 1104년에 별무반을 편성하였고, 윤관은 별무반을 이끌고 여진족을 정벌하여 해당 지역에 동북 9성을 축조하였다. 그러나 이후 방어의 어려움과 여진족의 지속적인 요청으로 이를 돌려주었다.

04 (가)에 들어갈 내용으로 옳은 것은?

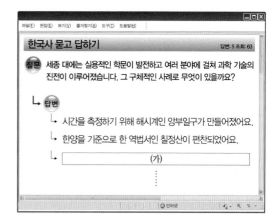

① 개량된 금속 활자인 갑인자가 주조되었어요.
② 폭탄의 일종인 비격진천뢰가 만들어졌어요.
③ 기기도설을 참고하여 거중기가 설계되었어요.
④ 100리 척을 사용한 동국지도가 제작되었어요.
⑤ 사상 의학을 정립한 동의수세보원이 편찬되었어요.

해설 세종 대에는 과학 기술의 발전에 따라 앙부일구, 자격루, 측우기 등이 제작되었다. 또한 원의 수시력을 참고하여 조선의 실정에 맞는 역법서인 『칠정산』을 편찬하기도 하였다.
① 세종 때 계미자를 개량한 갑인자를 주조하였다.

[오답 피하기]
② 비격진천뢰는 선조 때 만들어졌다.
③ 거중기는 정조 때 정약용이 설계하였다.
④ '동국지도'는 영조 때 정상기가 제작하였다.
⑤ 『동의수세보원』은 고종 때 이제마가 편찬하였다.

정답 01 ⑤ 02 ③ 03 ② 04 ①

05 (가)에 대한 설명으로 옳은 것을 보기에서 고른 것은?

> 변방의 일은 병조가 주관하는 것입니다. …… 그런데 근래 변방 일을 위해 <u>(가)</u> 을/를 설치했고, 변방에 관계되는 모든 일을 실제로 다 장악하고 있습니다. …… 혹 병조 판서가 참여하는 경우가 있기는 하지만 도리어 지엽적인 입장이 되어버렸고, 참판 이하의 당상관은 전혀 일의 내용을 모르고 있습니다. …… 청컨대 혁파하소서.

───┤ 보기 ├───

ㄱ. 왕명 출납을 맡은 왕의 비서 기관이었다.
ㄴ. 임진왜란 이후 조직과 기능이 확대되었다.
ㄷ. 조광조를 비롯한 사림의 건의로 혁파되었다.
ㄹ. 세도 정치 시기에 외척의 세력 기반이 되었다.

① ㄱ, ㄴ   ② ㄱ, ㄷ   ③ ㄴ, ㄷ
④ ㄴ, ㄹ   ⑤ ㄷ, ㄹ

해설 자료에서 근래 변방의 일을 위해 (가)를 설치하였다는 사실을 통해 조선 시대 변방의 방비를 위해 설치한 비변사에 대한 것임을 알 수 있다. 비변사는 조선 중종 때 3포 왜란을 계기로 설치된 임시 회의 기구였다.
ㄴ. 비변사는 을묘왜변을 거치면서 상설 기구로 변하였고, 임진왜란을 거치면서 그 기능과 구성이 확대되었다.
ㄹ. 비변사는 세도 정치 시기에 세도 가문의 권력 기반이 되었고, 흥선 대원군 집권기에 의정부와 삼군부의 기능을 부활시키면서 그 힘이 약해졌다.

오답 피하기
ㄱ. 왕명 출납을 맡은 국왕의 비서 기관은 승정원이다.
ㄷ. 조광조를 비롯한 사림의 건의로 혁파된 것은 도교 의식을 주관하던 기관인 소격서이다.

06 밑줄 그은 '이 개혁'의 내용으로 옳은 것은?

> 이것은 고종이 종묘에 바친 독립서고문으로 홍범 14조가 포함되어 있습니다. 홍범 14조는 김홍집과 박영효의 연립 내각이 주도한 이 개혁의 기본 방향이 되었습니다.

① 양전 사업을 실시하고 지계를 발급하였다.
② 상회사인 대동 상회, 장통 상회를 설립하였다.
③ 황제의 군사권을 강화하기 위하여 원수부를 설치하였다.
④ 근대식 무기 제조 기술 도입을 위하여 영선사를 파견하였다.
⑤ 교육 입국 조서를 반포하고 한성 사범 학교 관제를 마련하였다.

해설 자료에서 '독립 서고문'이 제시되었고, 홍범 14조가 개혁의 기본 방향이 되었다는 점, 김홍집과 박영효의 연립 내각이 주도하였다는 점 등을 통해 밑줄 그은 '이 개혁'이 제2차 갑오개혁임을 알 수 있다.
⑤ 제2차 갑오개혁으로 근대 교육에 대한 기본 방향을 담은 교육 입국 조서가 발표되었고, 한성 사범 학교 관제도 마련되었다.

오답 피하기
① 지계를 발급한 것은 광무개혁의 내용에 해당한다.
② 대동 상회, 장통 상회가 설립된 것은 갑오개혁 이전의 사실이다.
③ 원수부를 설치한 것은 광무개혁의 내용에 해당한다.
④ 청의 근대식 무기 제조법 및 군사 훈련 습득을 위해 1881년에 영선사가 파견되었다.

07 (가) 부대에 대한 설명으로 옳은 것은?

이것은 (가) 의 총사령인 양세봉 (楊世奉) 장군의 흉상으로, 광복 50주년을 기념하여 중국 동북 지역에 거주하는 동포들의 모금을 통해 세워졌습니다. 양세봉 장군은 영릉가와 흥경성 전투에서 일본군을 격퇴하였습니다.

① 남만주에서 중국군과 연합 작전을 전개하였다.

② 연합군의 일원으로 인도·미얀마 전선에 파견되었다.

③ 간도 참변 이후 조직을 정비하고 자유시로 이동하였다.

④ 중국 관내(關內)에서 조직된 최초의 한인 무장 부대였다.

⑤ 홍범도 부대와 연합하여 청산리에서 일본군과 교전하였다.

해설 자료에서 (가)의 총사령이 양세봉이라고 한 점, 영릉가와 흥경성 전투에서 일본군을 격퇴하였다는 점을 통해 (가)가 조선 혁명군임을 알 수 있다. 국민부 계열의 조선 혁명당의 군사 조직인 조선 혁명군은 양세봉이 총사령으로 활동하였다.

① 남만주 일대에서 활발하게 무장 투쟁을 전개한 조선 혁명군은 중국 의용군과 연합하여 영릉가·흥경성 전투에서 승리하였다.

오답 피하기

② 연합군의 일원으로 인도·미얀마 전선에 파견된 것은 한국광복군이다.

③ 간도 참변 이후 조직을 정비하고 자유시로 이동한 것은 서일이 주도한 대한 독립 군단이다.

④ 중국 관내에서 조직된 최초의 한인 무장 부대는 조선 의용대이다.

⑤ 홍범도 부대와 연합하여 청산리에서 일본군과 교전한 것은 김좌진의 북로 군정서이다.

08 (가) 지역에서 있었던 사실로 옳은 것은?

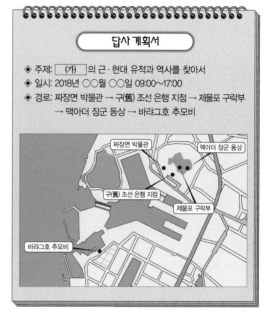

답사 계획서

◈ 주제: (가) 의 근·현대 유적과 역사를 찾아서
◈ 일시: 2018년 ○○월 ○○일 09:00~17:00
◈ 경로: 짜장면 박물관 → 구(舊) 조선 은행 지점 → 제물포 구락부 → 맥아더 장군 동상 → 바랴그호 추모비

① 개항 이후 조계가 설정되었다.

② 제1차 미·소 공동 위원회가 개최되었다.

③ 일본과의 무역을 위한 왜관이 설치되었다.

④ 강우규가 사이토 총독에게 폭탄을 투척하였다.

⑤ 영국군이 러시아 견제를 빌미로 불법 점령하였다.

해설 자료에서 제물포 구락부, 맥아더 장군의 동상 등이 제시된 점 등을 통해 (가) 지역이 인천임을 알 수 있다.

① 인천은 개항 이후 조계가 설정되었던 곳이다.

오답 피하기

② 제1차 미·소 공동 위원회가 개최되었던 곳은 덕수궁 석조전이다.

③ 일본과의 무역을 위해 왜관이 설치된 곳은 부산, 진해, 울산 등이다.

④ 강우규가 사이토 총독에게 폭탄을 투척한 곳은 서울이다.

⑤ 영국군이 러시아 견제를 빌미로 불법 점령하였던 곳은 거문도이다.

정답 05 ④ 06 ⑤ 07 ① 08 ①

01 〈보기〉의 설명에 따를 때, 밑줄 친 부분에 해당하는 예로 적절한 것은?

── 보기 ──

우리말의 합성어는 형성 방식이 국어의 정상적인 단어 배열법에 일치하는 통사적 합성어와 그렇지 않은 비통사적 합성어로 나눌 수 있다.

① 논밭
② 작은집
③ 뻐꾹새
④ 본받다
⑤ 앞서다

해설 문법

'뻐꾹새'는 '뻐꾹(부사)+새(체언)'로 일반적인 우리말의 통사 구조와 일치하지 않는 비통사적 합성어이다.

정답 ③

02 문장 표현이 가장 자연스러운 것은?

① 제시간에 도착한 것은 비단 나뿐이었다.
② 불조심을 하는 것은 아무리 강조해도 지나치지 않다.
③ 악조들이 이곳을 통과했을 것이라고 생각되어집니다.
④ 그녀는 SF 영화나 연애 소설을 읽으면서 시간을 보냈다.
⑤ 목요일 한때 비가 오면서 기온이 낮아질 것으로 예상된다.

해설 문장 표현

① 부사어 '비단'과 서술어의 호응이 어색하다.
② 번역 투 문장으로 자연스럽지 않다.
③ '생각되어지다'는 이중 피동으로 '생각되다'라는 파생적 피동사에 '-어지다'라는 통사적 피동의 요소가 동시에 결합됐다.
④ 목적어와 서술어의 호응이 적절하지 않다

정답 ⑤

03 외래어 표기가 올바른 것은?

① 앙케이트
② 리더쉽
③ 알러지
④ 나르시시즘
⑤ 심포지움

해설 외래어

① 앙케트가 올바른 표기이다.
② 리더십이 올바른 표기이다.
③ 알레르기가 올바른 표기이다.
⑤ 심포지엄이 올바른 표기이다.

정답 ④

04 밑줄 친 고유어와 한자어의 대응이 적절하지 않은 것은?

① 남자는 보육원에서 막 떠나온 아이를 불쌍히[측은(惻隱)히] 여겼다.
② 열흘 전에 고속 도로에서 버스가 뒤집히는[전복(顚覆)되는] 사고가 발생했다.
③ 블랙홀을 관찰하기 위해 우주선에 적외선 망원경을 실어서[탑재(搭載)해서] 발사했다.
④ 그녀는 퇴임식에서 교장의 책임을 벗게[탈피(脫皮)하게] 되어 후련하다는 말을 남겼다.
⑤ 무인도에 전화를 놓는[가설(架設)하는] 공사를 시작한 지 1년이 넘었는데도 여전히 진척이 없었다.

해설 어휘

④에서 사용된 '벗다'는 '의무나 책임 따위를 면하게 되다.'를 뜻하는 고유어이다. 따라서 '일정한 상태나 처지에서 완전히 벗어나다.'를 의미하는 '탈피(脫皮)하다'와 대응시킨 것은 적절하지 않다.

정답 ④

05 밑줄 친 부분의 표기가 올바른 것은?

① 무슨 말인지 당췌 모르겠다.
② 은경이는 애들 뒤치닥꺼리에 바쁘다.
③ 엉뚱한 사람에게 덤테기를 씌우지 마라.
④ 아버지는 돈을 허투루 쓰는 분이 아니었다.
⑤ 그녀는 어릴 적부터 별에별 고생을 다 했다.

해설 **맞춤법**
① 당최, ② 뒤치다꺼리, ③ 덤터기, ⑤ 별의별'이 올바른 표기이다.

정답 ④

06 밑줄 친 말이 표준어가 아닌 것은?

① 그는 장사가 잘된다고 뻐긴다.
② 그 회장은 뇌졸중으로 쓰러졌다.
③ 여름에는 모밀 국수가 최고이다.
④ 하도 기가 막혀서 말문이 막혔다.
⑤ 고작 경찰 끄나풀이나 하려고 대학 나왔니?

해설 **표준어**
흔히들 '모밀'로 많이 쓰지만, '메밀'이 표준어이다.

정답 ③

	자주 출제되는 고유어	자주 출제되는 외래어 표기법	
가직하다	거리가 조금 가깝다	nonsense	난센스
다따가	난데없이 갑자기	nuance	뉘앙스
모집다	허물이나 과실을 명백하게 지적하다	dilemma	딜레마
사품	어떤 동작이나 일이 진행되는 바람이나 겨를	royalty	로열티
열없다	좀 겸연쩍고 부끄럽다	mushroom	머시룸

01 다음 글의 내용과 일치하지 않는 것은?

The Second Amendment of the U.S. Constitution states : "A well-regulated Militia, being necessary to the security of a free State, the right of the people to keep and bear Arms, shall not be infringed." Supreme Court rulings, citing this amendment, have upheld the right of states to regulate firearms. However, in a 2008 decision confirming an individual right to keep and bear arms, the court struck down Washington, D.C. laws that banned handguns and required those in the home to be locked or disassembled. A number of gun advocates consider ownership a birthright and an essential part of the nation's heritage. The United States, with less than 5 percent of the world's population, has about 35~50 percent of the world's civilian-owned guns, according to a 2007 report by the Switzerland-based Small Arms Survey. It ranks number one in firearms per capita. The United States also has the highest homicide-by-firearm rate among the world's most developed nations. But many gun-rights proponents say these statistics do not indicate a cause-and-effect relationship and note that the rates of gun homicide and other gun crimes in the United States have dropped since highs in the early 1990's.

① In 2008, the U.S. Supreme Court overturned Washington, D.C. laws banning handguns.

② Many gun advocates claim that owning guns is a natural-born right.

③ Among the most developed nations, the U.S. has the highest rate of gun homicides.

④ Gun crimes in the U.S. have steadily increased over the last three decades.

유형 독해

어휘 constitution 헌법 / well-regulated 잘 규율된, 잘 정돈된 / militia 민병대, 시민군 / bear (무기 등을) 몸에 지니다 / infringe 침해하다, 어기다 / Supreme Court 대법원 / ruling 판결 / cite 인용하다 / uphold 지지하다, 인정하다, 유지하다 / regulate 규제하다, 관리하다 / firearms (소형, 권총 등의) 소형 화기 / strike down 폐지하다 / disassemble 분해하다 / advocate 옹호자, 지지자 / birthright 생득권 / heritage 유산 / per capita 1인당 / homicide 살인 / proponent 지지자 / overturn 뒤집다 / cause-and-effect 인과관계의, 원인과 결과의 / natural-born 타고난, 천부적인 / steadily 꾸준히, 끊임없이

해설 마지막 문장에서 미국의 총기 살인 및 기타 총기 범죄는 1990년대 초 최고치 이후로 감소해왔다고 언급하고 있으므로, 총기 범죄가 감소하는 추세임을 알 수 있다. 따라서 ④는 글의 내용과 일치하지 않는다.

해석 미국 헌법의 헌법 수정 제2조는 "잘 규율된 민병대는 자유로운 주의 안보에 필요하므로, 사람들이 무기를 소지하고 휴대할 권리는 침해될 수 없다."고 명시한다. 이 수정 헌법 조항을 인용한 대법원의 판결은 주의 총기 규제 권한을 옹호해왔다. 그러나, 개인이 무기를 소지하고 휴대할 권리를 확정하는 2008년 판결에서, 법원은 권총을 금지하고 가정의 권총을 잠그거나 분해하도록 한 Washington, D.C.의 법을 무너뜨렸다. 수많은 총기 옹호자들은 (총기) 소유권을 생득권이며 국가 유산의 필수 요소로 여긴다. 스위스에 기반을 둔 Small Arms Survey의 2007년 보고서에 따르면, 세계 인구의 5% 미만인 미국은 세계의 민간인 소지 권총의 약 35~50%를 차지한다. 이는 1인당 총기 보유에서 1위를 차지한다. 미국은 또한 세계의 최선진국들 가운데 가장 높은 총기에 의한 살인율을 보유하고 있다. 그러나 많은 총기 권리 옹호자들은 이러한 통계가 인과관계를 나타내지는 않는다고 말하며 미국의 총기 살인 및 기타 총기 범죄율은 1990년대 초 최고치 이후로 감소 해왔다고 언급한다.

정답 ④

02 다음 글의 내용과 일치하지 않는 것은?

Dubrovnik, Croatia, is a mess. Because its main attraction is its seaside Old Town surrounded by 80-foot medieval walls, this Dalmatian Coast town does not absorb visitors very well. And when cruise ships are docked here, a legion of tourists turn Old Town into a miasma of tank-top-clad tourists marching down the town's limestone-blanketed streets. Yes, the city of Dubrovnik has been proactive in trying to curb cruise ship tourism, but nothing will save Old Town from the perpetual swarm of tourists. To make matters worse, the lure of making extra money has inspired many homeowners in Old Town to turn over their places to Airbnb, making the walled portion of town one giant hotel. You want an "authentic" Dubrovnik experience in Old Town, just like a local? You're not going to find it here. Ever.

① Old Town은 80피트 중세 시대 벽으로 둘러싸여 있다.
② 크루즈 배가 정박할 때면 많은 여행객이 Old Town 거리를 활보한다.
③ Dubrovnik 시는 크루즈 여행을 확대하려고 노력해 왔다.
④ Old Town에서는 많은 집이 여행객 숙소로 바뀌었다.

유형 독해

어휘 mess 엉망, 혼란 / attraction 명소, 관광지 / medieval 중세의 / absorb 받아들이다, 흡수하다 / dock 정박하다 / legion 다수, 큰 떼 / miasma (지저분한·불쾌한) 공기[기운, 냄새] / -clad ~(옷)을 입은 / limestone 석회석, 석회암 / blanket 뒤덮다 / proactive 적극적인, 주도적인 / curb 억제하다, 제한하다 / perpetual 끊임없는 / swarm 떼, 무리, 군중 / lure 유혹, 매력

해설 본문 중반부에서 Dubrovnik 시는 크루즈 여행을 억제하기 위해 노력하는 데 적극적이었다고 했으므로, ③은 글의 내용과 반대 된다.

해석 크로아티아의 Dubrovnik 시는 엉망이다. 그곳의 주요 명소가 80피트의 중세 시대 벽으로 둘러싸인 해변가의 Old Town이기 때 문에, 이 Dalmatian Coast 마을은 방문객을 그다지 잘 흡수하지 못한다. 그리고 크루즈 배가 이곳에 정박할 때, 많은 여행객들이 Old Town을 마을의 석회암으로 뒤덮인 거리를 탱크톱을 입고 활보하는 여행객들의 기운으로 바꾸어 놓는다. 그렇다, Dubrovnik 시는 크루 즈 여행을 억제하기 위해 노력하는 데 적극적이었으나, 끊임없는 여행객 무리로부터 Old Town을 구할 것은 아무 것도 없을 것이다. 설 상가상으로, 여분의 돈을 벌 수 있다는 유혹은 Old Town의 많은 집주인들을 자신들의 집을 Airbnb로 바꾸도록 자극했고, 마을의 벽으 로 둘러싸인 부분을 하나의 거대한 호텔로 만들었다. 당신은 마치 지역 주민처럼 Old Town에서 '진정한' Dubrovnik 시를 경험하고 싶 은가? 당신은 여기에서 그것을 찾지 못할 것이다. 절대로.

정답 ③

독/해/추/론

01 다음 글의 내용이 참일 경우, 반드시 거짓인 진술을 고르면?

> 바이오 기술의 범위는 매우 방대한데, 그 응용분야의 특색에 따라 레드 바이오, 그린 바이오, 화이트 바이오로 분류한다. 이 중에서 화이트 바이오는 환경·에너지 분야에서 활용되는 바이오 기술을 뜻한다. 옥수수나 콩, 사탕수수, 목재, 미생물, 효소 등의 바이오 매스를 활용하여 기존 화학제품을 대체하는 바이오 플라스틱, 바이오 에탄올 등을 만드는 식이다. 또한 에너지를 생성하는 것도 가능한데, 기존 발전 방식보다 이산화탄소 배출량이 획기적으로 적은 것이 특징이며, 최근에는 산업이나 가정에서 나온 폐기물을 바이오 매스로 활용하여 에너지를 생산하는 연구가 진행되고 있다. 이러한 특성들로 인해 최근 환경 이슈와 맞물려 가장 주목받는 산업으로 부상하고 있다.

① 환경 문제와 화이트 바이오는 서로 밀접한 관련이 있다.
② 가정에서 나온 폐기물은 바이오 매스 자원으로 고려되지 않는다.
③ 레드 바이오는 보건·의료 분야에서 활용되는 바이오 기술을 뜻한다.
④ 화이트 바이오 발전 방식을 활용하면 이산화탄소 배출 저감에 도움이 된다.
⑤ 화이트 바이오 기술을 활용하면 기존 화학제품을 대체하는 제품을 만들 수 있다.

해설 ① 화이트 바이오는 환경·에너지 분야에서 활용되는 바이오 기술을 뜻하며, 최근 환경 이슈와 맞물려 가장 주목받는 산업으로 부상하고 있으므로 환경 문제와 밀접한 관련이 있음을 알 수 있다. (○)
② 최근에는 산업이나 가정에서 나온 폐기물을 바이오 매스로 활용하여 에너지를 생산하는 연구가 진행되고 있다. 따라서 가정에서 나온 폐기물도 바이오 매스 자원으로 고려된다. (×)
③ 주어진 글에서는 화이트 바이오에 대한 설명만 있을 뿐, 레드 바이오에 대한 내용은 없으므로 알 수 없다. 참고로 레드 바이오는 보건·의료 분야, 그린 바이오는 농업·식량 분야에서 활용되는 바이오 기술을 뜻한다. (△)
④ 화이트 바이오로 에너지를 생성하는 것도 가능한데, 기존 발전 방식보다 이산화탄소 배출량이 획기적으로 적은 것이 특징이다. (○)
⑤ 화이트 바이오 기술을 활용하면 기존 화학제품을 대체하는 바이오 플라스틱, 바이오 에탄올 등을 만들 수 있다. (○)

정답 ②

02 다음 글과 [보기]를 읽고 한 추론 중 가장 적절하지 않은 것을 고르면?

> 하품의 원인에 대해선 다양한 학설들이 있다. 예전에는 산소가 부족할 때 산소를 더 얻기 위한 신체적 반응이라는 가설이 주류였지만, 최근 학설에 따르면 하품은 체온, 특히 뇌의 온도를 조절하는 중요한 기능이 있다고 한다. 하품은 열에 시달리고 있는 뇌의 온도를 시원하게 낮추는 에어컨 같은 역할을 하는 것이다.

───┤ 보기 ├───

> 고대 그리스에서는 인간의 영혼이 하늘로 도망치려 할 때 하품을 하게 된다고 믿고 있었다. 몸속에 있는 영혼이 빠져나가니 하품은 되도록 금기시되었고, 하게 되더라도 입을 가리고 하는 것이 관례로 자리 잡았다.

① 고대 그리스인들은 영혼의 존재를 믿고 있었다.

② 그리스 시대에는 하품으로 체온을 조절하지 않았다.

③ 뇌의 온도가 지나치게 올라가면 문제가 생길 수 있다.

④ 추운 환경보다는 따뜻한 환경에서 하품이 더 자주 발생할 것이다.

⑤ 하품을 할 때 입을 가리는 행위는 고대 그리스에서부터 이어져 온 것일 수 있다.

해설 ① 고대 그리스에서는 하품을 할 때 인간의 영혼이 빠져 나간다고 믿고 있었으므로, 영혼의 존재도 믿고 있었을 것이다. (○)

② 하품으로 체온을 조절하는 것은 시대에 따른 믿음과 관계없는 과학적 사실이므로, 그리스 시대에는 하품으로 체온을 조절하지 않았다는 추론은 적절하지 않다. (×)

③ 뇌의 온도가 올라가면 하품을 통하여 온도를 조절하므로, 뇌의 온도가 지나치게 올라가면 문제가 생겨 이러한 자동 조절 반응이 생긴 것이라고 추론할 수 있다. (○)

④ 추운 환경보다는 따뜻한 환경에서 뇌의 온도가 더 올라갈 것이므로, 따뜻한 환경에서 하품을 더 하게 될 것이라는 추론이 가능하다. (○)

⑤ 고대 그리스에서 하품을 할 때 입을 가리고 하는 것이 관례로 자리 잡았고, 현대에도 하품을 하면 입을 가리곤 하므로 이 행위가 고대 그리스부터 이어져 온 것일 수도 있다는 의심은 충분히 할 수 있다. 다만, 의심 수준만 가능하다. 만약 해당 선택지가 "고대 그리스에서부터 이어져 온 것이다."라고 되어 있고, ②가 없었다면 충분히 정답으로 선택할 수도 있다. (○)

정답 ②

문 / 제 / 해 / 결 / 능 / 력

01 다음 글을 읽고 트리즈의 사례로 적절하지 않은 것을 고르면?

> 지난해 말부터 급성장하는 무선 이어폰 시장을 잡으려는 업계의 사투가 치열하다. 시장 조사 업체의 리서치에 따르면 전 세계 무선 이어폰 시장은 2018년 4,600만 대에서 지난해 1억 2,000만 대, 올해 2억 3,200만 대로 급속히 몸집을 키우고 있다. 2025년에는 15억 대 시장으로 확대될 것으로 예상되면서 1위인 A사의 시장 점유율을 뺏어 오기 위한 후발주자들의 각축전이 분주하다.
> 이러한 무선 이어폰의 기술 기저에는 '트리즈(TRIZ)' 기법의 빼기 발상법이 자리하고 있다. 정보의 홍수 시대를 살아가는 인류에게 통찰력에 기반하여 불필요한 정보를 빼는 것만으로도 창의적인 아이디어를 생산해 낼 수 있다는 것이 트리즈의 핵심 원리인 것이다

① 일본의 D사는 날개 없는 선풍기를 개발하여 특허를 취득하였다.

② G사는 홈페이지에 검색창을 제외한 나머지 콘텐츠를 모두 삭제하였다.

③ A가전업체는 양쪽을 접어 올릴 수 있는 접이식 키보드를 개발하였다.

④ 많은 기업들은 조직의 몸집을 줄이고 효율적인 인력 운용을 위해 아웃소싱을 확대하였다.

⑤ 최근 개봉한 B영화는 2주 전부터 탁월한 티저 광고를 송출하여 흥행 기록을 경신하였다.

해설 주어진 글에서 언급된 '트리즈' 기법은 창의적 문제 해결 이론을 의미하는 러시아 말에서 앞 글자만 딴 것이다. 트리즈 기법을 활용한 원칙 중 빼기 발상법은 다양한 기능을 첨가하는 대신 오히려 기능과 부품을 생략하고 제거함으로써 더 많은 효과를 얻을 수 있음을 보여 주는 방법이다. 하지만 접이식 키보드는 기존의 키보드에 접을 수 있는 기능이 부가된 것으로 빼기발상법이 적용된 사례라고 볼 수 없다.

정답 ③

02 K기업은 A, B, C, D, E 지점에 충전소를 설치하려고 한다. 다음 [조건]이 모두 성립한다고 할 때, 항상 옳은 것을 고르면?

┤ 조건 ├

ㄱ B에 설치하면 D에도 설치한다.
ㄴ E에 설치하지 않으면 C에 설치한다.
ㄷ A 또는 C에 설치한다.
ㄹ A, B 중 적어도 한 곳에 설치한다.
ㅁ C, D에는 모두 설치하거나 모두 설치하지 않는다.

① A에 설치한다.
② C와 D에는 설치하지 않는다.
③ 충전소는 단 두 지점에만 설치할 수 있다.
④ 'D에 설치하지 않는다.'는 항목이 추가된다면 A, E에만 설치할 수 있다.
⑤ 'B와 C에 설치하지 않는다.'는 항목이 추가된다면 아무 지점에도 설치할 수 없다.

해설 'D에 설치하지 않는다.'는 항목이 추가된다면 ㄱ에 따라 B에는 설치할 수 없다. 또한 ㅁ에 따라 C에도 설치할 수 없다. ㄷ, ㄹ에 따라 A에는 반드시 설치해야 하고, ㄴ에 따라 E에도 설치해야 한다. 따라서 'D에 설치하지 않는다.'는 항목이 추가된다면 A, E에만 설치할 수 있다.

정답 ④

고 / 난 / 도

01 다음 [표]는 어느 학술지의 우수논문 선정 대상 논문 Ⅰ~Ⅴ에 대한 심사자 갑, 을, 병의 선호순위를 나열한 자료이다. 주어진 [규칙]을 참고하여 Ⅰ이 우수논문으로 선정될 확률을 고르면?(단, 우수논문 선정 방식 (A), (B), (C)를 적용할 확률은 모두 동일하다.)

[표] 심사자별 논문 선호순위

심사자 \ 논문	Ⅰ	Ⅱ	Ⅲ	Ⅳ	Ⅴ
갑	1	2	3	4	5
을	1	4	2	5	3
병	5	3	1	4	2

※ 선호순위는 1~5의 숫자로 나타내며, 숫자가 낮을수록 선호가 더 높음

[규칙]

• 평가 점수 산정 방식

(가) [(선호순위가 1인 심사자 수×2)+(선호순위가 2인 심사자 수×1)]의 값이 가장 큰 논문은 1점, 그 외의 논문은 2점의 평가 점수를 부여한다.

(나) 논문별 선호순위의 중앙값이 가장 작은 논문은 1점, 그 외의 논문은 2점의 평가 점수를 부여한다.

(다) 논문별 선호순위의 합이 가장 작은 논문은 1점, 그 외의 논문은 2점의 평가 점수를 부여한다.

• 우수논문 선정 방식

(A) 평가 점수 산정 방식 (가), (나), (다) 중 한 가지만을 활용하여 평가 점수가 가장 낮은 논문을 우수논문으로 선정한다. 단, 각 산정 방식이 활용될 확률은 동일하다.

(B) 평가 점수 산정 방식 (가), (나), (다)에서 도출된 평가 점수의 합이 가장 낮은 논문을 우수논문으로 선정한다.

(C) 평가 점수 산정 방식 (가), (나), (다)에서 도출된 평가 점수에 가중치를 각각 $\frac{1}{6}$, $\frac{1}{3}$, $\frac{1}{2}$씩 적용한 점수의 합이 가장 낮은 논문을 우수논문으로 선정한다.

※ 중앙값은 모든 관측치를 크기 순서로 나열하였을 때, 중앙에 오는 값을 의미함. 예를 들어 선호순위가 2, 3, 4인 경우 3이 중앙값이며, 선호순위가 2, 2, 4인 경우 2가 중앙값임
※ 점수의 합이 가장 낮은 논문이 2편 이상이면 심사자 병의 선호순위가 더 높은 논문을 우수논문으로 선정함

① $\frac{2}{9}$

② $\frac{1}{3}$

③ $\frac{4}{9}$

④ $\frac{5}{9}$

⑤ $\frac{2}{3}$

정답 풀이

평가 점수 산정 방식 (가), (나), (다)에 의한 평가 점수를 정리하면 다음과 같다.

논문	선호순위가 1인 심사자 수	선호순위가 2인 심사자 수	계산값	(가) 평가 점수
I	2	0	4	1점
II	0	1	1	2점
III	1	1	3	2점
IV	0	0	0	2점
V	0	1	1	2점

논문	선호순위 중앙값	(나) 평가 점수	선호순위 합	(다) 평가 점수
I	1	1점	7	2점
II	3	2점	9	2점
III	2	2점	6	1점
IV	4	2점	13	2점
V	3	2점	10	2점

한편 우수논문 선정 방식 (A), (B), (C)를 적용할 확률은 모두 $\frac{1}{3}$로 동일하다. 적용할 선정 방식이 결정되었을 때, 각 선정 방식에서 I이 우수논문으로 선정될 확률은 다음과 같다.

• (A): 평가 점수 산정 방식이 (가), (나)일 경우 I이 선정되고, 평가 점수 산정 방식이 (다)일 경우 III이 선정된다. 각 산정 방식이 활용될 확률이 동일하므로 I이 선정될 확률은 $\frac{2}{3}$이다.

• (B): 평가 점수의 합은 다음과 같다.

논문	(가) 평가 점수	(나) 평가 점수	(다) 평가 점수	평가 점수 합
I	1점	1점	2점	4점
II	2점	2점	2점	6점
III	2점	2점	1점	5점
IV	2점	2점	2점	6점
V	2점	2점	2점	6점

따라서 선정 방식 (B)가 적용되면, 100%의 확률로 I이 선정된다.

• (C): 가중치를 반영한 평가 점수의 합은 다음과 같다.

논문	(가) 평가 점수	(나) 평가 점수	(다) 평가 점수	가중치를 반영한 평가 점수 합
I	1점	1점	2점	$(1\times\frac{1}{6})+(1\times\frac{1}{3})+(2\times\frac{1}{2})=1.5$(점)
II	2점	2점	2점	$(2\times\frac{1}{6})+(2\times\frac{1}{3})+(2\times\frac{1}{2})=2$(점)
III	2점	2점	1점	$(2\times\frac{1}{6})+(2\times\frac{1}{3})+(1\times\frac{1}{2})=1.5$(점)
IV	2점	2점	2점	$(2\times\frac{1}{6})+(2\times\frac{1}{3})+(2\times\frac{1}{2})=2$(점)
V	2점	2점	2점	$(2\times\frac{1}{6})+(2\times\frac{1}{3})+(2\times\frac{1}{2})=2$(점)

I과 III의 점수가 1.5점으로 같으므로, 둘 중 심사자 병의 선호순위가 더 높은 III이 선정된다.

따라서 선정 방식 (C)가 적용되면, I이 선정될 확률은 0%이다.

그러므로 I이 우수논문으로 선정될 확률은 $(\frac{1}{3}\times\frac{2}{3})+(\frac{1}{3}\times1)+(\frac{1}{3}\times0)=\frac{5}{9}$이다.

정답 ④

해결 TIP

이 문제는 2021년 5급 공채 PSAT 기출 변형 문제로 표와 규칙이 주어진 복합 자료를 바탕으로 계산 과정을 통해 정답을 선택하는 NCS 자료해석 유형입니다. 이런 유형은 NCS 필기시험에서 자주 출제되는 유형은 아니지만, 선택지·보기의 정오를 판단하여 정답을 선택하는 일반적인 유형과 비교해 다소 난이도가 높기 때문에 고난도 NCS 유형을 대비하기 위해서는 해당 유형을 학습할 필요가 있습니다. 결괏값을 구하는 문제이므로 정오 판단 유형처럼 소거법을 이용하여 문제를 해결할 수는 없지만, 복잡한 계산 과정을 통해 결괏값을 구하지 않아도 해결할 수 있는 방법이 여러 가지 있습니다. 근사치를 구하여 비교적 가까운 값에 해당하는 선택지를 찾는 경우와 자릿수별 숫자의 차이를 확인하여 해당 자릿수만을 계산하는 등의 방법이 있습니다. 또한 계산 과정상의 해결 외에 주어진 조건의 내용을 바탕으로 생략할 부분을 찾아 불필요한 계산을 하지 않고 빠르게 건너뛰어 결괏값을 구할 수 있는 방법도 있습니다. 문제를 본격적으로 풀기 전 적용할 수 있는 방법이 무엇인지 먼저 파악한 후 해결하도록 합니다.

우선 평가 점수 산정 방식 (가)를 보면, I의 경우 2명으로부터 선호순위 1을 받아 [(선호순위가 1인 심사자 수×2)+(선호순위가 2인 심사자 수×1)]의 값이 (2×2)로 4인데, 남은 II~V 중 이보다 더 높은 계산값을 받을 수 있는 논문은 없음을 알 수 있습니다. 선호순위 1인 심사자 1명, 선호순위 2인 심사자 2명인 논문이 있다면 동일한 계산값인 4를 받을 수 있지만, 이에 해당하는 논문은 없으므로, II~V는 굳이 계산하지 않아도 계산값이 I보다 작다는 것을 쉽게 알 수 있습니다. 따라서 평가 점수 산정 방식 (가)의 경우 I이 평가 점수 1점, 나머지 II~V는 평가 점수는 2점임을 알 수 있습니다. 평가 점수 산정 방식 (나)를 보면, I은 선호순위의 중앙값이 1로 1보다 작은 경우는 없으므로 (가)와 마찬가지로 I이 평가 점수 1점, 나머지 II~V는 평가 점수는 2점임을 알 수 있습니다. 평가 점수 산정 방식 (다)를 보면, III이 1, 2, 3으로 I~V 중 가장 작은 숫자가 제시되어 있으므로, 선호순위 합이 가장 작다는 것을 알 수 있습니다. 따라서 III이 평가 점수 1점, 나머지 논문의 평가 점수는 2점임을 알 수 있습니다.

그 다음으로 우수논문 선정 방식 (A)를 보면, 세 가지의 평가 점수 산정 방식 중 두 경우에서 I이 우수논문으로 선정되므로 확률은 $\frac{2}{3}$임을 알 수 있습니다. 우수논문 선정 방식 (B)를 보면, 평가 점수 산정 방식 (가)~(다)의 합이 가장 낮은 논문이 우수논문으로 선정되는데, I은 세 가지 평가 점수 산정 방식에서 1점이 2번이 나오므로 다른 논문의 합을 구할 필요 없이 I의 합이 가장 낮다는 것을 알 수 있습니다. 따라서 확률은 1임을 알 수 있습니다.

한편, 우수논문 선정 방식 (C)에서 I~V 중 평가 점수 산정 방식 (가), (나), (다)가 모두 2점인 II, IV, V는 제외할 수 있고, 1점이 섞여 있는 I과 III만 비교하여 해결할 수 있습니다. I은 (다)만 2점, III은 (가)와 (나)가 2점인데, (가)와 (나)의 가중치 합계는 $\frac{1}{2}$이고, (다)의 단독 가중치도 $\frac{1}{2}$이므로 계산하지 않아도 I과 III의 가중치를 반영한 평가 점수 합이 서로 같다는 것을 알 수 있습니다. I과 III 중 III의 심사자 병의 선호순위가 1로 더 높아 III이 우수논문으로 선정되므로 I이 선정될 확률은 0임을 알 수 있습니다. 그러므로 I이 우수논문으로 선정될 확률은 $\frac{1}{3}×(\frac{2}{3}+1)=\frac{5}{9}$로 정답을 ④로 선택할 수 있습니다.

김 성 근
에듀윌 취업연구소 연구원

PART

04

상 식 을
넘은 상식

사고의 틀이 넓어지는 깊은 상식

자사고·외고 존치 논란 재점화

"현대판 음서제 없애야" – "수월성 교육 필요성 절실"

🗨 이슈의 배경

새 정부가 자율형사립고(자사고)와 외국어고(외고)를 유지하기로 가닥을 잡으면서 논란이 커지고 있다. 문재인 정부가 오는 2025학년도에 자사고와 외고, 국제고를 일반고로 전환하기로 한 방침을 뒤집은 것이다.

문재인 정부는 출범 초기부터 고교 서열화 및 학력에 따른 차별 철폐를 주요 교육 정책 목표로 내세우면서 외고·자사고가 입시 학원으로 변질했다고 폐지 결정에 이르렀다. 하지만 이들 학교가 우수한 인재를 양성하는 수월성 교육 측면에서 필요하다며 폐지에 반대하는 의견도 만만치 않았다.

문재인 정부가 자사고·외고 등을 없애기로 못 박

은 데는 이들 학교가 고교 학점제 도입의 걸림돌이 된다는 실무적 판단도 작용했다. 고교학점제는 고등학생이 대학생처럼 자신의 적성과 선호도 등에 따라 다양한 과목을 선택·이수하고, 기준 학점을 채우면 졸업을 인정받는 제도다. 획일화된 과목을 공부하는 현재의 교육 체계에서 벗어나 학생들에게 더욱 넓은 선택권을 주겠다는 취지로 시행되는 것이다.

고교학점제 취지를 살리려면 현행 고교 내신등급 체계를 상대평가제에서 절대평가제로 바꿔야 하는데, 이 경우 자사고·외고가 대입에 더욱 유리해지는 만큼 형평성을 맞추기 위해 일반고 전환이 필요하다는 지적이 제기돼 왔다.

이에 따라 교육부는 2025년 3월 이후 자사고·자공고(자율형공립고)·외고·국제고를 일반고로 묶고 특수목적고(특목고)에는 과학고·예술고·체육고·마이스터고만 남김으로써 일반고·특목고·특성화고·영재학교로 고교 유형을 단순화하기로 했다.

윤석열 대통령은 후보 시절부터 경쟁 교육과 수월성 교육을 강조하면서 자사고·외고·국제고 폐지 정책에 반대해 왔다. 이에 따라 이들 학교를 폐지하고 일반고로 전환하려던 교육 당국의 방침도 제동이 걸릴 가능성이 커졌다. 자사고·외고 폐지를 어렵게 하는 고교학점제 도입도 재검토될 가능성이 크다.

고교학점제는 학생부종합전형(학종) 대입 수시 제도와도 연결된다. 윤 대통령은 후보 시절 공약에서 수시를 줄이고 정시 모집 비율을 확대해 대입 전형을 단순화하기로 했다. 안철수 대통령직인수위원회 위원장은 수시 전면 폐지와 정시 100% 선발을 내세우기도 했다. 2022학년도 서울권 대학 정시 모집 비율은 40%다.

숱한 갑론을박 끝에 퇴장 수순을 밟기로 한 자사고·외고가 정권 교체를 계기로 되살아날 조짐을 보이자 국교직원노동조합(전교조) 등 117개 교육 시민단체가 3월 27일 "대한민국 교육의 시계를 거꾸로 돌리는 일"이라고 비판하는 등 논란이 재점화됐다.

🔵 이슈의 논점

자사고·외고 폐지해야 : "입시 학원 변질... 현대판 음서제 없애야"

어떤 제도가 존속하려면 제도의 목적에 부합해야 한다. 자사고·외고는 실패한 제도로서 정부에서 2025년 퇴출하기로 이미 결론을 냈고 그 결론을 뒤집어야 할 타당한 이유를 찾을 수 없다.

자사고·외고는 절대다수 학생이 다니는 일반고 교육이 획일화된 상황에서 다양한 교육을 받고자 하는 학생의 선택권과 교육 기회를 보장하고 우수한 인재를 육성한다는 목적으로 설립됐다. 그러나 자사고·외고의 현실을 보면 교육 과정의 특성화는 허울뿐이고 명문대 진학을 위해 선행 학습과 사교육을 부추기는 입시 학원처럼 운영됐다.

정부는 일반고에서 입시에 중요한 국어·영어·수학 등 3개 기초 교과의 수업 단위가 전체의 50%를 넘지 못하도록 교육 과정을 통제했다. 다만 자사고는 '다양하고 개성 있는 교육 과정'을 권장하는 취지로 해당 기준을 강제가 아닌 권고 사항으로 두었다. 자사고는 이를 악용해 국·영·수를 70% 이상 편성하거나 방과 후 '족집게 강사'를 초빙해 입시 특강을 열었다. 공기업이 사교육을 외주화한 것이다.

외고 역시 외국어 분야 전문 인재 양성이라는 설립 목적과 거리가 멀다. 2019년 교육부 자료에 따르면 외고·국제고 학생 가운데 어문계열 학과로 대학에 진학하는 비율은 각각 40%·19%에 불과했다. 졸업생 절대 다수가 이공계열 학과로 진학하는 과학고와 대비된다.

자사고·외고는 상위권 대학 진학을 위한 경로로 변질됐다. 실제로 지난해 서울대 수시 모집 합격자의 48.8%는 특목고나 자사고·영재고 출신이었고 일반고 출신 비율은 절반도 넘지 못했다. 전국 고교생 중 일반고 재학생 비율이 약 74%인 점을 고려하면 고교 서열화 현상이 뚜렷하게 나타났다고 볼 수 있다.

물론 과학고·영재학교 등 특정 분야에 뛰어난 인재들을 모아 수월성 교육을 하는 것은 고교 평준화 정책을 보완하기 위해 반드시 필요하다. 외고 이외의 특목고에서도 입시 위주 교육은 이뤄지나 이들 학교는 최소한 특정 분야의 인재 양성이라는 교육의 지향점이 있다. 이 같은 특정 분야의 재능 개발이 아니라 사실상 대입 준비 학원 형태로 운영되는 자사고·외고를 존치한다면 공적 재원으로 망국적인 사교육을 지원하는 것과 마찬가지다.

외고·자사고는 자녀를 명문대에 보내려는 부모들의 욕망을 충족시켰을지 모르지만 고교 서열화와 계층화를 유발하고 우수한 학생을 싹쓸이하며 일반고의 슬럼화를 낳았다. 대학 순위를 쪼개는 학벌주의는 의무 교육 과정까지 침투했고 초등학교와 중학교에서부터 입시 명문고에 보내기 위한 사교육 경쟁이 치열해졌다.

누구나 열심히 살면 잘살 수 있는 희망이 있는 사회가 되려면 교육이란 징검다리를 거쳐 사회 계층 간 이동이 자유로워야 한다. 입시 지옥이란 말이 나올지언정 대한민국에서 가장 투명하고 공정한 경쟁 구조로 평가됐던 대학 입시는 사회 지도층 자녀들이 '부모 찬스'를 이용해 의대 등 인기 대학·학과에 부정하게 입학하는 사례에서 드러났듯이 가진 자들의 신분 물려주기로 타락한 지 오래다.

일반고 학비의 2~3배 이상 비싸 사실상 부유층

자녀들만 진입할 수 있는 자사고·외고가 현대판 음서제의 진입로 역할을 한다는 사실을 부정할 수 없다. 헌법과 교육기본법은 국민의 균등한 교육적 권리를 보장하고 있으며 성별, 종교, 경제적 능력에 따라 차별이 없게 해야 한다고 명시한다. 이러한 헌법 이념과 배치되는 자사고·외고 문제를 방치한다면 교육의 공공성은 무너지고 사회적 계층 이동을 가로막는 거대한 장벽만이 남을 것이다.

윤석열 정부 교육 공약

윤석열 정부의 교육 공약은 공정성으로 압축된다. 윤 대통령은 후보 시절 "공정한 입시와 취업의 기회를 보장하겠다"고 강조했다. 이를 위해 복잡한 대입 제도를 단순화해 사교육 의존도를 낮추고 정시 비율을 확대해 불공정 시비와 특혜 입학 논란을 최소화할 계획이다. 입시 비리가 드러날 경우 대학 정원을 축소하고 관련자를 파면하는 등 '원스트라이크 아웃제'도 도입하기로 했다. 공교육 정상화를 위해 학업 성취도와 학력 격차를 파악하는 전수 학력평가를 주기적으로 실시. 공교육에서 기초학력을 보장하고 인공지능(AI) 보조교사를 도입해 개인 맞춤형 교육도 제공하기로 했다.

자사고·외고 존치해야 : "수월성 교육 필요성 절실... 학력 상향평준화해야"

"바둑 1급 10명을 모아도 1단 한 명을 이길 수 없다. 200~300년 전에는 10만~20만 명이 군주와 왕족을 먹여 살렸지만 21C에는 천재 한 명이 10만~20만 명을 먹여 살린다." 유난히 인재에 집착했던 고(故) 이건희 삼성그룹 회장이 했던 말이다.

일론 머스크 같은 천재 1명이 움직이는 경제 규모는 핀란드나 베트남의 국내총생산(GDP)보다 크다. 천재를 기르는 수월성 교육은 유사 이래 중요하지 않은 적이 없었으나 유형의 생산 수단보다 기술과 창조력으로 결과가 판가름 나는 4차 산업혁명 시대에서 우수 인재의 육성은 국가의 존망과 직결된다고 해도 과언이 아니다.

자사고·외고는 고교 평준화 정책으로 공교육의 경쟁력이 떨어지고 사교육이 팽창한 데 따른 자구책으로 도입돼 우수한 학생들의 수준에 맞춘 교육으로 뛰어난 진학률을 자랑하며 교육의 수월성 가치를 충족시켰다.

일각에서는 상위 대학·인기 학과를 독식하고 등록금도 비싸다는 이유로 특목고를 폐지해야 한다고 주장한다. 하지만 영국에서 600여 년간 총리만 20명을 배출한 사립 명문 중·고등학교인 이튼 스쿨을 없애야 한다는 사람은 없다. 이튼 스쿨의 연간 학비는 약 6000만원 이상이다. 프랑스는 1968년 학생 혁명 이후 전국 대학을 통폐합해 일반 대학 서열을 없앴지만 엘리트 양성 교육기관인 그랑제콜 합격률로 매겨 발표되는 고교 서열에서는 등록금이 비싼 사립고가 늘 상위권을 차지한다.

미국·영국 등 선진국은 수백 년 동안 명문 고등학교를 통해 숱한 엘리트를 길러 냈는데 한국이 고작 30여 년간 자사고·외고를 운용해 보고 공교육 위기를 이유로 폐지한다는 것은 수월성 교육 가치를 너무 일찍 포기하는 것이다. 수월성과 평준화는 양립하기 힘든 가치로서 조화를 이뤄야 하는 것이지 대체 관계가 아니다. 수월성을 평준화를 해치는 원인으로 오판한다면 수월성은 물론 평준화 교육도 이뤄질 수 없다.

공교육의 위기는 전체 고교의 약 70%를 차지하는 일반고의 위기다. 일반고 학생들의 학력 수준이 낮아지고 학력 격차가 고착됐다. 수업 집중도가 부실해지고 학급 내에서도 학생들의 수학능력이 천차만별이다 보니 교육의 하향평준화가 나타났다.

공교육의 질적 저하를 개선하기 위해 일반고에서 수준별 이동 수업을 시행한 지도 10년이 넘었다. 같은 학교에서도 학습 수준별로 다른 교실에서 교육을 받는데 수학 능력이 뛰어난 학생들을 선발해 다른 학교에서 맞춤식 교육을 해서는 안 된다는 논리를 이해하기 어렵다.

오히려 더욱 세분된 수준별 교육 선택의 자유를 제공하는 것이 공교육 상향평준화로 가는 길이다. 평준화 교육 이념에 치우쳐 무리하게 진행되는 자사고·외고 폐지는 사학 운영의 자율성 및 학생과 학부모의 학교 선택 자유권을 침해하고 더 큰 사회 갈등으로 번질 수 있다.

자사고·외고 폐지를 주장하던 일부 관료들의 자녀가 자사고·외고 출신이 경우가 적지 않았던 모순에서 볼 수 있듯이, 자사고·외고를 없앤다고 해도 대입 진학 성적에 따라 고교에 서열이 매겨지는 현상은 사라지지 않을 것이다. 과도한 학력별 임금 격차와 사회적 차별을 낳는 근본적인 학벌 카르텔 구조의 개선이 우선이다. 이러한 구조가 변하지 않는 한 그 어떤 형태의 중등 교육 기관도 대학 입시 학원이라는 비판을 피할 수 없을 것이다.

⧗ 연습문제

윤석열 정부의 자사고·외고 폐지 백지화 논란에 대한 본인의 생각을 기술하시오. (1000자, 50분)

※ 논술대비는 실전연습이 필수적입니다. 반드시 시간을 정해 놓고 원고지에 직접 써 보세요.

200

400

존폐 갈림길에 선 여성가족부

"유효 기간 지났고 제 기능도 못해"–"성별 격차 여전하고 기능 공백 우려"

🔵 이슈의 배경

여성가족부가 다시 존폐 갈림길에 섰다. 윤석열 대통령은 대선 후보 시절인 지난 1월 7일 SNS에 '여성가족부 폐지' 7글자 메시지를 띄우며 폐지론에 대해 명확한 찬성 입장을 내세웠다. 윤 대통령이 당선된 후에도 정치권에서는 여가부 폐지를 놓고 여전히 높은 관심을 보이고 있다.

여가부는 정부 부처이지만 2021년 예산이 1조 2300억원 규모로 서울 강남구의 1조1278억원과 비슷한 수준이다. 정부 전체 예산 중 0.2% 수준으로 18개 중앙정부 부처 중 최하위다. 인력 규모 역시 277명으로 '청' 단위인 기상청(1299명)의 4분의 1에 그친다. 여가부는 규모만큼 존재감이 적은 부처임에도 불구하고 존폐 논란이 반복된 탓에 역설적으로 큰 관심을 받고 있다.

여가부는 어떤 부처이며 어떤 일을 하는 걸까? 여가부는 김대중 대통령 시절 1998년에 신설한 대통령직속 여성특별위원회에서 출발했다. 3년 뒤인 2001년에 여성부로 승격되면서 공식 정부 부처가 됐다. 당시 여성부는 여성 권익 증진, 차별 개선을 통한 양성평등 등 여성 정책 전반을 맡았다.

여가부는 정권을 거치면서 확대와 축소를 반복했다. 노무현 정부 시절에는 보건복지부에서 2004년 영·유아 보육업무, 2005년에는 가족정책을 이관받아 여성가족부로 명칭이 변경되며 몸집을 키워나갔다.

이명박 정부가 들어서면서 여가부에 대한 대우는 180도 달라졌다. 이명박 정부는 "여가부는 여성 권력을 주장하는 사람들만의 부서"라며 여성부로 격하하고 권한과 위상을 대폭 축소했다. 이후 2010년 보건복지가족부는 보건복지부로 바뀌었고 여성부는 가족, 청소년 업무를 이관 받아 여성가족부가 돼 현재까지 유지되고 있다.

그리고 2022년 대선에서 여가부는 또 다시 폐지될 위기에 처했다. 여가부는 여권의 주장대로 20년간의 활동을 끝으로 수명이 다했을까. 아니면 야권의 반박처럼 여전히 여성의 권익 향상을 위해 해야 할 일이 남아있는 걸까.

🗨 이슈의 논점

여성가족부 폐지론 등장 배경

여성가족부의 폐지론은 꾸준히 이어졌지만, 본격적으로 수면 위로 오른 것은 젠더갈등이 시작된 2010년도 이후다. 2015년 강남역 살인사건이 일어나고 혜화역 시위를 통해 젠더갈등이 사회의 이슈로 떠올랐다. 그러나 해당 문제에 대해 여가부는 제대로 된 대처를 못하면서 폐지론이 고개를 들기 시작했다.

그리고 한국양성평등교육진흥원과 같은 여가부의 산하기관들이 남성 전체를 잠재적 가해자로 취급하여 남성혐오를 주장 및 조장하면서, 오히려 젠더 갈등을 부추기는 바람에 비판을 받은 바 있다.

2020년대에 이르러 여가부는 여성 인권 신장에 소극적인 태도를 보이고, 정치적 편향성을 드러내면서 폐지론을 자초했다. 과거 박원순 전 서울시장의 성추행 사건이 터졌을 때, 당시 이정옥 여가부 장관은 "국민이 성인지를 집단 학습하는 기회"라는 발언으로 비난을 샀다. 박원순 성폭력 피해자를 이른바 '피해 호소인'이라고 언급하는 등 피해자 보호에 앞장서야 할 기관으로서 부적절했다는 비판이 잇따랐다.

일본군 위안부 출신인 이용수 할머니가 한국정신대문제대책협의회와 윤미향 당시 상임대표의 비리 의혹을 제기했을 때도 여가부는 피해자 할머니의 권익 옹호에 소극적이었다. 여성운동의 결과물로 탄생한 부처임에도 정치적으로 판단하는 과정에서 '선 긋기'를 제대로 하지 못했다.

이에 권성동 국민의힘 원내대표는 "여성 인권을 대변한다는 명목으로 정치적으로 악용하는 일부 시민단체와 이를 지원하는 여가부에 대한 국민적 반감이 쌓여온 데 있다"면서 "과연 여성의 권익을 제대로 지켜왔는지에 대한 비판이 많았기 때문에 그 기능을 다른 부처로 옮기고 제대로 하겠다는 의미에서 여가부 폐지 공약을 낸 것이다"라고 강조했다.

폐지론 "유효 기간 지났고 제 기능도 못해"

여성부를 만든 김대중 전 대통령은 2010년 자서전에서 "역설이지만 여성부는 '여성부가 없어지는 그날'을 위해 일하는 부서"라고 언급한 바 있다. 성별에 따른 차별이 사라지고 양성평등이 실현될 때 여가부 폐지를 고려해야 한다는 뜻이다. 과거 남녀평등이 기울어진 사회에선 필요한 기구였으나, 최소한 제도적으로 남녀평등이 이루어진 21C에 더 이상 필요 없는 정부 부처이기 때문에 폐지가 당연하다.

국민 여론도 여가부 폐지론에 힘을 실었다. 한국 사회여론연구소(KSOI)가 지난 7월 전국 만 18세 이상 1014명을 대상으로 여가부 폐지 찬반을 물은 결과 국민 10명 중 절반 가까이(48.6%)가 폐지해야 한다고 답했다. 성별로는 남성이 59.1%, 여성은 38.3%가 여가부 폐지에 찬성했다.

2021년 7월 청와대 국민청원에 올라온 '시대착오적인 여성가족부는 해체해야 한다'는 글은 26만 명 이상의 동의를 얻으며 국민의 공감을 샀다. 청원인은 "여가부가 박 전 서울시장의 성범죄 사건에 눈감아준 일만 봐도 여가부는 정치권 입맛에 맞춰 정치 놀이를 하고 있다"며 여가부가 이념·정치적으로 편향돼 있다고 비판했다.

여성 관련 업무는 정부의 모든 부처와 연관돼 있으므로 여가부를 따로 둘 필요가 없다. 여성부가 신설할 당시에도 각 부처의 여성 관련 업무를 한 곳에 모으는데 급급했다는 비판이 있다.

여성의 건강과 복지는 보건복지부가, 여성의 취업·직장 내 차별·경력단절 여성의 취업 문제는 고용노동부가, 성범죄와 가정폭력, 데이트폭력 등의 문제는 법무부와 검찰·경찰이, 아동의 양육과 돌봄 문제는 보건복지부와 교육부가 담당하면 그만이다.

여가부 폐지론은 제 기능도 못하는 현재의 여가부를 없애고 더 나은 방식으로 나아가자는 뜻이지 여성 정책과 양성평등 노력이 필요 없다는 이야기가 아니다. 여가부 폐지에 대한 국민의 호응은 국민 일각의 여성혐오가 아니라 그간 여가부가 보인 불공정과 부조리에 대한 분노에서 비롯된 것이다.

존치론 "성별 격차 여전하고 기능 공백 우려"

여가부 설립 이후 여성의 사회진출이 늘어났지만 성별 격차는 여전히 존재한다. 젠더개발지수(GDI) 36개 OECD 회원국 중 35위(2019), 성별 임금격차 지수(31.5%) 26년 연속 OECD 최고(2020), 유리천장지수 10년 연속 OECD 꼴찌, 성격차지수(GGI) 156개국 중 102위(2021)가 한국의 현주소다. 한국 사회 전반적으로 여성이 극복해야 할 차별의 벽이나 장애가 곳곳에 널렸다. 여성 정책이 필요하고 전담 부처도 있어야 하는 이유다.

여가부는 여성만이 아니라 아동, 청소년, 양성평등, 가족 정책 등을 위해 활동하는 부처다. 여성계 숙원이던 호주제 폐지를 이끌어냈고 성폭력·가정폭력 피해자를 지원하는 해바라기센터 설립, 직장 내 성희롱 신고 및 구제 절차 법제화, 학교 밖 청소년 지원 체계 마련 등 기존에 없던 정책을 개발해왔다.

최근에 이르러 여가부의 기능이 제대로 작동하지 못하는 부분이 있는 것은 사실이다. 여가부의 역할 조정은 필요하다고 생각하지만, 부처 폐지를 주장하는 것은 옳지 못하다. 청소년, 다문화가정, 성폭력 피해자 보조 같은 여가부 기능의 공백을 어떻게 할 것이냐에 대한 구상도 필요하다.

해외의 경우 성평등 정책을 전담하는 기구가 다양하게 여성 정책을 담당한다. 한국여성정책연구원이 2월에 발간한 '국내외 성평등 정책 추진체계 현황과 시사점'을 보면 2020년 기준 194개 국가에 성평등 정책 전담기구가 설립돼 있다. 이중 이름에 '여성'이 포함된 전체 성평등 추진 기구는

2008년 90개에서 2020년 76개로 줄어들었지만, '여성'과 다른 분야가 포함된 성평등 추진 기구의 비중은 37.8%에서 59.2%로 늘었다.

성격차지수 102위 VS 성평등국가 아시아 1위

여성가족부 폐지론을 뒷받침하는 논거로 양 진영에서 꾸준히 등장하는 통계가 있다. 여성가족부 폐지론을 찬성하는 측은 유엔 양성불평등지수(GII)를 주요 논거로 삼는다. GII는 성 불평등으로 나타나는 인간개발의 손실을 수치화한 것으로 ▲생식 건강 ▲여성의 권한 ▲여성의 노동참여 등 3개 부문 5개 지표로 측정하며 0점에 가까울수록 완전한 평등을 실현하고 있다는 의미다. 한국은 2020년 기준 11위를 차지하고 있으며, 아시아에서는 1위를 차지하고 있다. 그러나 한국의 순위가 높은 이유는 생식 건강부문(모성 사망비, 청소년출산율)에서 선진국보다 월등히 높은 순위를 기록하기 때문에 '평균의 함정'이 발생한 것으로 분석한다.

반면, 여성가족부 폐지론을 반대하는 측은 성격차지수(GGI)를 주요 논거로 삼는다. 해당 통계는 세계경제포럼(WEF)에서 발표한다. 한국은 교육수준, 질병과 건강 등의 지표에서 격차가 거의 없지만 정치인 비율, 고위임원 비율에서 여성이 낮아 하위권에 위치한다. 이 통계는 성별 격차만을 비교하므로 남녀 모두 똑같이 교육수준이 낮거나, 똑같이 높은 경우 변별력 없다는 단점이 있다. 즉 여성의 지위가 다른 나라보다 높더라도 한국가 안에서 성별 격차가 크다면 낮은 평가를 받는다.

여성가족부 폐지 유예...그 이후는

한편, 윤석열 대통령이 핵심 공약으로 내건 여성가족부 폐지는 일단 새 정부 출범 이후 과제로 미뤄졌다. 여가부 폐지가 유예되면서 초대 여가부 장관으로 임명된 김현숙 장관에게 여가부 조직 재편의 몫이 맡겨졌다.

비단 여성 정책이 아니더라도, 가족 정책이나 청소년 정책, 권익 증진 등 기왕의 업무는 여가부가 존속하는 한 담당해야 할 업무임이 분명하다. 당장 맞벌이 부부들이 아이 돌봄 지원을 받고 있는데, 여가부가 폐지된다고 이 사업을 없앨 수는 없다. 한부모 가족 지원, 청소년 사회 안전망 구축 사업도 마찬가지다. 업무 담당자를 교체하는 것도 비효율적이다. 논란이 되고 있는 양성평등, 여성 정책 업무는 7% 정도로 그 비중은 크지 않다.

정부 부처별 칸막이 때문에 비슷한 여성·가족·청소년 지원 체계들이 분립하여 연계나 통합되지 않고 있으며, 제도 구축 시부터 민간에 위탁되어 운영되어왔기 때문에 신고와 조사 결정에 이르는 모든 과정에서 국가의 공공성과 책무성이 결여되어 있다는 치명적인 한계를 가지고 있다.

이에 여가부가 맡아 온 기능을 대체할 새로운 조직이 신설될 가능성이 거론된다. 윤 대통령 측은 "여가부를 없애더라도 여가부가 해온 기능 자체가 사라지지 않는다"며 "인구절벽과 저출산, 고령화 문제 등의 해결책을 찾는 기구를 만드는 것이 여가부 폐지 공약의 취지"라고 설명했다. 다만 새로운 조직이 부처가 될지 전문위원회가 될지는 불투명하다.

연습문제

여성가족부를 폐지해야 하는지, 아니면 존속해야 하는지 본인의 의견을 쓰시오. (1000자, 50분)

※ 논술대비는 실전연습이 필수적입니다. 반드시 시간을 정해 놓고 원고지에 직접 써 보세요.

200

400

600

800

1000

외신도 주목하는 BTS 병역특례 논란

"'대중문화 열등' 인식은 구시대적 발상" vs "모호한 기준으로 형평성 어긋나"

➕ 배경 상식

최근 방탄소년단(BTS)의 병역특례 논란이 다시 수면 위로 떠올랐다. 국회에서 BTS의 병역특례 여부를 본격적으로 논의하겠다는 태도를 나타냈기 때문이다. 나아가 윤석열 대통령직 인수위원회가 BTS의 소속사를 찾은 것으로 알려지며, 이 자리에서 BTS의 병역특례 관련 논의가 오간 것이 아니냐는 추측이 나오기도 했다. 현재 국회에는 BTS 병역특례법이라고 불리는 병역법 개정안이 계류 중이다. 이 법은 대중예술인을 예술·체육요원으로 편입할 수 있도록 하는 내용을 골자로 한다. 앞서 BTS는 정부여당이 대중문화예술 분야 우수자에 대한 군 징집 및 소집을 만 30세까지 연기할 수 있도록 병역법을 개정해 활동 기간을 연장할 수 있었는데, 이제 또 한 번의 개정으로 BTS에게 병역특례를 주고자 하는 것이다.

우리나라 국민이 가장 예민하게 반응하는 이슈 중 하나인 병역과 관련한 이슈인 만큼, 급물살을 타는 BTS 병역특례법은 뜨거운 감자다. BTS가 세계적인 인기를 구가하는 그룹인 만큼 해외의 관심도 뜨겁다. 영국 일간지 가디언은 'BTS 병역 논란으로 갈라진 한국'이라는 기사에서 멤버들을 군대에 보낼지, 특례를 인정할지를 두고 찬반 의견이 팽팽하다고 전했다. 가디언은 북한과 대치 중인 한국에서 병역 기피 유명인은 곱지 않은 시선을 견뎌야 한다며 가수 유승준(스티브 유)의 병역 기피 사례를 거론하기도 했다. 한편, 병역법 개정안이 불발될 경우 1992년생으로 BTS의 맏형인 멤버 '진'의 내년 입대를 시작으로, 멤버들은 차례로 입대해야 한다. 형평성 문제를 들며 반대하는 입장과 BTS가 국익에 기여하는 것을 고려해 찬성하는 입장이 팽팽하게 맞선 가운데, BTS에게 병역특례가 부여될지 귀추가 주목된다.

BTS 병역특례 찬성1 순수예술보다 대중문화 열등하게 인식하는 것은 구시대적 발상

병역특례를 받는 예술요원은 클래식, 무용 관련자들이다. 순수예술만을 진정한, 고급의 문화라고 생각하며, 대중문화를 열등하게 인식하는 구시대적 시각이 현재까지 이어지고 있다.

문화 창달과 국위 선양에 대한 해석이 법 제정 당시인 1973년과 지금 일치할 수 없는 만큼 법 개정을 통해 혁혁한 공을 세운 대중문화예술인에게 병역특례를 줘야 한다. 북한의 무력 도발이 연이어 이어지는 엄중한 국가 상황에서 병역 의무는 물론 중요한 가치이지만, 그렇다고 모든 국민이 총검을 들고 훈련받아야 하는 것은 아니다.

BTS 병역특례 찬성2 낡은 병역법으로 새로운 시대의 새로운 직군 관리할 수 없어

1973년 제정된 병역특례 조항은 큰 변화 없이 이어져 시대에 뒤처진다. 시대가 변하며 대중문화 예술인 등 전 세계를 무대로 활약하는 새로운 직업군이 생겨났는데, 낡은 병역법으로는 새로운 시대에 새로운 방식으로 국익에 이바지하는 직업군을 효과적으로 관리할 수 없다.

고전음악 경연대회에서 1등을 하면 병역특례를 주면서도, 대중음악으로 국제적 음악 시상식에서 트로피를 받은 BTS에게 병역특례를 주지 않는 것은 공평하지 않다. 이는 곧 BTS가 국익에 기여하는 엄청난 가치를 훼손하는 셈으로, 결국은 국가적 손해다.

BTS 병역특례 반대1 모호한 기준으로 형평성 어긋나

BTS가 전 세계에 한류를 일으킨 것은 사실이지만, 국위를 선양한 대중문화인에 BTS만 있는 것은 아니다. 이번에 논의되는 병역법 개정안은 자칫 BTS만을 위한 특혜성 법 개정으로 해석될 수 있다. 법으로 누군가에게 특혜를 주면 공정의 가치는 무너진다.

또한, 모호한 기준으로 병역특례를 남발하면 형평성 문제가 끊임없이 제기될 것이다. 가령 아카데미 시상식에서 작품상을 받고, 칸 국제영화제에서 황금종려상을 받은 영화 '기생충'에 출연한 군미필자 배우에게도 병역특례를 줘야 할지 논란이 일 수 있다.

BTS 병역특례 반대2 인구절벽으로 병역 자원 감소하는 상황에 특례는 지양해야

우리나라는 OECD 국가 중 출산율이 가장 낮다. 인구절벽을 겪으며 병역 자원이 꾸준히 감소하고 있어 병역특례 대상을 축소해야 할 엄중한 상황에 병역특례 대상을 오히려 확대하는 방향으로 나아가는 것은 지양해야 한다.

2023년 이후부터 연평균 2~3만 명의 현역 자원이 부족해진다는 예상이 나오고 있다. BTS 병역특례법은 현재로서 유일무이한 존재인 BTS에게 특례를 주는 것으로 끝나는 문제가 아니다. BTS를 선례로 e스포츠 등 다양한 분야에서 병역특례를 주장하며, 병역특례 대상이 계속해서 확장될 수 있다.

대기업도 공직도
미련 없이 떠나는 2030

청년들이 미련없이 퇴사하고 있다. 잡코리아가 작년 11월 2030 남녀 직장인 343명을 대상으로 조사한 결과 10명 중 3명이 입사 1년이 채 되기도 전에 퇴사한 것으로 나타났다. 통계청에 따르면 첫 직장을 그만둔 사유로는 보수·근로시간 등 근로 여건 불만족(46.2%)이 가장 많았으며, 건강·육아·결혼 등 개인·가족적 이유(14.5%)가 그 뒤를 이었다고 한다.

잡코리아의 '첫 이직 경험' 조사에서도 업무 과다·야근(38.6%), 낮은 연봉에 대한 불만(37.1%) 등 처우에 대한 불만이 주요 퇴사 원인으로 꼽혔다. 이 외에도 회사의 비전 및 미래에 대한 불안(27.8%), 상사 및 동료와의 불화(17.8%), 일에 대한 재미가 없어서(11.2%) 등의 결과가 나왔다.

2030세대의 퇴사를 경험해본 업계와 공직사회 관계자들은 당혹감을 감추지 못한다고 한다. 신입사원 채용과 교육에 투자한 시간과 비용이 그대로 증발하는 셈인데다, 구성원의 잦은 퇴사가 동료의 사기를 떨어트릴 수 있다는 점도 우려를 키우는 부분이다.

조직을 떠나는 2030을 잡을 근본적인 방안은 이들의 성향을 정확히 파악해 대응하는 것이라고 전문가들은 조언한다. 자신을 조직의 일원으로 인식하기보다는 개인의 꿈과 행복을 중시하는 세대의 경향을 인식해야 한다는 지적이다.

2030의 퇴사와 이직이 단순히 낭비되는 비용이 아니라 오히려 사회적 동력으로 작용한다는 분석도 있다. 새로운 조직은 더욱 발전할 수 있는 여건을 갖추게 되고, 기존 조직도 인력 유출을 막기 위해 조직 문화 등을 보완할 기회를 얻을 수 있다는 것이다.

고령화되는 노동시장...
취업자 20%는 노인

지난 4월 60세 이상 고령 취업자가 우리나라 전체 취업자의 20%를 넘어선 것으로 나타났다. 일하는 5명 중 1명은 고령자인 셈이다. 5월 16일 통계청에 따르면 4월 기준 60세 이상 취업자 수는 583만2000명으로, 전체 취업자인 2807만8000명의 약 20.8%를 차지했다.

이는 역대 최대 비중임과 동시에 2010년 무렵과 비교해 2배로 급증한 결과다. 급속한 인구 고령화에 따라 노동시장도 격변을 거치는 상황으로 분석된다. 반면 청년 취업자 비중은 15% 미만으로, 두 연령층의 취업자 수 격차는 181만4000명에 달했다.

고령층 취업자가 급증한 데에는 인구구조 변화와 함께 정부의 노인 일자리 확대도 영향을 미쳤다. 기획재정부는 "인구가 급격히 증가하고 있는 60살 이상 고령층은 노인 일자리 확대 영향까지 더해지며 전체 취업자 증가세를 주도했다"며 "30·40대는 최근 고용이 증가세로 전환되며 고용률이 상승했으나, 산업 전환 등으로 40대 고용률은 위기 이전 수준을 하회하고 있다"고 밝혔다.

한국의 저출산·고령화 추세를 고려하면 앞으로 고령 취업자는 더 늘어날 전망이다. 앞으로는 이들을 정부가 만든 직접 일자리에 취업시키기보다는 질 좋은 민간 일자리로 유도하는 방안을 고민해야 할 것으로 보인다.

정부는 지난해 베이비붐 세대가 노동시장에 오래 머물 수 있는 환경을 조성해 초고령 사회 진입 충격을 완화할 수 있도록 '고령자 고용 활성화 방안'을 마련하고, 올해부터 고령자 고용지원금 신설, 고령자 계속 고용 장려금 확대, 신중년·베이비부머 직업훈련 강화 등에 나섰다.

박규현 GetJob 취업컨설팅 대표
"윤석열 시대 공기업 채용...인원 줄고 서류 전형 강화될 것"

▲ 박규현 GetJob 취업컨설팅 대표

정부의 국정 운영 목표와 정책은 채용 시장에 큰 영향을 미친다. 특히 공기업은 정부로부터 투자나 출자를 받는 산하 기관으로서 채용 규모와 전형 방식이 정부 결정에 직결된다. 5월 10일 윤석열 정부가 출범하며 공기업 채용 트렌드에도 급격한 변화가 예상된다. 5월 12일 박규현 GetJob 취업컨설팅 대표를 서울 서초구 강남역 사무실에서 만나 윤석열 정부에서의 공기업 채용 전망과 취업 전략에 대해 물었다.

Q. 윤석열 정부에서 공기업 채용 트렌드에 어떤 변화가 있을 것으로 예상하는가?

A. 윤석열 정부가 작은 정부를 지향하다 보니까 많은 분들이 공기업 취업 관문이 좁아질 것이라고 예상한다. 작은 정부에서는 공공 부문 개입을 줄이고 민간 부문에서 시장 자율에 맡기려는 움직임이 많다. 지난 문재인 정부에서 공기업이 비대해졌다고 하는 비판도 있는 만큼 윤석열 정부에서는 공공 부문 채용을 늘리기보다 줄일 가능성이 크다.

Q. 더 치열해진 경쟁 속에서 취준생들은 어떤 취업 전략을 세워야 하는가?

A. 세상일에 너무 일희일비하지 않았으면 좋겠다. 취업의 관문이 좁아질 수 있다는 현실에 휘둘러서 걱정만 하는 것은 바람직하지 않다. 취업 관문이 좁아진 만큼 나의 취업 경쟁력을 높이겠다는 결론을 도출하고 거기에 맞춰 준비를 하는 게 좋을 것이다.

윤석열 정부에서는 공기업 채용 시 서류 전형이 어려워지고 필기시험에서도 전공 비중이 커질 수 있다. 기존 문재인 정부에서는 누구라도 시험은 보게 해준다며 블라인드 채용을 강하게 추진했고 공기업들이 이를 잘 따랐지만 이는 비용도 많이 들거니와 기업 입장에서 보다 우수한 인재를 확보하고 싶은 욕심에 채용 가능 스펙을 올릴 가능성이 커진다.

벌써부터 전력 발전 기업을 중심으로 지원 가능 토익 점수를 700점에서 800점, 850점으로 올리는 움직임이 시작되고 있다. 취업의 관문이 줄어드는 것들을 고려한다면 스펙을 올리는 노력이 좀 더 필요할 것이다.

Q. 올해 하반기부터 취준생들이 도전해볼 만한 공기업이 있는지?

A. 정부 정책에 따라 채용 전망이 맑은 공기업도 있고 흐린 공기업도 있을 수 있다. 기존에 문재인 정부에서 많이 채용 인원이 늘었던 복지 관련된 공기업들은 채용 전망을 '흐림'으로 정리할 수 있을 것이다. 윤석열 정부가 성장을

이야기하고 현재 경제도 어려운 상황에서 가장 투자가 이뤄진 부분은 건축 등 SOC(사회간접자본)일 것이다. 탈원전 회귀와 관련된 에너지 관련 공기업, 창업 지원 쪽에 관련된 공기업도 채용이 늘 수 있다.

이처럼 정부 정책을 이해해야 취업에 유리하다. 제가 3년 전에 문과 공기업 취준생들에게도 안전 쪽 자격증을 따두면 많이 도움이 될 것이라고 했고 실제로 최근 건설 안전 규제가 강화되면서 당시 안전 관리 자격증을 따둔 학생들이 많이 취업이 됐다.

Q. 공기업 취업에 특화된 자기소개서를 작성하는 요령은?

A. 첫 번째는 읽기 쉽게 쓰는 것이다. 많은 양의 자소서를 봐야하는 실제 인사 담당자들은 읽기 어려운 자소서를 가장 힘들어 한다. 읽기 쉽게 쓰기 위해서는 무엇보다도 이야기에 흐름이 있어야 한다. 또한 쉬운 표현을 써야 하며 문장의 길이가 길어서는 안 된다.

두 번째 요령은 무엇을 말할 건지 메시지를 먼저 결정하고 써야 한다는 것이다. 어떤 것을 보여줄 건지, 내가 어떤 사람인지를 보여줄 건지 정확히 메시지를 결정하고 써야 한다. 공기업 자기소개서는 경험을 쓰라는 항목이 많다보니 목적성 없이 그냥 경험만 나열하는 경우가 많다. 그 경험 속에서 읽는 사람으로 하여금 '이 지원자는 어떤 사람이구나'라고 하는 메시지가 전달되도록 쓰는 게 필요하다. 세 번째로 '인사 담당자가 이걸 꼭 알아야 될까'를 고민하면 좋겠다. 인사 담당자가 알고 싶지 않은 것까지 너무 많이 장황하게 늘어놓는 경우가 많다.

Q. 자소서에서 직무 경험 작성을 어려워하는 취준생들이 많다.

A. 개인적으로는 직무 경험은 학생들에게 너무 가혹한 걸 요구하는 것이라고 생각한다. 실제 채용을 하다보면 직무 경험이 없다고 해서 불리한 것도 아니다. 공기업은 더욱 그러하다. 직무 경험을 인턴만 생각하는 경우가 많은데 회사 생활을 해보면 다른 사람과 함께 어떤 일을 하든지 그것들이 다 직무 관련 경험이 될 수 있다. 카페에서 고객을 응대하거나 진상 고객에게 욕을 듣고 설득했던 것, 친구들과 4박 5일 제주도 여행 계획을 세웠던 것 모두 직무 관련 경험이 될 수 있다.

Q. 취준생들에게 가장 강조하는 부분은?

A. 방향성을 결정하고 전략을 세우라는 것이다. 내가 어떤 곳을 목표로 할 것인지 고민해서 목표로 정하고 그런 회사, 공기업이 어떤 것들을 원하는지 정확히 조사하라. 다음 스펙과 필기를 준비하며 흔들림 없이 뚜벅뚜벅 가라고 조언한다.

박규현 GetJob 취업컨설팅 대표는 공기업 19년 경력 인사담당자 출신으로 공기업 취준생들의 취업 전략 수립, 자기소개서·면접 컨설팅에 힘 쏟고 있다. 여러 대학에서 공기업 취업 전략을 특강했고 기획재정부 주관 공공기관 취업박람회에서도 초청 강의를 진행했다. 박 대표는 "힘들게 취업한 학생들일수록 기억에 많이 남는다"며 사회복지시설에서 계약직으로 일하다가 2년 만에 주택관리공단 채용형 인턴에 합격한 학생으로부터 이날 온 이메일을 보여줬다. 그렇게 제자들의 감사 메시지를 받는 것이 가장 기쁜 일이라고 덧붙였다.

2055년 국민연금 고갈...
대책은 있는가

예정된 위기

연금은 노후를 보장하는 최후의 보루다. 빈부 격차가 적고 평균적인 삶의 질이 높은 선진국은 공적 연금 제도가 오래전부터 정착됐다. 우리나라에서 국민연금은 1988년부터 시행됐지만 독일은 그보다 100년 전인 1889년에 연금 제도를 도입했다. 19C까지만 해도 독일의 평균 수명은 50세를 넘지 않았기에 연금 재정 문제를 염려할 필요가 없었다. 그러나 20C부터 의학·과학 발달로 기대 수명이 급격히 늘었고 각국에서 연금 재정의 지속성 문제가 터져 나왔다.

연금 개혁은 정치 세력이 스스로 무덤을 파는 행위로 불린다. 대부분 보험료 부담을 늘리고 연금 혜택을 줄이는 내용이라 유권자들의 반발을 부르기 때문이다. 하지만 대다수 유럽 복지국가는 정치적 불리함을 감수하면서 불가피한 연금 개혁을 꾸준히 이어왔다. 2000년대 초 독일에서 게르하르트 슈뢰더 총리의 사민당 정권은 노동·연금 개혁안(하르츠 개혁)을 밀어붙였다. 이에 민심을 잃고 앙겔라 메르켈의 기민당에 정권을 빼앗겼지만 복지 국가의 영속성을 지켜낸 결단이었다.

우리나라는 1998년 김대중 정부와 2007년 노무현 정부에서 각각 한 차례씩 국민연금 개혁이 있었고 2010년 이명박 정부와 2015년 박근혜 정부는 공무원 연금을 개혁했다. 하지만 정치적 후폭풍을 우려해 일련의 개혁은 소극적으로 이뤄졌고 2000년대 이후 전 세계에서 유례를 찾을 수 없는 고령화·저출산 현상으로 연금 재정 위기는 현실로 다가왔다.

90년대생은 한 푼도 못 받을 수도

한국의 기대 수명은 2020년 기준 83.5세로 경제협력개발기구(OECD) 32개국 가운데 일본(84.7년)에 이어 2위다. 반면 2021년 기준 한국의 합계출산율은 0.81명으로 198개국 가운데 가장 낮았다. 고령화가 가장 심한 국가란 뜻이다. 2040년에는 전체 인구 3명 중 1명이 노인이 된다. 연금 보험료를 부담할 사람은 줄어들고 연금을 수급할 사람은 많아지니 연금 재정 고갈은 예정된 미래다.

현행 국민연금 체계에서 보험료율은 9%, 소득대체율은 40%다. 월 소득에서 9% 만큼 보험료를 내고, 은퇴 후에 은퇴 전 벌어들였던 소득의 40%를 받는다는 뜻이다. 그러나 이는 40년 가까이 보험료를 꼬박꼬박 낸 경우에 해당한다. 국민연금 평균 가입 연수로 약 25년 정도 보험료를 낸 사람이 받을 연금은 그보다 훨씬 적다.

국내 공적·사적 연금 체계는 국민연금(1층)·퇴직연금(2층)·개인연금(3층)이란 3층 구조로 이뤄져 있는데(공무원·사학교직원·군인은 특수직역연금이 1층과 2층을 포괄) 이 1·2·3층을 포괄하더라도 실질적인 소득대체율은 43~53%에 그쳐 OECD 국가 평균 연금 소득대체율인 70%에 비해 크게 낮은 수준이다. '용돈 연금'이란 비판을 받을 정도로 소득대체율이 낮다 보니 한국 노인들은 가난하다. 2020년 기준 한국의 노인 빈곤율은 38.9%로 OECD 최악 수준이다. 독일, 프랑스 등 유럽 국가의 10% 미만보다 훨씬 높다.

이처럼 국민연금은 재정의 지속이 어렵고 노후 대비에도 큰 도움이 되지 않는 총체적 난국에 빠져있다. 국회 예산정책처의 '공적 연금 장기 재정 전망 보고서'에 따르면 2021년 2분기 말 기준 국민연금 적립금은 900조원에 달했지만 현행 제도가 그대로 유지될 경우 2019년 재정수지가 적자로 전환되고 2055년이 되면 기금이 0원으로 소진된다. 2055년에 65세로 국민연금 수령 자격이 생기는 1990년생이 한 푼도 받지 못하는 사태에 직면하는 것이다. 이는 세대 갈등으로 번질 수 있는 심각한 문제다.

연금 모수·구조 개혁 불가피

미래 세대가 떠안아야 할 재정 부담은 줄이면서 소득대체율을 높여야 하는 딜레마를 풀기 위해 다수 전문가들은 결국 '더욱 많이 내고 더 받는 방식'으로의 연금 개혁이 불가피하다고 보고 있다. 1998년 이후 9%로 묶인 보험료율을 OECD 국가 평균인 18% 수준으로 점차 인상하고 소득대체율도 최소한 50% 수준은 유지돼야 한다.

모수개혁(연금 구조의 틀을 그대로 둔 채 기여율을 올리고 지급률은 낮추며 개시 연령을 늘리는 방식)만으로는 한계가 있는 만큼 연금 3층 구조를 아우르는 개혁이 필요하다. 이미 상당한 수준의 적자를 국가재정으로 보전하고 있는 특수직역연금을 국민연금과 통합하고 기여한 만큼 지급받는 구조가 바람직하다. 특수직역연금이 국민연금보다 훨씬 유리한 구조로 설계돼 있어 개혁이 필요하다. 일본은 2015년 공무원 연금과 후생연금(국민연금 격)을 통합하면서 보험료는 18%, 소득대체율은 50%로 합의했다.

이와 함께 국민연금 기능을 보완하기 위해 퇴직연금과 개인연금 등 사적 연금의 기능 강화가 필요하다. 독일의 경우 1980년대부터 점진적인 연금 개혁을 통해 공적 연금의 급여 수준을 낮추는 대신 저소득층에 대한 사적 연금 및 보험료 지원, 세금 공제를 통해 소득대체율을 유지하고 있다. 다만 사적 연금 비중을 높이는 방향은 개인 소득 격차로 더 불평등한 노후 소득 보장 체계로 흐를 위험이 있는 만큼 기초생활보장제도와 65세 이상에게 지급되는 기초연금제도의 통합적 운영을 통해 보완해야 나가야 할 것이다. 어떠한 형태의 연금 개혁도 충분한 사회적 합의가 전제돼야 함은 물론이다.

시진핑 최대 치적
'제로 코로나' 위기

2020년 9월 중국은 방역 표창대회를 열고 코로나19와의 전쟁 승리를 선언했다. 세계 대부분의 나라가 한창 대유행과 봉쇄로 시름하던 때였다. 시진핑 중국 국가주석은 방역 유공자들에게 직접 훈장을 수여하며 "코로나19 전쟁에서 거둔 중대한 성과는 중국 공산당과 사회주의 제도의 우수성을 보여줬다"고 자찬했다.

중국이 당당하게 코로나19와의 승리를 외칠 수 있었던 까닭은 '제로 코로나(清零·칭링)' 정책에 있었다. 제로 코로나란 확진자가 발생하면 지역 봉쇄 등 고강도 방역 조치로 감염자 수를 '0'으로 돌려놓는다는 의미다. 지역사회에서 감염자가 나오면 해당 지역 모든 주민을 자가 격리시킨 채 전원 핵산(PCR) 검사를 벌여 감염자를 찾아내고, 감염자가 없어질 때까지 도시를 봉쇄했다.

해당 정책으로 중국은 14억 명의 인구 대국에도 누적 코로나19 확진자가 20만3334명(홍콩, 마카오 제외)에 불과했다.(중국 정부는 무증상 감염자는 확진자로 분류하지 않고 별도로 집계한다.) 우한을 시작으로 한 코로나19의 산발적 확산을 잡으면서 미국 등 서방의 대규모 확산에 따른 인명 피해 속출과 대조를 이뤘다. 이에 제로 코로나는 서방과의 체제 경쟁에서 이길 수 있다는 자신감을 심어주는 '상징'으로까지 부상했다.

중국 내에서 '신의 한수'라고 평가받는 제로 코로나 정책은 2022년이 되자마자 역풍을 맞았다. 시안·선전에 이어 상하이까지 대도시에 코로나19가 퍼지고 봉쇄조치가 이어지자 중국이 흔들리고 있다.

잇따른 대도시의 봉쇄로 말미암은 경제 충격과 생필품 부족으로 발생하는 시민들의 불만이 폭발 직전에 놓았다. 외국 투자는 줄고 기업과 고급인력들은 집중격리와 불확실성을 피해 탈중국 준비를 하고 있다. 중국 경제성장에 빨간불이 켜졌고, 상하이항 운영 차질로 전 세계 공급망 대란까지 현실로 다가오고 있다.

코로나19 확산에 따른 중국 '경제수도' 상하이 봉쇄가 한 달로 접어드는 가운데 수도 베이징 일부 지역에도 코로나19가 퍼지고 봉쇄 조치가 이뤄지면서 시진핑 주석의 최대 치적 중 하나인 제로 코로나 정책도 위기에 봉착했다.

위드 코로나 갈 수 없는 이유

중국이 미국에 이은 제2의 경제 대국이라 하지만, 사실 의료 수준은 여전히 선진국에 미치지 못한다. 중국 내 인구 10만 명당 중환자 병상은 4.4개로, 경제협력개발기구(OECD) 평균(12.0개)에 매우 못 미친다. 지역별 편차도 크다. 상하이는 6.1개지만, 지린성은 2.8개에 그친다. 가장 부유한 도시라는 상하이에서도 다른 병을 앓는 환자가 병원에 가지 못해 숨지는 일이 잇따르고 있다.

중국은 자국산 백신만 허용하고 있다. 시노백, 시노팜 등은 모두 비활성화 백신으로 세계보건기구(WHO)의 승인을 받긴 했지만, 오미크론 등 변이 바이러스에 효과가 현저히 떨어진다. 중국은 현재까지 화이자 등 해외에서 생산하는 mRNA 백신을 승인하지 않고 있다. 시노백 백신은 3차까지 접종하더라도 오미크론 예방효과가 최대 36%에 그친다고 한다. 화이자 백신의 3차 예방률은 89%로 차이가 크다.

파이낸셜타임스(FT)에 따르면 중국 60세 이상 인구 중 1억3000만 명이 여전히 백신 미접종 상태다. 이런 상황에서 위드 코로나를 선언할 경우, 단기적으로 위중증 환자가 급격하게 늘어나, 의료 체계가 이를 감당할 수 없어 사망자 폭증이라는 최악의 결과로 이어질 수 있다. 중국의 의료 체계를 고려하면 오미크론의 치사율이 낮다고 해도 14세 이하 어린이(2억3000만 명)와 65세 이상 노인(1억9000만 명) 등 4억 명이 넘는 감염 취약 계층을 감당하기 힘들다.

'제로 코로나' 중국 발목 되레 잡아

중국에서 방역 성공의 열쇠로 여겨졌던 제로 코로나가 이제는 '양날의 칼'이 되어 돌아왔다. 일찌감치 '코로나와의 공존'을 선택한 많은 나라들은 이미 오미크론의 파고를 넘어 일상회복의 길로 접어들고 있다. 매일 수십만 명의 확진자를 찍어내던 한국도 마스크를 벗고 코로나와의 공존을 선언했다. 반면 중국은 아직까지도 세계에서 가장 더딘 속도로 코로나19와의 싸움을 진행 중이다.

중국 정부는 아직까진 제로 코로나를 수정할 뜻이 없다는 점을 분명히 하고 있다. 현재 중국 정치·경제·사회의 모든 정책은 오는 10월 초 시진핑 주석의 3연임이 선포될 제20차 당 대회에 맞춰져 있기 때문이다.

시진핑 주석의 정치적 입지를 위해서라도 서방의 방역, 즉 '위드 코로나'의 문제점을 부각하고 중국식 '제로 코로나' 정책을 띄워야 하는 입장이다. 제로 코로나 정책이 한계에 직면한 상황에서 당 대회를 기점으로 3연임에 도전하며 장기 집권 시대를 열 '대관식'으로 삼으려는 시진핑 주석도 큰 도전에 직면했다.

아관파천
俄館播遷

한밤중의 파천 결행

1896년 2월 11일 새벽.

경복궁의 서문西門인 영추문으로 궁녀용 가마 두 대가 조용하지만 민첩하게 빠져나가 정동 방향으로 달려갔다. 가마에 타고 있던 이는 다름 아닌 조선의 왕(고종高宗, 조선 제26대 왕·대한제국 제1대 황제, 재위 1863~1907)과 왕세자(훗날의 순종純宗)였고, 영추문을 빠져나온 가마가 향한 곳은 러시아 제국의 공사관이었다. 러시아공사관은 경운궁 뒤 가장 높은 언덕에 가장 큰 규모로 자리하고 있었다.

고종이 외국의 공관으로 피신하여 1년간 국정을 운영한 이 기이한 사건을 아관파천俄館播遷이라 한다. 조선 후기에는 러시아를 아라사俄羅斯라고 불렀다. 아관俄館은 아라사공사관 즉 러시아공사관을 일컫는 말이고, 파천播遷은 임금이 난리를 피해 도성을 떠나 몸을 피하는 것을 뜻한다.[1] 고종은 무슨 연유로 자신의 나라에서 야음을 틈타 궁궐을 빠져나와 러시아공사관으로 몸을 피한 것일까.

왕비의 끔찍한 죽음

1894년 청淸·일日 양국 간에 벌어진 청일전쟁은 승전국 일본을 동아시아의 새로운 패자로 자리매김하게 만든 일대 사건이었다. 패전국이 된 중국은 조선에 대한 전통적인 종주권을 상실한 채 제국주의 열강의 먹잇감으로 전락하였다. 일본이 청일전쟁 승리의 대가로 중국으로부터 랴오둥반도(요동반도)를 넘겨받게 되자, 당시 만주로의 세력 확장을 꾀하던 러시아는 프랑스·독일과 연합하여 랴오둥반도를 중국에 돌려줄 것을 일본에게 권고하였다(삼국간섭). 협박에 가까운 삼국의 권유에 일본은 분루를 삼키며 랴오둥반도를 반환하였다.

이 일련의 사태를 지켜본 고종과 명성황후明成皇后는 러시아 주도의 정세변화에 주목하였고, 러시아가 보여준 '파워'는 일본과 친일세력에게 눌려있던 명성황후와 휘하 집권층에게 일본의 손아귀에서 벗어날 수 있는 기회로 보였다.

명성황후가 친미·친러 세력과 밀접한 관계를 맺으며 친일 세력을 축출하려 하자 일본은 신임 공

---

1 당시 고종이 도성을 버리고 지방으로 피란 간 것이 아니기 때문에, '파천'이라 하는 것은 잘못이라는 일부 의견도 있다. 그 근거로 이 사건을 당시 외국에선 대부분 '망명(asylum)'이라 표현하였고, 『고종실록』에도 '이어移御'나 '이필주어移蹕駐御'로 표현했다는 것이다. '파천'이라 표현한 것은 국왕을 노골적으로 폄하하기 위해 일본 공사관과 친일파들이 사용했다는 주장이다. 이 글에서는 아직 통상적으로 쓰이는 '아관파천'을 사용하였지만, '아관망명'도 소개해 둔다.

사 미우라 고로 三浦梧樓를 앞세워 명성황후 시해를 계획하였고, 1895년 10월 8일 새벽 경복궁에 침입하여 일국의 왕비를 잔인하게 살해하는 만행을 저질렀다(을미사변).

▲ 경복궁 건청궁. 명성황후가 일본인들에게 시해당한 장소로, 2007년 복원되었다. (자료 : 서울역사편찬원)

탈출

명성황후 시해 후 세력을 회복한 일본은 고종을 경복궁에 감금한 채 친일 내각(김홍집 내각)을 앞세워 단발령을 포함한 급진적 개혁을 재개하였다(을미개혁). 그러나 국모가 시해당한 조선 내에서 역대 최고로 치달은 반일감정은 단발령 실시와 함께 폭발하여 전국 각지의 의병봉기로 이어졌다.

경복궁에 갇힌 고종은 왕비의 처참한 죽음 이후 불안과 공포에 떨며 친러파와 함께 경복궁을 탈출할 기회를 엿보았다. 1차 시도가 배신자에 의해 실패하자 친러파는 2차 시도를 더욱 치밀하게 준비하였고, 러시아가 공사관의 방비를 강화한 다음 날인 1896년 2월 11일 새벽, 왕과 왕세자는 러시아 공사관으로 파천을 결행하였다. 을미사변으로 일어난 전국적 의병 봉기의 진압을 위해 수도경비가 허술했던 것도 2차 시도 성공의 배경이 되었다.

고종은 러시아공사관으로 피신한 직후 친일파의

▲ '서울 구 러시아공사관'의 모습. 현재는 탑부만 남아 있다. (자료 : 문화재청)

체포를 명하였다. 친러내각이 구성된 뒤 고종이 러시아공사관에 머물던 1년 동안 조선의 내정은 친러파에 의해 좌우되었다. 일본의 마수는 잠시 주춤하였으나 여전히 조선의 독립국으로서의 지위는 큰 손상을 입은 채였으며, 이후 열강의 침략은 더욱 심화되었다.

2018년 가을, 문화재청은 덕수궁에서 구 러시아공사관이 위치한 정동공원을 잇는 '고종의 길'을 개방하였다. 아관파천 당시 고종이 이용했을 것으로 추정되는 길을 복원한 것이다. 낮은 담장의 좁은 길을 걷다 보면, 조선의 만인지상萬人之上인 고종이 궁녀의 가마에 옹색하게 올라 황급히 도망가던 한서린 모습이 앞에 그려지는 듯하다.

신민용
에듀윌 한국사연구소 연구원

打草驚蛇

칠 타   풀 초   놀랄 경   뱀 사

풀을 때려 뱀을 놀라게 하다

출전: 『유양잡조酉陽雜俎』

타초경사打草驚蛇란 풀밭을 들쑤셔 뱀을 놀라게 한다는 뜻으로, 겉만 건드려 적의 정체를 드러나게 한다는 뜻으로 사용되기도 하지만, 공연히 문제를 일으켜 화를 자초한다는 뜻으로 괜히 긁어 부스럼을 만든다는 의미로도 사용한다. 이 말은 중국 당唐나라 시기 단성식段成式의 수필집인 유양잡조酉陽雜俎에서 유래됐으며, 삼십육계三十六計 중 하나로 유명하다.

당나라 때 왕로王魯라는 사람이 당도현의 현령으로 있었다. 그는 수단과 방법을 가리지 않고 백성의 재물을 착취하고 부정부패를 일삼았다. 이에 견디다 못한 백성들이 상소문을 올렸는데, 상소문에는 왕로가 아닌 왕로의 부하 주보主薄가 저지른 비리가 조목조목 자세히 나열돼 있었다. 상소문을 읽고 깜짝 놀란 현령은 자신의 죄도 밝혀질 것이 두려워 판결문에 다음과 같은 글을 적어 판결을 내렸다.

여수타초汝雖打草 오이경사吾已驚蛇
너희들이 비록 풀밭을 건드렸지만 이미 나는 놀란 뱀과 같다.

이 판결문은 왕로의 부하 주보의 죄만을 고발한 것이지만, 현령은 우회적으로 자신의 비리를 고발하는 것으로 생각했고, 그 죄를 보고 깨달은 바가 있다는 뜻을 적은 것이다. 이렇게 해서 을을 징계해서 갑을 각성하게 하려 한 백성들의 의도는 충분히 달성되었다.

▌ 한자 돋보기

打는 손(扌=手)으로 못(丁)을 내려치는 모습을 그린 것으로, '때리다'를 뜻한다.

- 一網打盡(일망타진) 한꺼번에 죄다 잡음

칠 타
扌 총5획

草는 풀을 뜻하는 '++'와 음을 나타내는 早가 결합한 글자로, '풀'을 뜻한다.

- 結草報恩(결초보은) 죽어서도 은혜에 보답함
- 草綠同色(초록동색) 같은 처지의 사람과 어울림

풀 초
++ 총9획

驚은 쉽게 놀라는 말의 성격을 비유한 글자로, '놀라다'를 뜻한다.

- 驚天動地(경천동지) 세상을 놀라게 함

놀랄 경
馬 총22획

蛇는 뜻을 의미하는 虫과 음을 나타내는 동시에 뱀을 뜻하는 它가 합쳐진 글자로, '뱀'을 뜻한다.

- 畫蛇添足(화사첨족) 하지 않아도 될 일을 필요 이상으로 하여 도리어 실패함

뱀 사
虫 총11획

▌ 한자 상식 ｜ 삼십육계(三十六計)

삼십육계는 병법에 있어서의 전술 36개를 여섯 항목으로 나누어 모은 병법서다. 36계는 승전계, 적전계, 공전계, 혼전계, 병전계, 패전계의 총 6개의 큰 줄기에서 각각 6개의 계책이 제시된다. 실제 저자로 추정되는 사람은 남조 송宋의 명장인 단공檀公 단도제檀道濟로 알려져 있어, 흔히 단공삼십육계檀公三十六計라고도 한다. 36계에 나오는 계책은 사자일구四字一句로 이뤄져 있는데, 그중 일부는 오늘날 사회에서 비유로 다양하게 활용되고 있다.

신문에서 자주 사용되는 36계 표현

구분	의미
차도살인借刀殺人	남을 이용하여 타인에게 피해를 줌
성동격서聲東擊西	상대편에게 그럴듯한 속임수를 써서 공격함
소리장도笑裏藏刀	겉으로는 상냥하게 대하지만 속으로는 상대방을 해칠 뜻을 품음
혼수모어混水摸魚	상대를 혼란에 빠뜨린 뒤에 기회가 오기를 기다려 목적을 달성함
원교근공遠交近攻	먼 나라와 화친하고 가까운 나라를 공격함
미인계美人計	미인을 미끼로 삼아 적을 유인하는 계책
주위상계走爲上計	대적이 불가능한 강적을 만났을 때 정면충돌을 피하고 속히 피함. 36계 줄행랑의 기원

전쟁일기

올가 그레벤니크 저·정소은 역
| 이야기장수

유명 출판사 문학동네의 새로운 ■**임프린트** '이야기장수'에서 첫 책 『전쟁일기』를 선보였다. 이 책은 우크라이나 여성 작가의 전쟁 다큐멘터리 일기로, 우크라이나에서 출간된 책을 한국말로 번역해 소개하는 것이 아닌, 한국에서 전 세계 최초로 선보이게 된 책이다. 전쟁을 겪고 있는 우크라이나 작가와 한국의 편집자가 직접 소통하여 완성해낸 생생한 전쟁 기록물인 것이다. 전쟁으로 삶이 무너져버린 작가는 연필 한 자루로 전쟁의 참혹과 절망을 그림과 글로 기록해 독자들에게 전달한다. 이 기록을 통해 독자들은 인간이 전쟁의 비극 속에서도 다시 삶으로 돌아오는 한 인간의 과정을 목격할 수 있다.

■**임프린트(imprint)** 출판 회사에서 기획력 등이 뛰어난 능력 있는 편집자 등에게 별도의 하위 브랜드를 내어주고 기획·제작·판매 등의 운영을 독자적으로 할 수 있게 맡기는 방식이다.

작별인사

김영하 저 | 복복서가

■**김영하** 작가가 『살인자의 기억법』 이후 9년 만에 신작 『작별인사』를 선보였다. 장편소설 『작별인사』는 별안간 삶이 송두리째 뒤흔들린 한 소년의 여정을 좇는 소설이다. 유명한 IT 기업의 연구원인 아버지 밑에서 평화롭게 살아가던 철이는 어느 날 수용소로 끌려가 난생처음 날것의 감정으로 가득한 혼돈의 세계에 맞닥뜨린다. 그러면서 철이는 정신적, 신체적 위기에 직면한다. 그러는가 하면 자신처럼 사회에서 배제된 자들을 만나 처음으로 생생한 소속감을 느끼고 따뜻한 우정을 키우기도 한다. 철이는 그들과 함께 수용소를 탈출하여 집으로 돌아가기 위해 길을 떠나지만 그 여정에는 피할 수 없는 질문이 기다리고 있다.

■ **김영하(金英夏, 1968~)** 1995년 계간 '리뷰'에 '거울에 대한 명상'을 발표하며 작품 활동을 시작한 한국의 소설가다. 한 달에 한 권의 책을 정해 사람들과 함께 읽는 '김영하 북클럽'을 운영하는 것으로도 유명하다.

일하면서 성장하고 있습니다

박소연 저 | 더퀘스트

시대의 변화가 어느 때보다 빨라지면서 직업의 변화 속도가 빨라졌다. 자연스레 대개 직장인의 직업 수명도 몹시 짧아졌다. 이제 사람들은 급변하는 시대에서 어떻게 살아남고, 또 어떻게 성장할 것인지 고민해야 한다. 『일하면서 성장하고 있습니다』는 일을 통해 성장하는 법을 배워야 하는 요즘 시대에 주도권을 가지고 자기답게 일하는 리더들의 비밀을 공개하는 책이다. 이 책은 아무도 답을 알려주지 않는 가운데 스스로 생존하는 법을 터득해야 하는 직장 생활에서 역량을 키우고 나다운 커리어를 개발하고 싶은 사람, 특히 젊은 ■**MZ세대** 직장인에게 큰 도움이 될 것이다.

■ **MZ세대(MZ generation)** 1980년대 초~2000년대 초 출생한 밀레니얼(M)세대와 1990년대 중반~2000년대 초반 출생한 Z세대를 통칭하는 말이다.

| Movie | Exhibition | Festival |

탑건 : 매버릭

조셉 코신스키 감독

| 톰 크루즈 · 제니퍼 코넬리 출연

세계적인 스타 톰 크루즈가 출연한 영화 「탑건:매버릭」이 6월 22일 관객을 찾는다. 애초 5월 개봉이 추진됐으나, 코로나19 상황 등을 이유로 6월 개봉하게 된 이 영화는 한여름 대형 스크린에서 펼쳐지는 광활한 고공 배경과 톰 크루즈 특유의 속 시원한 액션 연기로 관객들에게 큰 즐거움을 줄 예정이다. 「탑건:매버릭」은 교관으로 컴백한 최고의 파일럿 매버릭(톰 크루즈)을 필두로 생사를 넘나드는 미션에 투입된 팀원들의 이야기를 다룬 항공 액션 **▪블록버스터**다. 지난 1987년 개봉해 전 세계인의 사랑을 받은 「탑건」의 속편이 오랜 세월을 건너 공개되는 것으로, 영화 팬들의 향수를 강하게 자극할 전망이다.

민속이란 삶이다

국립민속박물관

| 2022. 04. 27.~2022. 07. 05.

국립민속박물관에서 민속의 의미와 가치를 소개하는 전시가 진행 중이다. 이번 특별전은 ▲1부 민속에 관심을 갖다, ▲2부 '민'이란 뜻이 바뀌다, ▲3부 민속의 영역이 확장되다 등 총 3부로 구성되어 있다. 북청사자놀음 사진카드, **▪봉산탈춤** 사진카드부터 갓[흑립(黑笠), 주립(朱笠), 백립(白笠)], 호미, 필름 카메라와 워크맨, PC통신 단말기, 286 컴퓨터, 전자사전 등까지 폭넓은 전시자료를 만나볼 수 있는 이번 특별전에서 관객들은 어제와 오늘의 우리 삶을 만나보고, 내일의 우리를 생각해 볼 수 있다. 나아가 민속의 참모습을 공감해보고, 각자의 삶을 돌이켜보는 시간을 가져볼 수 있다.

서울재즈페스티벌 2022

올림픽공원 내 88잔디마당

| 2022. 05. 27.~2022. 05. 29.

올해로 14회째를 맞는 서울재즈페스티벌이 5월 27일부터 29일까지 사흘간 열린다. 핑크스웨츠, 알렉벤자민, 혼네 등의 **▪헤드라이너**가 무대를 장식할 예정인 이번 서울재즈페스티벌은 코로나19로 사회적 거리두기가 시행되면서 2019년 행사를 끝으로 관객을 만나지 못하다가, 3년 만에 개최하게 된 것이다. 3년 만에 관객을 찾는 만큼 서울재즈페스티벌 특유의 감성을 사랑하는 많은 팬들의 기대를 모으고 있다. 한편, 이번 서울재즈페스티벌에서는 백예린, AKMU, 에픽하이, 선우정아 등 국내 뮤지션들도 참여해 무대를 꾸민다.

▪ **블록버스터(blockbuster)** 수백억원에서 수천억원에 이르는 엄청난 비용을 투자한 거대 규모의 영화나 드라마를 말한다.

▪ **봉산(鳳山)탈춤** 우리나라 국가 무형문화재로, 황해도 봉산에 전해지는 산대놀음 계통의 탈춤이다. 7과장으로 구성되며 사자춤이 있는 것이 특색이다.

▪ **헤드라이너(Headliner)** 행사나 공연 등에서 가장 기대되거나 주목받는 출연자나 그룹을 의미하는 말이다.

eduwill

누적 다운로드 수 35만 돌파[*] 에듀윌 시사상식 앱

90개월 베스트셀러 1위 상식 월간지가 모바일에 쏙!*
어디서나 상식을 간편하게 학습하세요!

매월 업데이트 되는
HOT 시사뉴스

20개 분야 1007개
시사용어 사전

합격에 필요한
무료 상식 강의

에듀윌 시사상식 앱 설치
(QR코드를 스캔 후 해당 아이콘 클릭하여 설치)
or 구글 플레이스토어나 애플 앱스토어에서 '에듀윌 시사상식'을 검색하여 설치)

* '에듀윌 시사상식' 앱 누적 다운로드 건수 (2015년 6월 1일~2021년 12월 13일)
* 알라딘 수험서/자격증 월간 이슈&상식 베스트셀러 1위 (2012년 5월~7월, 9월~11월, 2013년 1월, 4월~5월, 11월, 2014년 1월, 3월~11월, 2015년 1월, 3월~4월, 10월, 12월, 2016년 2월, 7월~12월, 2017년 8월~2022년 5월 월간 베스트)

에듀윌 취업 아카데미에서
제대로 공부하세요!

공기업·대기업 수준별 맞춤 커리큘럼
온종일 밀착 학습관리부터 전공&자격증 준비까지 케어

고품질 영상 및 음향 장비를 갖춘 최고의 강의실

언제나 전문 학습 매니저와 상담이 가능한 안내데스크

1:1 대면 첨삭 및 전문 컨설팅이 가능한 일대일 상담실

공용 PC, 프린터, 충전기 등 편의시설을 갖춘 휴게실

강남 캠퍼스	운영시간 [월~금] 09:00~22:00 [토/일/공휴일] 09:00~18:00
	주 소 서울 강남구 테헤란로 8길 37 한동빌딩 1, 2층
	상담문의 02)6486-0600

취업 아카데미
바로가기

베스트셀러 1위! 1,824회 달성*
에듀윌 취업 교재 시리즈

공기업 NCS | 쏟아지는 100% 새 문항*

월간NCS
NCS BASIC 기본서 | NCS 모듈형 기본서
NCS 모듈학습 2021 Ver. 핵심요약집

NCS 통합 기본서/봉투모의고사
피듈형 | 행과연형 | 휴노형 봉투모의고사
PSAT형 NCS 수문끝
매일 1회씩 꺼내 푸는 NCS

한국철도공사 | 부산교통공사
서울교통공사 | 5대 철도공사·공단
국민건강보험공단 | 한국전력공사
8대 에너지공기업

한수원+5대 발전회사
한국수자원공사 | 한국수력원자력
한국토지주택공사 | IBK 기업은행
인천국제공항공사

NCS를 위한 PSAT 기출완성 시리즈
NCS, 59초의 기술 시리즈
NCS 6대 출제사 | 10개 영역 찐기출
공기업 전기직 기출로 끝장

대기업 인적성 | 온라인 시험도 완벽 대비!

대기업 인적성 통합 기본서

GSAT 삼성직무적성검사

LG그룹 온라인 인적성검사

SKCT SK그룹 종합역량검사
롯데그룹 L-TAB

농협은행
지역농협

취업상식 1위!

월간 시사상식

多통하는 일반상식
일반상식 핵심기출 300제

공기업기출 일반상식
언론사기출 최신 일반상식
기출 금융경제 상식

자소서부터 면접까지!

NCS 자소서&면접
실제 면접관이 말하는 NCS 자소서와
면접.인문·상경계/이공계

끝까지 살아남는 대기업 자소서

더 많은
에듀윌 취업 교재

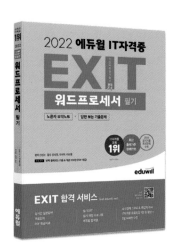

4년 연속 한국사능력검정 교육 1위* 에듀윌 한국사로 단기 1급 합격!

100만 권* 판매 돌파!
33개월* 베스트셀러 1위 교재

기본서

한국사 초심자도 확실한 고득점 합격

2주끝장

기출선지 빅데이터로 2주 만에 단기 합격

ALL 기출

합격 최적화 최신 기출문제, 강의를 뛰어넘는 첨삭 해설

우선순위50

3개년 기출빅데이터로 최최종 마무리 점검

취업, 공무원, 자격증 시험준비의 흐름을 바꾼 화제작!

에듀윌 히트교재 시리즈

에듀윌 교육출판연구소가 만든 히트교재 시리즈!
YES 24, 교보문고, 알라딘, 인터파크, 영풍문고 등 전국 유명 온/오프라인 서점에서 절찬 판매 중!

공인중개사 기초서/기본서/핵심요약집/문제집/기출문제집/실전모의고사 외 12종

주택관리사 기초서/기본서/핵심요약집/문제집/기출문제집/실전모의고사

7·9급공무원 기본서/단원별 기출&예상 문제집/기출문제집/기출팩/실전, 봉투모의고사

공무원 국어 한자·문법·독해/영어 단어·문법·독해/한국사 흐름노트/행정학 요약노트/행정법 판례집/헌법 판례집

7급공무원 PSAT 기본서/기출문제집

계리직공무원 기본서/문제집/기출문제집

군무원 기출문제집/봉투모의고사

경찰공무원 기본서/기출문제집/모의고사/판례집/면접

소방공무원 기출문제집/실전, 봉투모의고사

맞춤형 화장품 조제관리사

검정고시 고졸/중졸 기본서/기출문제집/실전모의고사/총정리

사회복지사(1급) 기본서/기출문제집/핵심요약집

직업상담사(2급) 기본서/기출문제집

경비 기본서/기출/1차 한권끝장/2차 모의고사

전기기사 필기/실기/기출문제집

전기기능사 필기/실기

한국사능력검정시험 기본서/2주끝장/기출/우선순위50/초등

조리기능사 필기/실기

제과제빵기능사 필기/실기

SMAT 모듈A/B/C

ERP정보관리사 회계/인사/물류/생산(1, 2급)

전산세무회계 기초서/기본서/기출문제집

무역영어 1급 | 국제무역사 1급

KBS한국어능력시험 | ToKL

한국실용글쓰기

매경TEST 기본서/문제집/2주끝장

TESAT 기본서/문제집/기출문제집

운전면허 1종·2종

스포츠지도사 필기/실기구술 한권끝장

산업안전기사 | 산업안전산업기사

위험물산업기사 | 위험물기능사

토익 입문서 | 실전서 | 어휘서

컴퓨터활용능력 | 워드프로세서

정보처리기사

월간시사상식 | 일반상식

월간NCS | 매1N

NCS 통합 | 모듈형 | 피듈형

PSAT형 NCS 수문끝

PSAT 기출완성 | 6대 출제사 | 10개 영역 찐기출

한국철도공사 | 서울교통공사 | 부산교통공사

국민건강보험공단 | 한국전력공사

한수원 | 수자원 | 토지주택공사

행과연형 | 휴노형 | 기업은행 | 인국공

대기업 인적성 통합 | GSAT

LG | SKCT | CJ | L-TAB

ROTC·학사장교 | 부사관

합격자 모임 실제 현장
(서울 강남 코엑스)

eduwill 에듀윌 합격자 모임

우리는 평생을 함께할
에듀윌 동문입니다

6년간 아무도 깨지 못한 기록
합격자 수 1위
에듀윌

• KRI 한국기록원 2016, 2017, 2019년 공인중개사 최다 합격자 배출 공식 인증
  (2022년 현재까지 업계 최고 기록)